이 책은 보수적 복음주의 전통의 복음 이해와 하나님 나라 이해를 붙잡으면서도 기독교 복음의 역사변혁적 위력과 사명을 부각시킨다. 또한 개인의 영적 타락을 고치는 복음이 동일하게 병든 사회구조를 고치고 속량하는 복음임을 강조한다. 저자는 하나님 나라가 이 땅에 임한다는 사실을 밝히면서도 하나님 나라의 완성은 삼위일체 하나님의 화룡점정적인 역사하심으로 이뤄진다는 사실을 놓치지 않는다. 그러나 절대주권적인 하나님의 역사하심에 대한 기대와 신뢰가 우리의 신앙실천의 의무를 조금도 경감시키지 않음을 확증하고 있다. 독자들은 이 책을 통하여 땅에서 바라본 복음의 총체성과 땅에 매일 수 없는 복음의 신적 영광을 동시에 누릴 수 있을 것이다.

_김회권 | 숭실대학교 교목실장, 성서신학 교수

붕괴음이 들리며 갈라진 틈이 아슬아슬 흔들리는 구조물처럼, 한국교회는 전반에 걸쳐 재건축이 필요한 시점이 되었다. 개혁을 위한 첫걸음은 뼈아픈 자가 진단이다. 『완전한 복음』은 현대 교회를 위한 리트머스 시험지의 역할을 한다. 매트 챈들러는 현대 기독교가 이신론(deism)이라는 치명적인 바이러스에 감염되어 성경의 복음을 심리학과 도덕주의로 대체하였다는 충격적인 진단을 내놓는다. 한국교회도 심리적 만족 추구, 도덕주의의 만연으로 복음이 강단에서 실종되면서 그로 인한 균열의 징조가 곳곳에서 드러나고 있다. 본서의 원제(The Explicit Gospel)가 주장하는 대로, 복음은 그 어떤 장식이 필요 없을 정도로 분명하고 명확하다. 본서가 우리 한국교회를 다시 십자가 앞으로 인도하는 첨병의 역할을 수행하기를 기대하며 기쁜 마음으로 일독을 권한다.

_송태근 | 삼일교회 담임목사

이 책에 대한 추천의 글을 쓰면서 참 행복함을 느낀다. 공간과 지역을 달리하는 세계 곳곳의 교회를 다스리시고 움직여가시는 동일한 성령님으로 인해 온 교회가 한 몸임을 깨닫기 때문이다. 저자가 가지고 있는 문제의식과 그에 대한 해결책에 깊이 공감한다. 이 시대의 교회가 지닌 주된 문제는 완전한 복음을 자주 듣지 못하고 복음을 그저 막연한 방식으로 추정하기 때문에 생겨난다. 결과적으로 많은 그리스도인이 신앙적 외양과 도덕적인 삶의 모양은 다분히 가지고 있으면서도, 식지 않는 열정으로 죄와 싸우며 십자가를 붙들고 하나님 한 분만을 사랑하며 사는 것이 아니라 거룩한 삶의 원동력을 상실한 채 죄에 넘어지며 살고 있다. 이 책은 조국 교회와 성도들을 향해 완전한 복음을 선포하고 그 복음을 우리의 삶의 자리와 바르게 연결시켜줄 것이다. 『완전한 복음』이 주님에 대한 사랑을 더욱 깊게 하고 주님만 영화롭게 하는 삶을 살도록 도울 귀한 도구로 사용되리라 확신하며 적극 추천한다.

_ 화종부 | 남서울교회 담임목사

올해 단 한 권의 책을 읽을 계획이라면 단연코 이 책을 읽어야 한다. 그만큼 중요한 책이다.

_ 릭 워렌 | 『목적이 이끄는 삶』 저자, 새들백 교회 담임목사

이 책은 명료하고, 강력하며, 죄를 깨닫게 하고, 위로를 준다. 나는 당신이 이 책을 읽고 복음에 담긴 하나님의 긍휼하심과 위대하심에 압도되기를, 그래서 이제 삶의 모든 영역과 이 땅의 구석구석에서 복음을 명쾌하게 드러내는 데 당신의 인생을 사용할 수 있기를 온 맘 다해 바란다.

_ 데이비드 플랫 | 『래디컬』 저자, 브룩힐즈 교회 담임목사

그저 전제되고 있을 때 복음은 뿌리를 내리는 데 번번이 실패한다. 완전한 복음은 하나님의 역사가 추진됨에 더불어 많은 개인과 교회, 나라를 변화시킨다. 매트 챈들러는 막연히 추정되고 있는 복음과 맞붙어 싸울 강력한 무기를 교회에 선물했다. 『완전한 복음』은 너무 많은 사람을 불구로 만들어버리는 도덕주의적·심리치료적 이신론에 심각한 위협이 될 것이다. 나는 이 책을 그리스도인과 비그리스도인 모두에게 강력히 추천한다.

_에드 스테쳐 | 라이프웨이 리서치 대표, 「크리스채너티 투데이」의 편집자

고전적 자유주의가 복음을 분명히 가르치지 않는다는 사실은 실망스럽기는 하나 놀랍지는 않다. 그러나 복음을 가르치지 않는 복음주의 교회가 많다는 사실은 걱정스럽고 놀라운 일이다. 복음주의자들은 복음을 부인하지는 않을 것이다. 하지만 다른 모든 것에 대해서는 열심히 이야기하면서 복음은 그저 막연히 추정하고 있을지도 모른다. 이것은 비극이다. 매트 챈들러는 복음이 우리 설교에서 명확한 중심으로 자리 잡도록 경종을 울리며 그것의 참모습을 보여주고자 수고를 아끼지 않았다. 아멘, 아멘이다.

_D. A. 카슨 | 트리니티 복음주의 신학대학원 신약학 교수

매트 챈들러는 균형 잡히고 소망 가득한 방식으로, 또 매우 진지한 방식으로 복음을 제시하면서도 특유의 유머감각을 잃지 않는다. 그런데도 재미있다기보다는 신실한 쪽에 훨씬 더 가까운 매트는 자신을 포함한 우리 모두를 모욕하면서도 덕을 세운다. 참 신기하다. 그의 이야기를 통해 당신 역시 그리스도를 더욱 귀하게 여길 수 있기를 기도한다.

_마크 데버 | 캐피톨힐 침례교회 담임목사, 나인마크 대표

『완전한 복음』은 우리 세대에게 순전하고 포괄적이고 참된 복음의 이야기를 붙들라고 알려주는 안내서이자 모닝콜이다. 매트는 주도적인 목소리를 내면서 말씀을 탁월하게 해설하며, 예수님에 대한 열정을 가지고 복음과 하나님을 알리는 일에 전념하는 사람이다. 나는 그가 하는 말에 귀를 세우고 그가 쓰는 글에 주의를 기울인다. 이 책에는 진리에 굶주린 세대를 향한 그의 생애, 리더십, 열정이 담긴 명료하고 핵심적인 메시지가 잘 드러나 있다.

_브래드 로메닉 | 기업가이자 연설가

죽음에 직면해본 사람들은 최고의 전도자가 된다. 내 친구 매트 챈들러가 분명하고 성경적인 복음 제시에 이토록 열정적인 것은 그 때문이라고 믿을 수밖에 없다. 인생은 짧다. 영원은 길다. 이 책을 읽음으로써 모든 사람이 인생을 구원하시는 예수 그리스도의 복음을 더욱 분명히 전할 수 있게 되기를 기원한다.

_제임스 맥도널드 | 하비스트바이블 교회 담임목사, 라디오 프로그램 〈말씀 안에 행함〉 강사

완전한
복음

the
Explicit
Gospel

우리가 잃어버린 기독교의 심장

완전한 복음

the Explicit Gospel

매트 챈들러
제라드 윌슨

Matt Chandler
with Jared Wilson

───

장혜영 옮김

Holy
WavePlus

로렌에게

❧

당신 안에서 일어나는 복음의 역사에

내가 놀라지 않은 날은 단 하루도 없었습니다.

주님을 향한 열정과 나를 향한 인내로 나타나는,

당신을 향한 예수님의 깊은 사랑은

하나님의 은혜가 나의 삶에 임하고 있다는 증거입니다.

당신과 함께 이 여정을 걷고 있다는 사실에

다 표현할 수 없는 감사를 바칩니다.

차례

3부

의미와

적용

서론

> 성경의 핵심은 복음이다. 성경의 모든 기록은 복음을 위한 준비이거나 복음에 대한 선언이거나 복음에의 참여다.[1]
>
> _데이브 하비

내가 복음에 깊은 관심이 생기기 시작한 것은 수년 전 우리 교회에서 '축제'가 열렸던 주말의 토요일 밤이었다. 우리 빌리지 교회는 예수 그리스도를 자신의 주인이요 구원자로 믿고 고백하는 사람들에게 세례 (침례)를 베푸는데 그날 밤에도 세례식이 예정되어 있었다. 내가 세례식을 위해 자그마한 예배당으로 걸어 들어갈 때 덩치 큰 이십대 초반의 형제가 다가왔다. 먼저 나를 반갑게 안아준 그는 오늘 있을 간증을 들려주고 싶어 젊은 여성 한 명을 데려왔다고 말했다. 그의 목소리에는 긴장감 어린 웃음이 묻어났는데, 그것은 그녀가 점을 치는 사람일 뿐 아니라 어디로 가는지도 모른 채 이곳에 끌려왔기 때문이었다. 그는 웃는 얼굴로 그 친구가 지금 화가 많이 나 있어서 '혹시 무슨 일이 생길' 수도 있으니 알고 계시라고 말했다.

나는 맨 앞줄에 자리를 잡고 앉아 그날 밤 〈해리 포터: 빌리지 교회의 마법사〉가 연출되면 어쩌나 하는 약간의 걱정으로 하나님께 지혜를 구했다. 나는 말씀에 대한 해석이나 복음에 대한 열정은 괜찮은 편이지만 주문이나 저주, 귀신 들림 같은 일에 대해서는 별로 아는 바가 없기에, 더 많은 기도와 연구와 훈련이 필요하다는 사실을 여러 차례 경험했었다. (그 이야기는 다른 책에서 할 것이다.)

이때 침례실의 가림막이 걷히고 그곳에 서 있던 삼십대 초반의 자매가 눈에 들어왔다. 캐런이 간증을 시작했다.[2] 그녀는 자신이 지난 15년 동안 역술과 미신에 깊이 빠져 있었다고 이야기했다. 그리고 특별히 자신이 몸담았던 곳에서 보고 경험했던 내용을 바탕으로 왜 예수가 그 어떤 것보다 더 좋은지, 하나님이 얼마나 큰 능력과 사랑을 가진 분인지를 조목조목 고백했다. 하나님이 우리 가운데 역사하고 계시다는 생각에 나는 안도의 한숨을 내쉬었다. 다음은 이십대 초반의 젊은 형제였다. 그는 무신론과 술, 불교, 약물, 의심에 대한 내용으로 간증을 시작했고, 한 친구의 인내와 신실함을 통해 성령께서 어떻게 자신의 눈을 열어 그리스도 안에 있는 생명의 진리와 십자가를 통한 용서를 보게 하셨는지를 고백했다.

그런데 그 뒤에 이어진 네 편의 간증은 듣기가 불편했다. 네 사람은 하나같이 물을 휘저으며 약간의 차이는 나지만 거기서 거기인 이야기를 들려주었다. "저는 교회에서 자랐습니다. 저는 주일 오전과 밤 예배를 모두 드렸습니다. 수요 기도회는 물론 여름성경학교, 학생부 수련회 역시 빠지는 법이 없었습니다. 교회에 모임이 있으면 무조건 참여했습니다. 어릴 적—예닐곱 살, 혹은 여덟 살 때—에 세례를 받았지만 복음이 무엇인지 몰랐습니다. 그리고 시간이 지나 교회나 예수님을 까맣게 잊고 죄 가운데에서 살았습니다. 얼마 전에야 누군가에게서—빌리지 교회에 초청받아서—복음을 들을 수 있었습니다. 저는 정말 놀랐습니다. 그동안 제가 왜 복음을 놓치고 지나쳤는지…." 사실 그들은 이렇게 이야기할 수도 있었다. "그 누구도 저에게 복음을 가르쳐주지 않았습니다."

물론 그 이야기들은 어디선가 들어본 듯한 이야기들이었다. 하지만 그 밤은 우리 아들 리드의 출생 전야였고, 당시 딸아이는 네 살이었다. 순간 나는 우리 아이들이 바로 '교회에서 자라게' 되리라는 사실을 깨달은 것이다. 그날 밤 나는 처음으로 물었다. "어떻게 매주 교회에 나가면서 복음을 듣지 못하고 자랄 수 있지?" 나는 일단 그들이 복음을 듣기는 들었지만 참으로 복음을 듣고 받아들일 만한 영적인 귀가 없었을 것이라고 결론을 내렸다.

그러나 다행히도 성령님은 이 문제를 그렇게 쉽게 넘어갈 수 없게 하셨다. 그날 밤의 질문은 계속 내 머릿속을 맴돌았다. 결국 나는 우리 교회 성도 중 '잃어버렸던' 형제, 자매들을 찾아 대화를 나누며 인터뷰를 했다. 그들 중 몇은 나의 결론이 옳았음을 증명해주었다. 중·고등학교나 대학 시절에 기록해두었던 일기와 설교 노트 등을 통해 이전에도 복음을 들어보았음을 확인해준 것이다. 하지만 내 예

성령님은 이 문제를 그렇게 쉽게 넘어갈 수 없게 하셨다. 그날 밤의 질문은 계속 내 머릿속을 맴돌았다.

상이 틀린 경우가 더욱 많다는 사실이 큰 경각심을 불러일으켰다. 이들의 일기나 성경책에 기록된 내용은 크리스천 스미스가 그의 훌륭한 저서 『영혼의 탐색』에서 칭한 '기독교의 도덕주의적·심리치료적 이신론'Christian Moralistic Therapeutic Deism이 대부분이었다.[3]

도덕주의적·심리치료적 이신론의 배후에는 우리가 우리의 행위로 하나님의 은혜를 얻을 수 있고 또한 우리 자신을 하나님 앞에서 의롭게 할 수 있다는 생각이 깔려 있다. 이러한 생각은 종교적일 뿐 아니라 그 내용이 '기독교적'이기까지 하지만 이것의 궁극적인 목적은 자기실현과 자기성취다. 여기서 하나님은 개입이나 구원을 즐기지 않고, 그저 무대 뒤에서 인간의 인간됨을 응원하며 우리가 이 땅에 남겨진 힌트들을 발견해 최선의 자아를 이루어가기를 소망하시는 분에 불과하다.

많은 젊은이가 자라온 대다수 교회에서 기독교로 통하는 도덕주의적·심리치료적 이신론의 화제는 예수님, 선행, 죄 안 짓기, 특별히 자신에 대한 긍정적 생각 갖기 등을 포함한다. 물론 이 모든 것에서 하나님은 중요한 요소이지만 거기에 복음은 없다. 내가 발견한 바에 의하면 이삼십대 젊은이 중 상당수가 복음을 막연히 추정하고 있었다. 누구도 이들에게 복음을 핵심적인 것으로 가르치거나 선포하지 않았다는 이야기다. 그들의 복음은 완전하지 않았다.[4]

전혀 새롭지 않은 이야기

복음에 대한 추정에는 역사적 선례가 있다. 이는 성경과 교회사의 여러 페이지에서 확인된다. 고린도전서 15장 1-4절에 바울이 기록한 내용을 살펴보자.

> 형제들아 내가 너희에게 전한 복음을 너희에게 알게 하노니 이는 너희가 받은 것이요 또 그 가운데 선 것이라. 너희가 만일 내가 전한 그 말을 굳게 지키고 헛되이 믿지 아니하였으면 그로 말미암아 구원을 받으리라. 내가 받은 것을 먼저 너희에게 전하였노니 이는 성경대로 그리스도께서 우리 죄를 위하여 죽으시고 장사 지낸 바 되셨다가 성경대로 사흘만에 다시 살아나사.

바울은 그리스도인에게 복음을 상기시키고 있다. "잊지 마십시오! 여러분은 복음으로 구원받았고 그 복음으로 살아갈 것입니다. 그리고 여러분은 지금 바로 그 복음 가운데에 서 있습니다."

　어떠한 연유에서인지─아마도 인간의 타락 때문에─우리는 십자가가 우리를 과거의 죄로부터 구원할 뿐 구원받은 이후에는 스스로의 힘으로 자신의 정결을 유지해야 한다고 생각하는 경향이 있다. 이러한 생각은 영혼을 파괴한다. 이것이 바로 '추정된 복음'이다. 추정된 복음은 잘해보려고 노력하는 교사와 리더, 설교자들이 성령의 능력(복음)으로 변화된 삶이 아닌 특정한 행동 양식(종교)에 맞추는 삶을 우선시하기 시작할 때 창궐한다. 사도 바울은 이러한 악한 가르침과 실천이 비일비재한 것을 보고 공세를 취했다.

> 그리스도의 은혜로 너희를 부르신 이를 이같이 속히 떠나 다른 복음을 따르는 것을 내가 이상하게 여기노라. 다른 복음은 없나니 다만 어떤 사람들이 너희를 교란하여 그리스도의 복음을 변하게 하려 함이라. 그러나 우리나 혹은 하늘로부터 온 천사라도 우리가 너희에게 전한 복음 외에 다른 복음을 전하면 저주를 받을지어다. 우리가 전에 말하였거니와 내가 지금 다시 말하노니 만일 누구든지 너희가 받은 것 외에 다른 복음을 전하면 저주를 받을지어다(갈 1:6-9).

> 내가 그리스도와 함께 십자가에 못 박혔나니 그런즉 이제는 내가 사는 것이 아니요 오직 내 안에 그리스도께서 사시는 것이라. 이제 내가 육체 가운데 사는 것은 나를 사랑하사 나를 위하여 자기 자신을 버리신 하나님의 아들을 믿는 믿음 안에서 사는 것이라. 내가 하나님의 은혜를 폐하지 아니하노니 만일 의롭게 되는 것이 율법으로 말미암으면 그리스도께서 헛되이 죽으셨느니라. 어리석도다! 갈라디아 사람들아! 예수 그리스도께서 십자가에 못 박히신 것이 너희 눈앞에 밝히 보이거늘 누가 너희를 꾀더냐. 내가 너희에게서 다만 이것을 알려 하노니 너희가 성령을 받은 것이 율법의 행위로냐 혹은 듣고 믿음으로냐? 너희가 이같이 어리석으냐?

성령으로 시작하였다가 이제는 육체로 마치겠느냐? 너희가 이같이 많은 괴로움을 헛되이 받았느냐, 과연 헛되냐? 너희에게 성령을 주시고 너희 가운데서 능력을 행하시는 이의 일이 율법의 행위에서냐 혹은 듣고 믿음에서냐?(갈 2:20-3:5)

우리 마음에 도사리는 우상숭배는 계속해서 우리를 구원자로부터 멀어지게 해 자기의존으로 돌아가도록 부추긴다. 자기의존이 얼마나 한심한 일인지, 그것이 얼마나 자주 자신을 배반하는 일이었는지는 상관없다. 자기 의에 사로잡힌 인간은 자기 자신을 높이기 위해 종교라는 도구를 사용한다. 앞에서 말했듯이 이것은 전혀 새롭지 않은 이야기다. 사도 바울은 빌립보서 3장 4-9절을 통해 자신의 종교적 혈통과 열심을 예로 들어 인간이 훈련과 노력을 통해 무엇을 성취할 수 있는지를 설명했다. 바울은 끝도 없는 성취 목록을 포함한 자신의 모든 종교적 노력이 그리스도의 고상함에 비하면 아무것도 아니라고 역설했다. 거기에서 그는 한 걸음 더 나아가 그것을 '배설물', 즉 '똥'이라고까지 불렀다.

지금까지 참석한 수많은 예배, 모든 종교 활동, 주일학교 개근상, 매일의 기록, 묵상 시간, 성경 읽기 등을 생각해보라. 당신에게 그리스도가 없다면 이 모든 것이 쓸모없다. 바울의 글을 읽다 보면 그가 공격했던 것이 다름 아닌 당시 기독교의 도덕주의적·심리치료적 이신론임을 알 수 있다. 우리를 구원하고 거룩하게 하고 지탱하는 것은 그리스도가 우리를 위해 십자가에서 행하신 일과 부활의 능력이다. 심지어 기도나 전도같이 성경에서 명령하는 종교적 행위라고 하더라도 십자가에 무엇을 더하거나 뺀다면 당신은 하나님으로부터 그분의 영광을, 그리스도로부터 그분의 완전성을 강탈하고 있는 것이다. 로마서 8장 1절은 우리에게 정죄함이 없다고 선언하는데, 이것은 우리가 이룬 위대한 업적 때문이 아니라 그리스도가 죄와 사망의 법에서 우리를 해방하셨기 때문이다. 내 과거의 죄는 용서받았다. 내 현재의 분투는 이미 보장된 분투다. 내 미래의 실패 역시 예수 그리스도의 십자가 구속 사역 안에 드러난 놀랍고 무한한, 무엇에도 비할 수 없는 은혜로 모두 해결되었다.

복음?

근래 복음주의권에서 일어나고 있는 복음 중심 사역에 대한 강조는 나에게 큰 위안과 용기를 준다. 책과 인터넷, 콘퍼런스, DVD까지 모두 '먼저 전해야 할 것'고전 15:3으로 돌아가야 한다는 목소리가 높다. 그러나 우리는 복음이라는 단어를 사용할 때 서로 같은 것을 이야기하고 있는지를 먼저 살펴봐야 한다. 불행하게도 바울의 언급처럼 거짓 복음이 실제로 존재하기 때문이다. 나는 우리 모두가 같은 복음, 더욱 정확하게는 하나님의 복음, 즉 성경이 복음을 언급할 때 하나님이 말씀하시는 바로 그 복음을 생각하고 있기를 바란다.

성경에는 복음을 설명하는 두 가지 틀이 있다. 나는 이 두 가지 틀, 곧 두 가지 관점을 각각 '땅'과 '하늘'이라고 부른다. 이 책에서 우리는 이 두 관점이 어떻게 함께 완전한 복음을 구성하는지를 살펴볼 것이다. 먼저 제1부 '땅에서 바라본 복음'에서는 하나님, 인간, 그리스도,

하나님의 영광은 인간을 향한 구원 계획의 모든 전환점들을 전적인 주권으로 지배한다.

그리고 인간의 반응에 대한 성경적 서술을 추적한다. 여기에서 우리는 인간을 변화시키는 은혜의 능력을 깨닫게 될 것이다. 이 이야기는 하나님의 자기 충족성에서 시작해 죄인으로 하여금 복음에 반응하게 하시는 성령의 능력에서 절정을 이룬다. 하나님의 영광은 인간을 향한 구원 계획의 모든 전환점들을 전적인 주권으로 지배한다. 땅에서 바라본 복음을 염두에 둘 때 우리는 우리 자신과 주변 사람들의 삶 속에서 십자가의 결과, 즉 죽은 영혼이 복음에 사로잡혀 부활하게 되는 것을 분명하게 볼 수 있다. 예수님과 제자들이 각 사람에게 회개와 믿음을 촉구했을 때 바로 이러한 방식으로 복음이 확장되었다.

제2부 '하늘에서 바라본 복음'에서는 사도 바울이 로마서 8장 22-23절에서 어떻게 인간의 구원을 우주적 회복과 연관시켰는지를 살펴볼 것이다. 우리가 종종 간과하는 구속에 대한 성경의 거대 이야기meta-narrative가 제2부의 주제다. 바울은 이렇게 기록했다.

피조물이 다 이제까지 함께 탄식하며 함께 고통을 겪고 있는 것을 우리가

아느니라. 그뿐 아니라 또한 우리 곧 성령의 처음 익은 열매를 받은 우리 까지도 속으로 탄식하여 양자될 것 곧 우리 몸의 속량을 기다리느니라.

땅에서 바라본 복음이 미시적 차원의 복음이라면 하늘에서 바라 본 복음은 거시적 차원의 복음이라 할 수 있다. 제2부에서 우리는 창 조, 타락, 화목, 그리고 완성이라는 위대한 이야기를 나누게 될 것이 다. 이 이야기에서는 만물의 으뜸이신 그리스도께 만물을 굴복시키는 포괄적인 목적 안에 하나님의 영광이 웅대하게 드러난다. 하늘에서 바라본 복음을 살펴보면서 우리는 예수님의 속죄 사역에 대한 성경적 증언이 단순히 개인적인 것이 아니라 우주적인 것임을 깨닫게 될 것 이다. 하늘에서 바라본 복음을 염두에 둘 때 우리는 그리스도의 속죄 사역이 시간의 처음과 나중을 회복하시고, 창조세계를 구속하시는 하 나님의 경륜의 큰 그림을 완성하고 드러낸다는 사실을 알 수 있다. 이 렇게 확장된 복음은 요한계시록 21장 5절의 "만물을 새롭게 하노라" 라고 하신 예수님의 말씀에서 확인할 수 있다.

로마서 8장 22-23절에는 복음의 두 가지 관점이 함께 나타난다. 이 본문을 통해 우리는 복음이 타락한 모든 피조물이 경험하는 갈망 의 충족일 뿐 아니라 (우선적으로) 하나님의 형상을 따라 유일하게 창 조된 인류가 지닌 갈망의 충족이라는 사실을 알 수 있다.

하나의 복음, 두 가지 관점. 그리스도가 이루신 사역의 영원을 가 로지르는 경이로움을 생각할 때 우리가 복음의 크기와 무게를 가늠하기 위해서는 두 가지 관점이 모두 필요하다. 두 가지 관점을 함께 유지할 때 우리는 우리 자신과 온 우주를 향한 하나님의 계획을 단순화시키지 않게 된다. 복음이 우리의 취향이나 오해로 인해 축소될 때 우리는 이단의 공격에 노출되거나 우리의 전우를 공격하게 될 수도 있다.

우리는 대부분 둘 중 하나의 관점으로만 그 영광스러운 진리를 바라보려 한다. 뉴욕의 거리를 걷고 있는 사람이 바라보는 뉴욕과 10킬로미터 상공에서 비행기를 탄 사람이 바라보는 뉴욕을 생각해보면 도움이 된다. 두 사람 모두 "이것이 바로 뉴욕이다"라고 말할 것이다. 만일 이들이 서로, 상대방이 말하는 뉴욕의 거대함에 대해 부인한다면 그것은 얼마나 어리석은 일이겠는가.

먼저 땅에서 바라본 복음을 살펴보자. 땅에 대한, 땅으로 향하는 영적 중력의 법칙에 대한 이해가 없다면 우리는 하늘에서 궤도를 벗어나 우주를 떠도는 우주미아가 되어버릴 것이다.

1

땅에서
바라본
복음

1

하나님

하나님의 영광 앞에서 경외감으로 떨어본 사람만이 그리스도의 십자가에서 하나님이 하신 일을 경외감으로 바라볼 수 있다. 따라서 우리는 십자가를 논하기에 앞서 하나님이 어떤 분인지를 짚고 넘어가야 한다. 하나님은 어떤 분이신가? 하나님은 얼마나 위대하신가? 그분의 능력은 얼마나 깊고 넓은가? 우리는 갈보리 언덕의 십자가를 통해 하나님께 나아갈 수 있게 되었다. 그러나 우리가 생각하고 바라는 모습의 하나님이 아닌 실재 존재하시는 하나님을 만나야 한다. 제임스 스튜어트의 말대로 "갈보리의 배후에는 하늘 보좌가 존재한다."[1]

이것이 사실이라면 우리는 하나님의 영광에 깊이 들어가면 들어갈수록 십자가 위에서 그리스도가 행하신 놀라운 일 안에 더욱 깊이 머물게 된다. 이것은 앞뒤를 바꾸어 말해도 마찬가지다. 하나님의 영광이 십자가에서 깊고 놀랍게 드러났기에 천사들도 그리스도의 속죄 사역을 살펴보기 원했을 것이다_{벧전 1:12}. 이 위대한 이야기, 즉 복음의 시작은 우리도, 우리의 필요도, 심지어 그 필요의 충족도 아니다. 복음의 시작은 그 이야기를 쓰시고, 이야기의 반포를 위해 사자使者를 보내신 하나님 자신이시다.

로마서 11장 33-36절은 하나님의 영광을 강조한다. 그리고 우리

는 여기에서 생생하게 묘사되는 하나님의 필요를 보게 된다. 바울은
성령의 능력을 힘입어 다음과 같이 고백했다.

> 깊도다! 하나님의 지혜와 지식의 풍성함이여! 그의 판단은 헤아리지 못
> 할 것이며 그의 길은 찾지 못할 것이로다. 누가 주의 마음을 알았느냐? 누
> 가 그의 모사가 되었느냐? 누가 주께 먼저 드려서 갚으심을 받겠느냐? 이
> 는 만물이 주에게서 나오고 주로 말미암고 주에게로 돌아감이라. 그에게
> 영광이 세세에 있을지어다. 아멘.

이 본문에서 바울은 찬송을 인용하고 있는데 우리는 이러한 종류의
찬송을 특별히 '송영'doxology이라고 부른다. (송영은 두 개의 헬라어가 합
쳐진 말로 그 뜻을 풀어 쓰자면 '영광의 말'이다.) 어렸을 때부터 교회에서
자란 사람이라면 〈만복의 근원 하나님〉과 같은 송영을 실제 예배에서
불러본 경험이 있을 것이다.

로마서 저자가 송영을 기록한 것이 왜 그리 흥미로운 일인지 알아
보자. 사도 바울은 시와 어울리는 사람이 아니다. 여기의 바울은 유명
한 포크송 그룹 〈피터 폴 앤 매리〉Peter, Paul, and Mary의 멤버 바울Paul이
아니다. 사도 바울은 우리를 당황스럽게 할 만큼 너무나도 지적인 사
람이다. 심지어 성경도 바울의 글이 읽기 어렵다고 이야기할 정도다.
베드로후서 3장 15-16절을 보자. 베드로는 마치 "여러분들이 바울의
편지를 읽고 있는 것으로 아는데, 잘해보시기를 바랍니다"라고 말하

는 것 같다. 성경에는 온갖 종류의 시와 노래들이 있고 시편이 그중 가장 좋은 예지만, 이것은 바울의 분야가 아니었다. 바울의 글은 종종 황홀경으로 들어가면서 문장이 길어지고 여러 문구가 서로 겹치기 십상이었지만, 그의 입에서 찬송이 이렇게 쉽게 튀어나오는 경우는 드물었다. 이런 그가 로마서 11장을 마무리하면서 갑자기 "깊도다! 하나님의 지혜와 지식의 풍성함이여!"라고 노래하다니, 이 얼마나 흥미로운 일인가!

로마서에서 그렇게 방대하고 지적이고 훌륭하게 써 내려가던 예수 그리스도의 복음 중 그 무엇이 바울을 참을 수 없는 찬송의 지경으로 몰아갔던 것일까?

하나님의 초월적 창조

바울이 로마서를 쓸 당시인 주후 1세기, 성전에 모인 예배자들은 하나님의 부요하심과 전적 소유권을 전달하고자 다음과 같은 구절을 인용하곤 했다. "이는 삼림의 짐승들과 뭇 산의 가축이 다 내 것이며"시 50:10. 농업과 목축에 기반을 둔 사회의 구성원인 그들에게 이것은 하나님의 '부요하심'을 이해할 수 있는 가장 적절한 인용문이었다.

나는 대도시인 시애틀에서 태어났고 이후에는 샌프란시스코, 그다음에는 휴스턴에서 살았다. 그 후 하나님은 나를 애빌린으로 인도하셨고 그곳에서 나는 7년을 살았다. 그리고 마침내 댈러스에 정착했다. 결국 나는 농업이나 농사에 대해서는 별로 아는 게 없는 '도시남' 이지만 유일하게 아는 게 한 가지 있다. 농촌 공동체에서는 소를 가진 사람이 최고의 권력을 가진다는 사실이다. 소가 없이는 밭을 일굴 수도 없고, 풍족해질 수도 없다. 따라서 성경 시대와 같은 농업 사회에서 "삼림의 짐승들과 뭇 산의 가축이 다 내 것이며"라는 주장은 하나님의 전적인 부요하심을 드러내기에 가장 적절한 표현이었다.

물론 오늘날 대도시에서의 소는 토지세를 감면받기 위해 몇 마리 사다가 자신의 개활지에 놓아두는 가축에 불과하다.[2] 따라서 우리는 이러한 표현을 제대로 이해하지 못할 수 있다. 오늘날 대부분 성도들에게는 하나님이 모든 짐승과 가축의 주인이라는 사실을 아는 것이 얼마나 중요한지를 이해할 만한 배경 지식이 없다. 이 말씀을 머그잔이나 티셔츠에 새겨넣기는 쉽지만, 우주선을 쏘아올리고 먼 우주의 정황을 살피는 시대를 사는 현대 그리스도인에게 시편 50편 10절은, 한동안 곱씹어야만 이해할 수 있는 말씀이다.

삼림의 모든 짐승들이 다 그분의 것이다. 뭇 산의 가축들이 다 주께 속했다. 이것은 하나님이 모든 소를 가졌다는 뜻이다. 모든 산들 역시 마찬가지다. 그분이 그 모든 것을 만드셨다.

소 이야기가 여전히 어색할 것이다. 그러나 하나님의 부요하심은 여전히 막대하다. 신명기 10장 14절은 이렇게 말한다. "하늘과 모든 하늘의 하늘과 땅과 그 위의 만물은 본래 네 하나님 여호와께 속한 것이로되." 이 구절이 전하는 바를 정확히 이해하고 있는지 한 번 더 반복해서 읽어보라. 성경에 따르면 우주 곳곳에 존재하는 수많은 태양계의 모든 행성에 딸린 모든 하늘이 다 하나님의 것이다. 하나님이 그모두를 창조하셨고 소유하시고 전적으로 주장하신다. 존재하는 모든 것 중 하나님이 아닌 다른 누구에게 속한 것은 아무것도 없다. 아브라함 카이퍼가

> 존재하는 모든 것 중 하나님이 아닌 다른 누구에게 속한 것은 아무것도 없다.

남긴 유명한 말처럼 "인간 존재의 전 영역 중에 만물의 주권자이신 그리스도가 '내 것'이라 주장하지 않으시는 곳은 단 한 뼘도 없다."[3]

이 진리를 이해할 수 있다고 가정할 때, 우리는 단순한 사실의 수준이 아닌 좀더 깊은 수준의 이해를 생각해야 한다. 무슨 말인지 알아보자. 우리의 창조력에는 한계가 있다. 끊임없이 무엇인가를 창조하지만 인간은 어디까지나 하위 창조자일 뿐이며, 인간이 만든 최고의 창조물이라고 할지라도 그것은 어디까지나 하위 창조물일 뿐이다. 우리의 정신에는 경이로운 상상력이 담겨 있고 우리의 손에는 믿기 힘들 정도의 놀라운 기술력이 깃들어 있다. 하지만 우리는 원재료를 창조해내지는 못한다.

작가는 언어와 용어, 문법, 글쓰기 기술에 대해 이해하는 만큼만 글을 쓸 수 있다. 화가는 사용할 수 있는 모든 염료를 가지고 이미 존재하는 색과 조합을 사용해 그동안 연마해온 기량만큼만 그림을 그릴 수 있다. (무슨 이야기인지 짐작이 되는가?) 만약 당신이 집을 짓고자 한다면 당신의 신용 등급과 당신이 사용할 수 있는 건축 장비들 그리고

이미 존재하는 원자재의 제한을 받게 되어 있다. 우리는 창조하는 일에 능하지만 그 창조는 어디까지나 의존적이다. 그러나 하나님은 그렇지 않으시다.

하나님은 자신이 원하는 모든 것을 원하는 만큼 창조하신다. 그리고 그분은 모든 것을 무無로부터 창조하신다. 하나님은 원료를 필요로 하지 않으신다. 하나님은 원료를 만드는 분이시다. 하나님은 우리처럼 한계가 있는 분이 아니시다. 우리는 늘 사용 가능한 것을 따져봐야 하고 외부적인 요인과 제한 사항을 고려해야 한다. 하나님이 우주를 창조하셨을 때, 천사들이 하나님께 "하나님, 좀 보세요. 산들이 저렇게 온갖 곳에 흩어져 있잖아요. 행성들도 있고 염소, 타조와 바위들도 있네요. 우린 지금 공을 차고 놀아야 하니까 그것들 좀 치워주세요" 하고 말하자 하나님이 "글쎄, 이것들을 다 어디로 치우지? 아, 우주로 보내야겠군!" 하고 대답하시면서 우주를 만드셨던 것은 아닐 것이다.

이제 우리는 바울로 하여금 "깊도다! 하나님의 지혜와 지식의 풍성함이여!"라고 찬송할 수밖에 없도록 한 그 감동에 한 걸음 더 가까이 다가가고 있다.

하나님은 초월적이고 자기 충족적인 창조력으로 천군 천사를 향해 말씀하셨다. "내가 우주를 창조할 것이다." 물론 천군 천사는 이렇게 되물었다. "우주란 무엇이지요?" 새로이 창조할 모든 것들을 수용할 새로운 창조적 공간에 대해 하나님이 설명하셨을 때 천사들은 궁금증이 생겼다. "멋진 생각이십니다. 그런데 무엇으로 그것을 만드신 단 말입니까?" 그에 대해 하나님은 "나는 '우주'라고 말하며, 나 자신으로부터 그것을 창조할 것이다"라고 대답하셨다. 그러자 우주가 만들어졌다. 다시 하나님은 이렇게 말씀하셨다. "이제 행성들을 만들어야겠구나." 천사들은 "행성이요? 행성은 또 무엇입니까?"라고 물었다. 하나님이 "행성"이라고 말씀하시자 정말로 행성이 그 모습을 드러냈다.

하나님의 창조력은 너무나도 풍성하고 광범위하며 초월적이어서 "무엇을 원하신다"는 말씀 한마디면 그것은 존재하게 된다. 이것은 하나님이 얼마나 우리 너머에 계시는 분인지를 보여주는 빙산의 일각에 불과하다. 당신과 나는 구매력과 정보력, 그리고 피조세계의 구심력에 갇혀 있다. 과학자들이 실험실에서 어떤 생명체를 창조하고 있다는 말을 들어보았겠지만 그러한 일은 절대 일어나지 않을 것이다. 샬레를 응시하여 무에서 유를 창조해낼 수 있는 과학자는 이전에도 없었고 앞으로도 없을 것이다. 무슨 일을 하든지 과학자들은 피조물을 원재료로 삼을 수밖에 없다.

하나님을 제한하는 것은 아무것도 없다. 하나님의 존재 자체가 초월적이기에 그분의 창조력 역시 초월적이다. 존재하는 모든 것은 다 그분의 것이다. 그분은 원하는 무엇이라도 무로부터 창조할 수 있다. 하나님의 부요함을 비견할 만한 인간의 범주는 없다. 빌 게이츠는 기초생활수급자로 분류되고, 록펠러는 거지에 가까우며, 중동의 섬을 소유하고 있는 왕자는 부랑자에 불과하다. 그러면 당신과 나 같은 사람은 뭐가 될지 몰라도 분명한 사실은 이것이 우리를 하나님을 향한 합당한 경외감으로 움직여간다는 것이다. 이제 우리는 바울이 그의 마음으로부터 "깊도다! 하나님의 지혜와 지식의 풍성함이여!"라고 찬송한 이유를 조금 엿보았다.

하나님의 주권적 지식

하나님의 지혜와 지식은 얼마나 깊을까? 하나님은 이제까지 모든 언어로 쓰인 모든 책의 모든 장, 모든 문단, 모든 문장, 모든 단어를 알고 계신다. 하나님은 과거와 미래의 역사적 사실들을 모두 알고 계신다. 또 하나님은 밝혀지고 밝혀지지 않은 모든 진리와 이해되고 이해되지 않은 모든 과학 명제를 알고 계신다.

　우리 시대는 과학과 믿음을, 동양 철학의 음양과 같이 서로 대조적이고 섞이지 않는 것처럼, 따라서 우리가 둘 중 하나를 선택해야 하는 것처럼 이야기한다. 하지만 성경은 진리를 그렇게 설명하지 않는다. 하나님은 그 모든 것의 주인이시며 인간의 모든 지식보다 뛰어나시기에 가장 총명한 지성인이라도 상대적으로 뇌손상을 입은 것처럼 보인다. 고린도전서 3장 18-23절의 말씀을 보자.

　아무도 자신을 속이지 말라. 너희 중에 누구든지 이 세상에서 지혜 있는 줄로 생각하거든 어리석은 자가 되라. 그리하여야 지혜로운 자가 되리라. 이 세상 지혜는 하나님께 어리석은 것이니 기록된 바 "하나님은 지혜 있는 자들로 하여금 자기 꾀에 빠지게 하시는 이라" 하였고 또 "주께서 지혜 있는 자들의 생각을 헛것으로 아신다" 하셨느니라. 그런즉 누구든지 사람을 자랑하지 말라. 만물이 다 너희 것임이라. 바울이나 아볼로나 게바나 세계나 생명이나 사망이나 지금 것이나 장래 것이나 다 너희의 것이요 너희는 그리스도의 것이요 그리스도는 하나님의 것이니라.

이 말씀은 진리가 절대로 우리에게 적대적이지 않다는 뜻이다. 따라서 우리는 새로운 진리를 발견했다는 어떤 사람들의 주장에 겁먹지 말아야 한다. 만일 그것이 참된 진리라면 그 진리는 하나님의 진리이고 하나님이 이미 장악하신 것이다. 참된 진리는 성경에 계시된 하나님의 말씀과 모순되지 않는다. 물론 새롭게 밝혀진 진리가 그리스도인들의 주장과 모순되는 경우도 있다. 그러나 우리는 두려워하면 안된다. 하나님이 누구보다 먼저 그것을 아셨고 그것의 발견 역시 하나님의 주권 아래 있기 때문이다. 기억해야 할 진리는 우리가 진리를 소유하고 있다는 것이다. 우리가 그리스도의 것이기 때문에, 그리고 그리스도는 주 하나님의 것이기 때문에 모든 진리는 우리의 진리다.

하나님은 모든 것을 아신다. 이 말은 단순해 보이지만 매우 중요한 사실이기 때문에 곱씹어볼 필요가 있다. 하나님은 거시적인 수준에서 모든 것을 아신다. 하나님은 특정한 별이 어느 정도의 온도로 타고 있는지를 아신다. 하나님은 모든 행성의 궤도를 아신다. 하나님은 지구를 비롯한 모든 행성의 모든 산맥의 모든 산을 아시며, 모든 바다의 깊이를 아신다. 거시적인 수준에서 하나님은 이 모든 것을 아신다.

그러나 하나님은 미시적인 수준에서도 모든 것을 알고 계신다. 하나님은 모든 원자와 분자의 구조와 위치, 기능을 아신다. 하나님은 유사분열—학교를 졸업한 지 좀 된 사람들을 위해 설명하자면, 하나의 세포가 둘이 되는 분열—의 모든 순간을 아시고 주관하신다. 우리의 하나님은 이 모든 것을 거시적인 수준과 미시적인 수준에서 알고 계신 분이다.

하나님의 지식은 깊이에 있어서 빈틈이 없을 뿐 아니라 너비에서도 빈틈이 없다. 하나님은 이미 일어난 모든 사건과 앞으로 일어날 모든 사건을 알고 계시며 각각의 사건이 어떻게 서로 다른 사건들에 영향을 미치고 그 사건들이 어떻게 또 다른 수많은 사건들로 끝도 없이 이어져갈지를 완벽하게 알고 계신다. 하나님은 나비가 매 초 펄럭이는 날갯짓의 속도에서부터 해수면 위아래에 존재하는 모든 화산에서 솟구치는 마그마의 정확한 질량까지—마이크로그램 단위까지—알고 계신다. 하나님의 이러한 앎은 동시적이면서 정확하다. 아무도 없는 숲 속에서 나무가 쓰러진다면 어떤 소리가 날까? 나는 모른다. 그러나 하나님은 아신다.

하나님은 이 모든 것을 알기 위해 포스트잇이나 손바닥에 메모가 필요한 분이 아니시다. 하나님은 모든 것을 붙드시고 모든 것을 보시고 모든 것을 아시는데, 그 모든 것의 실체는 하나님이 원하시는 상태 그대로의 모습이다. 그리고 이것은 하나님의 하나님되심에 있어 아주 작은 일부분에 불과하다.

만일 이것이 사실이라면 지구상에서 고작해야 10억분의 1초의 존재 가치를 지닌 우리 인간들은 왜 하나님의 일하심을 감히 판단하려 하는 것일까? "깊도다! 하나님의 지혜와 지식의 풍성함이여!"라는 바울의 고백은 하나님의 신비가 지속적인 실재이며 찬송받으시기에 합당한 것임을 보여주고 있다. 하나님을 파악해내려는 우리의 노력은 태평양에서 1센티미터의 치실로 고기를 낚으려는 것과 같다. 이것은 인간의 지성과 능력에 대한 과대평가이며 어리석은 행동일 뿐이다.

1950년대와 1960년대에 학계로부터 시작된 합리주의가 기독교 학문을 침식하기 시작했고 그 결과 신학교와 교회에 자유주의 신학이 스며들었다. 보수주의자들은 이에 대한 방어 전략으로 진자를 오른쪽 반대편으로 밀어버렸다. 이들은 '하나님'을 과학으로 증명할 수 있다고, 즉 하나님의 생각과 역사가 수학처럼 설명 가능한 것이라고 믿고 싶어했다. 그러나 로마서 11장 33절은 하나님이 우리가 이해할 수 없을 만큼 크시고 가늠할 수 없을 만큼 광범위하시며 그분의 능력이 영원하시기 때문에 하나님에 대한 대부분의 우리 고백은 줄곧 "알 수 없습니다"가 되어야 한다고 말해준다. 측정

> 하나님의 하나님되심에 대해 계산자나 설명도를 들이댈 것이 아니라 두려움과 경외감으로 하나님을 예배해야 한다.

할 수 없는 하나님의 하나님되심에 대해 계산자나 설명도를 들이댈 것이 아니라 두려움과 경외감으로 하나님을 예배해야 한다는 것이다.

하나님은 그 모든 것을 어떻게 보시고 아시며 역사하시는가? 우리는 알 수 없다.

영원의 시각에서 본다면 우리의 인생은 찰나의 깜빡임에 불과하다. 야고보는 이렇게 기록했다. "너희는 잠깐 보이다가 없어지는 안개니라"약 4:14. 이 중요한 사실이 "그의 판단은 헤아리지 못할 것"이라는 바울의 경외감 가득한 고백의 바탕이다. 어느 누가 하나님을 헤아릴 수 있겠는가? 우리가 하나님을 헤아리려는 것이 어떠한 근거로 합당한 행위일 수 있겠는가? 성경 속에서 하나님을 조금이라도 헤아리고자 했던 모든 사람에 대한 하나님의 반응은 이해할 수 없다는 어조의 책망이었다. 욥이 자신의 삶에서 고통을 통해 역사하시는 하나님을 이해하고자 애쓸 때 하나님은 다음과 같이 대답하셨다.

> 무지한 말로 생각을 어둡게 하는 자가 누구냐? 너는 대장부처럼 허리를 묶고 내가 네게 묻는 것을 대답할지니라. 내가 땅의 기초를 놓을 때에 네가 어디 있었느냐? 네가 깨달아 알았거든 말할지니라(욥 38:2-4).

다른 말로 하자면 "네가 뭐라도 된다고 생각하는 거냐?"라고 물으신 것이다. 이것은 하나님께 질문하는 자로 하여금 제자리를 찾게 하시는 방법 중 으뜸가는 예라고 할 수 있다. "너는 네가 그렇게 똑똑하다고 생각하느냐? 그렇다면 내가 이 세상을 창조할 때에 네가 나와 함께 있었느냐? 없었다고? 그래, 네 말이 옳다. 얘야, 네 주제를 알거라."

개인적으로 나는 "대장부처럼 허리를 묶고"라는 대목을 좋아한다. 마치 하나님이 이렇게 말씀하시는 것 같다. "이 귀여운 녀석 좀 보게! 남자 대 남자로 붙으려면 그릇이라도 머리에 쓰지 그러니?"

바울이 로마서 9장에서 예정과 관련된, 난해하지만 영광스러운 진리들을 선포할 때 그는 독자들이 하나님의 공평성에 대해 우려할 것을 예상해서 다음과 같이 기록했다. "이 사람아! 네가 누구이기에 감히 하나님께 반문하느냐? 지음을 받은 물건이 지은 자에게 '어찌 나를 이같이 만들었느냐' 말하겠느냐?"롬 9:20

아내 로렌의 생일을 맞이해 우리 가족은 댈러스에서 샌안토니오를 향해 내려가고 있었다. 가는 도중 당시 다섯 살이던 딸 오드리가 뒷자리에서 떠들기 시작했다. "아빠 어디로 가는지 알긴 알아요?" 모욕적이었다. 로렌이 키득거렸다. 아내는 재미있어 하며 "그러게, 알긴 아는 거예요?"라고 물었다.

나: "왜 이래요, 지금 35번 고속도로를 탔잖아요. 이대로 죽 내려가기만 하면 된다고요."
딸: "내 생각엔 아빠가 잘못 들어온 것 같은데." (단정적이었다.)
나: "내 생각엔 오드리가 한 대 맞아야 할 것 같은데." (이건 농담이다.)

시트콤 같은 일이지만, 다섯 살짜리 오드리는 집 안에서 길을 잃어버린 적이 있었다. 정말이다. 집이 크지도 않은데 말이다. 어쩌다 밖에 혼자 있게 되면 오드리는 놀라 호들갑을 떨었다. 방향감각도 전혀 없어 어디로 가려면 어느 쪽으로 방향을 틀어야 하는지도 전혀 모르는 이 아이가 뒷좌석에 앉아 감히 내게 이렇게 말하는 것이다. "아빠 어디로 가는지 알긴 알아요? 내 생각엔 아빠가 잘못 들어온 것 같은데."

나는 대답했다. "글쎄, 너는 아직 네 이름도 못 쓰잖아. 그러니 그만해라!" 사실 이번에도 농담이다. 하지만 우리가 하나님에 대해 그분이 어떠한 분이셔야 한다거나 무엇을 하셔야만 한다고 왈가왈부하며 그분을 우리 자신의 헤아림이나 논리, 견해의 현미경 아래에 두려고 할 때마다 이와 같은 일이 발생하고 있다.

"그의 판단은 헤아리지 못할 것이며 그의 길은 찾지 못할 것이로다"라는 바울의 고백을 통해 하나님이 우리에게 하시는 말씀은 다음과 같다. "네가 정녕 나의 다스림을 헤아리고자 하는 것이냐? 너는 네 자신이 얼마나 작은 존재인지를 알고 있느냐? 너는 네가 자신의 인생을 이해하기에도 부족한 존재임을 정녕 모르고 있는 것이냐? 네 자신의 부족과 실패, 네가 죄에 이끌리는 이유와 여러 가지 것들의 종으로 살고 있는 이유도 이해하거나 파악하지 못하면서 너는 지금 나를 헤아리려고 하는 것이냐?" 우리는 뒷좌석에 앉아 아빠는 어디로 가야 할지를 모르는 것 같다고 떠들어대는 다섯 살배기 어린아이와 같다.

하나님의 주권적 지식은 우리의 영역과 우리의 인지를 훌쩍 뛰어넘기에 우리 자신이 하나님의 네비게이션인 것처럼, 아니면 하나님이 우리의 운전기사인 것처럼 행동하는 것은 단순히 어리석은 일이 아니라 죄악이다. 로마서 11장 34절의 하나님은 우리로 하여금 두려움을 느끼게 한다. "누가 주의 마음을 알았느냐? 누가 그의 모사가 되었느냐?" 그럴 수 있는 사람은 아무도 없다.

이와 같은 하나님의 주권은 우리로 하여금 두려움을 느끼게 한다. 우리는 종종 하나님이 모든 사람에게 좋은 것만을 나누어주시는 분이길, 즉 천사의 날개를 달고 금가루를 뿌리며 반짝반짝 작은 별처럼 빛나는, 쉽게 말해 팅커벨과 램프요정 지니의 결합체이길 바란다. 하지만 성경의 하나님, 아브라함과 이삭과 야곱의 하나님은 불기둥이시며 구름기둥이시다. 하나님의 영광은 똑바로 쳐다볼 수 없다. 하나님의 영광은 사람을 죽인다. 하나님의 영광은 사람이 가까이 할 수 없다. "살아 계신 하나님의 손에 빠져 들어가는 것이 무서울진저"히 10:31.

하나님은 놀랍고 극도로 무서운 분이다. 사람들이 떠들어대는 하나님은 보잘것없고 때로는 진부할 수 있겠지만, 성경의 하나님은 전능하다. "누가 주의 마음을 알았느냐? 누가 그의 모사가 되었느냐?"

물론 우리에겐 하나님이 주신 어느 정도의 계시가 있고 그 계시를 통해 우리는 하나님의 마음의 일부를 알 수 있다. 하나님은 우리에게 성경을 주셨다. 또한 하나님은 꿈과 환상, 지식의 말씀을 통해 말씀하신다. 단, 성경과 어긋나는 방법으로 말씀하시지는 않는다. 또 성경은 하나님이 창조세계를 통해서도 말씀하신다고 이야기한다 시 19:1-2; 롬 1:20. 이렇듯 하나님이 우리에게 어느 정도 자신을 계시하신 것이 분명하지만 그렇다고 우리가 그분의 모사가 될 수 있을 정도는 아니다. 하나님은 우리를 구원하기에 충분할 정도로 자신의 인격과 속성을 알려주셔서 우리가 구원받지 못한 것에 대해 무책임하게 변명할 수는 없게 하셨다. 그러나 하나님은 자신의 완전함에 대해서는 단지 어림짐작할 만큼만 아주 작은 부분을 보여주셨을 뿐, 충분한 정보는 한 번도 주지 않으셨다.

누구도 하나님의 모사가 될 수 없다. 누구도 하나님께 충고할 수 없다. 누구도 하나님의 길을 곧게 할 수 없다. 그 어느 누구도.

하나님의 완벽한 자기 충족성

바울은 로마서 11장 35절을 다음과 같이 이어간다. "누가 주께 먼저 드려서 갚으심을 받겠느냐?" 모든 것이 하나님의 것이라면 우리에겐 하나님의 것이 아니면서 그분께 드릴 수 있는 것이 하나도 없다. 이것은 당신이 하나님께 무엇도 빌려드릴 수 없다는 뜻이다. 하나님은 누구에게 그 무엇도 빚질 수 없는 분이시다. 우리의 존재 자체가 그분의 은혜로 주어진 선물이다.

고통과 고난이라는 명백한 불공평을 슬퍼하면서 우리는 얼마나 자주 타락한 이 세상 속에 존재하는 모든 선한 것들이 전적으로 하나님의 긍휼과 은혜의 선물이라는 사실을 잊고 마는가? 사람들은 다리가 붕괴될 때에는 하나님의 존재를 의심하면서 붕괴되지 않은 모든 다리들에 미치는 하나님의 은혜에는 전혀 놀라지 않는다. 모든 웃음

소리와 모든 맛있는 음식, 모든 미소 하나하나가 그분의 긍휼과 은혜의 결과다. 하나님이 우리에게 빚지신 것은 하나도 없다.

이것이 왜 무서운 말일까? 이것이 사실이라면 우리에겐 하나님과 협상이나 거래를 할 아무런 근거가 없다. 그러나 내 경험상 대부분의 그리스도인들은 자신이 거래할 수 있는 위치에 있다고 믿는다. 우리의 어둡고, 비좁고, 축복을 당연시 여기는 마음속에는 번영의 신학이 숨어 있다. 우리는 보좌에 나아가 이렇게 말한다. "하나님 제가 이것을 할 테니 하나님은 이것을 해주십시오. 또 제가 하나님을 위해 저것을 하면 하나님은 저를 위해 저것을 해주셔야 합니다."

하나님의 대답은 다음과 같다. "너는 계속해서 내 것으로 나를 매수하려 하는구나." 심지어는 자신의 생명을 담보로 하나님과 거래를 하는 사람도 있다. 하나님은 그들에게 이렇게 대답하실 것이다. "무슨 소리냐. 나는 내가 원할 때 너의 생명을 취할 것이다. 나는 하나님이다."

우리는 우리의 섬김을 이용한다. "제가 하나님을 섬기겠습니다!" 하지만 하나님은 무엇이 부족한 것처럼 사람의 손으로 섬김을 받으시는 분이 아니다_{행 17:25}. 하나님은 말씀하신다. "네가 무엇을 하겠느냐? 먹을 것을 주겠느냐? 네가 나를 위해 무엇을 하겠느냐? 내 집에 페인트를 칠하겠느냐? 나에게 무언가 부족한 것이 있는 것처럼 네가 무엇을 주려 하느냐?"

이러한 거래로부터 올 수 있는 유익은 우리 안에 있는 우상과 교만이 드러나는 것이다. 우리는 믿음을 우주적 자판기의 일종인 것처럼 생각하면서 그리스도인의 삶이 하나님과 50대 50으로 진행하는 프로젝트이기를 기대한다. 우리를 부추기는 것은 성경에 대한 존중이 전혀 없는 설교자들과 사역자들, 본문 대신 본성으로 가르치는 교사들이다. 그들은 다른 복음을 전하는 이들을 저주하시는갈 1:8-9 하나님에 대한 뚜렷한 경외감 없이 사람의 귀를 간지럽히는 자들이다. 하나님은 우리에게 아무것도 빚지지 않으셨다.

우리에게는 하나님의 소유가 아닌 것으로 그분께 드릴 것이 하나도 없다.

이에 대한 사람들의 일반적인 반응은 하나님을 따르는 것과 그분의 뜻을 섬기는 것의 의미에 대해 묻는 것이다. 성경에는 그와 같은 부르심이 많이 등장한다. 그러나 부르심의 실제는 하나님이 자신을 보여주시기만 하면, 우리가 기쁨으로 하나님 나라를 섬기는 사명에 참여하게 되리라

> 그러나 부르심의 실제는 하나님이 자신을 보여주시기만 하면, 우리가 기쁨으로 하나님 나라를 섬기는 사명에 참여하게 되리라는 것이다.

는 것이다. 하나님은 이 문제를 강요하지 않으신다. 하나님은 자신을 있는 그대로—그의 능력과 경이로움, 은혜, 사랑, 철저한 구원을—보이시기만 하면 된다. 필레미뇽(값비싼 소고기 부위로 뼈가 없는 연한 허릿살 부분의 안심이나 등심—편집자 주)을 맛본 후에 짭짤한 과자로 되돌아갈 사람은 아무도 없다.

이것은 우리에게 하나님이 우리를 필요로 하는 것이 아니라 오히려 우리를 원하신다는 사실을 보여주면서 하나님의 은혜를 더욱 분명하게 계시한다. 스스로를 그리스도인이라 칭하는 우리가 하나님이 삼위 안에서 얼마나 완벽하게 자기 충족적인 분인지를 깨닫게 될 때 우리를 위하여 우리에게 주신 그리스도라는 선물은 더더욱 놀라운 소식이 된다. 이것을 바꾸고 싶어할 사람은 아무도 없을 것이다. 왜냐하면 궁극적으로 자신의 영광에 집중하시는 하나님은 자신의 형상대로 지어졌지만 전적으로 부서진 우리를 분명히 회복시키실 것이기 때문이다. 하나님의 영광이 그것을 요구한다. 따라서 우리는 영광스러운 자존감을 가지신 자기 충족적인 하나님께 감사해야 한다.

하나님의 영광스러운 자기 존중

바울은 로마서 11장 36절에서 "이는 만물이 주에게서 나오고 주로 말미암고 주에게로 돌아감이라"라고 선언했다. 이것은 현재 존재하는 모든 것은 물론 앞으로 존재할 모든 것의 궁극적인 근원이 다른 것이 아닌 하나님의 손으로만 귀속된다는 분명한 선포다.

우리 중 대부분은 하나님이 자신의 전지전능한 놀라운 능력을 사용하셔서 이 우주는 물론 우주 안에 존재하는 모든 것을 창조하셨는데 그 이유는 하나님이 인간과 교제하고 싶으셨기 때문이라는 이야기를 들어왔다. 비슷한 설명을 당신도 들어본 적이 있지 않은가? 참 들기 좋은 말이다. 만일 성경이 실제로 이러한 생각이 거의 신성모독에 가깝다고 가르치지만 않는다면 그리스도인들의 동기부여용 포스터를 위한 훌륭한 문구가 될 수 있을 것이다. 무한한 온전 가운데 계시는 하나님이 정말로 외로움을 느끼셨을까? 이러한 외로움에 대한 반응으로 하나님이 영광의 도둑들을 한 무더기나 창조하셨던 것일까? 이것이 관계적 안녕의 불균형이라는 것에 대한 무한하신 하나님의 해결책이었을까? 우리 중 많은 이들이 이렇게 믿도록 호도되어왔다. 그리고 우리는 우리의 자존감을 바탕으로 삼위일체 안에서 홀로 하나이신, 거룩하시고 영광스러우시고 놀라우신 하나님이 로맨틱한 음악이 흐르는 따스한 거실에서 마주 선 우리를 바라보시며 "네가 나를 온전하게 하는구나"라고 속삭이기 원하셨다고 상상한다.

아니다. 우리는 하나님의 감정적 경험의 결핍된 부분을 채워줄 연결고리로 창조되지 않았다. 그렇게 생각하는 것은 우주라는 퍼즐에서 가장 중요한 조각이 바로 우리라는 오해를 불러일으킨다. 하지만 실상 우리가 그렇게까지 중요한 것은 아니다.

성경을 보는 데는 기본적으로 두 가지 방법이 있다. 먼저는 성경을 우리의 일상을 위한 지침서로 보는 것이다. 우리는 궁금한 것이 많고, 성경은 신뢰할 만한 참고서다. 따라서 우리는 묻는다. 술을 마셔도 될까? 자, 성경에서 그 답을 찾아보자. 이번에 나온 영화를 보러 갈까 말까? 우상에게 바쳐진 고기를 먹지 말라는 본문을 읽으면 혼란이 좀더 가중되는 것도 사실이지만 적어도 좀더 종교적인 기분을 느낄 수 있게 된다. 결국 우리는 성경을 마법의 수정구 정도로 전락시켜버린다. 물론 우리가 성경을 그렇게 부르는 것은 아니다. 대신 '인생의 지침서' 등으로 부른다.

성경은 우리의 실질적이고 일상적인 삶을 위한 지혜의 보고일까? 물론이다. 그렇다면 성경은 당신이 가지고 있는 모든 질문에 구체적으로 대답을 해줄까? 그럴 가능성은 거의 없다. 여기에서 중요한 것은 우리의 실질적인 질문에 답하는 것이 성경의 요점이 아니라는 사실이다.

누군가에게는 머리칼이 쭈뼛 서는 이야기일 수도 있다. 머리칼을 밀어버리는 게 나을지도 모른다. 결혼한 사람은 성경이 지금의 배우자와 결혼하라고 말해주는지 자문했었을 수도 있다. 직장이나 학교를 고를 때 성경이 당신에게 "이 직장을 택하라" 혹은 "이 학교를 가라"고 말해주지는 않았는가? 10여 년 전 나는 하이랜드 빌리지 침례교회로부터 담임목사가 되기 위한 지원과 면접에 관심이 있는지 질문을 받았을 때 어떻게 해야 할지를 놓고 많은 생각과 기도를 했다. 하지만 성경에서 답을 찾은 것은 아니다.

무엇을 해야 할지, 어디로 가야 할지 고민이 될 때 우리는 성경 속에서 지혜나 인도하심, 예배와 같은 일반적인 원리들을 찾아낼 수는 있다. 하지만 "로렌과 결혼해라, 빌리지 교회의 청빙을 받아들여라, 미니밴을 사라"와 같은 해답을 찾아낼 수는 없다.

나의 요점은 이것이다. 만일 성경이 우리에 대한 책이 전혀 아니라면 무엇에 대한 책일까? 만일 우리가 하나님의 계시가 들려주는 이야기의 중심이 아니라면 무엇이 그 중심일까?

물론 성경은 우리에게 순종을 명령하고 복종을 요구한다. 그러나 성경을 '나의 인생을 위한 일상의 지침서'로 읽는 것은 우리가 성경을 대할 수 있는 두 가지 방법 중 열등한 방법이다. 성경을 일종의 지침서로 읽는 일이 가능하기는 하다. 하지만 더 나은 방법은 성경을 하나님에 대한 책으로 보는 것이다. 허버트 로키어의 말을 조금 바꾸어보자면 성경은 우리를 위한 책이지 우리에 대한 책은 아니다.[4]

성경은 시작부터 끝까지 하나님의 으뜸가는 열망이 우리의 구원이 아닌 그분 자신의 이름의 영광임을 드러낸다. 하나님의 영광이 우주를 움직이는 원동력이며 모든 존재의 이유다. 이 세상이 우주라는 공간 속에서 회전하고 움직이면서 존재하는 것은 당신과 내가 구원을 받거나 못 받게 하기 위함이 아니라 하나님이 무한한 완전하심 속에서 영광을 받으시기 위함이다.

나는 이것이 혁신적인 주장임을 잘 알고 있다. 이것은 우리의 마음을 어지럽히고 우리의 근간을 흔든다. 하지만 이것은 우리가 우리의 우상을 부수고 녹여버리기 전에 나타나는 현상이기도 하다. 우리는 우리를 포함한 모든 것이 우리 자신을 위해서가 아니라 하나님의 영광을 위해 존재한다는 생각에 알레르기 반응을 일으킨다. 이러한 이유 때문에 웨스트민스터 소요리문답은 인생의 목적에 대한 급진적인 대답으로 신앙고백을 시작하는 것이다. "사람의 제일 되는 목적은 하나님을 영화롭게 하는 것과 영원토록 그를 즐거워하는 것이다." 그러나 사실 이것은 사람뿐 아니라 모든 것의 제일 되는 목적이기도 하다. 아직도 믿기 어려운가? 그렇다면 성경을 한번 살펴보자.

- 하나님이 이스라엘을 광야에서 멸하지 않으신 것은 자신의 이름을 위해서였다(겔 20:5-9).
- 하나님은 자기의 이름을 위하여 사람들을 구원하신다(시 106:8).
- 바로의 마음이 완악해진 것은 하나님의 영광을 위함이었다(출 14:4, 18).
- 이스라엘 왕정의 시작은 하나님의 영광과 관련되어 있다(삼상 12:19-23).
- 솔로몬은 하나님의 영광을 위하여 성전을 봉헌했다(왕상 8장).
- 이스라엘이 여러 나라 중에 위대하고 강력해진 것은 하나님이 자신의 '명성을' 내시는 일이었다(삼하 7:23).
- 이스라엘이 멸절되어 마땅할 때 하나님이 그들을 멸절하지 않으신 이유는 자신의 이름이 많은 나라들 가운데 욕되지 않게 하려 하심이었다(사 48:9-11).
- 하나님이 이스라엘을 멸하기로 작정하신 이유는 그들이 그분의 이름을 영화롭게 하는 것을 마음에 두지 않았기 때문이었다(말 2:2).
- 예수님의 삶과 사역은 하나님의 영광을 위함이었다(요 7:18; 17:4).

- 예수님의 십자가는 하나님의 영광을 위함이다(요 12:27-28).
- 당신과 나는 하나님의 은혜의 영광을 찬송하도록 구원받았다(엡 1:3-6).
- 그리스도인의 삶은 하나님의 영광이 온 세상에 비치게 하는 것과 관련되어 있다(마 5:16; 고전 10:31; 벧전 4:11).
- 그리스도의 강림은 하나님의 영광을 완성하기 위함이다(살후 1:9-10).
- 만물의 완성은 하나님이 찬송을 받으시기 위함이다(계 21:23).

공통된 주제를 찾을 수 있지 않은가?

단순한 '증빙 본문 열거'[5]라고 생각하는 사람도 있겠지만 이것은 빙산의 일각에 불과하다. 종교개혁자들이 '오직 주님께 영광'*Soli Deo Gloria*을 우선시한 데에는 분명한 이유가 있다. 바로 성경이 그것을 모든 산꼭대기와 옥상에서 모든 계곡과 골목에 외치고 있는 것이다! 하나님의 영광은 반드시 성취되어야만 하는 하나님의 비전이자 계획이다. 하박국 2장 14절은 "물이 바다를 덮음같이 여호와의 영광을 인정하는 것이 세상에 가득"할 것이라고 약속한다. 하나님 영광의 최우선성이 성경 곳곳에 기록되어 있는 이유는 자신의 영광을 세계 곳곳에서 최우선으로 삼는 것이 하나님 계획이기 때문이다.

이것이 바로 성경의 중심이다. 당신이나 내가 아니다. 하나님, 오직 하나님, 하나님의 이름, 오직 하나님의 이름이다. 모든 것의 핵심은 오직 하나님의 영광이기에 오직 하나님께만 영광이 있을 것이다. 부요가 깊으신 분, 지혜가 깊으신 분, 자애가 깊으신 분, 영광이 깊으신 분은 하나님이시다. 우리가 아니다. 이것이 성경의 메시지다.

하나님, 오직 하나님만이 최고봉이시다. 이러한 사실에 대해 불만을 토로할 수 있는 법정도, 재심을 신청할 수 있는 항소 법원도 없다. 하나님께 가까이 다가가면 다가갈수록 이와 같은 사실은 더더욱 분명해진다. 수평선 위에 등장한 태양은 두 눈을 가늘게 뜨고 바라보면 손가락으로 찌그러트릴 수 있을 것이다. 그러나 하나님은 아무리 얼굴을 돌려보아도 바라볼 수도, 짐작조차도 할 수 없는 분이다. 존 파이퍼의 말을 빌리자면 "계시된 하나님에 대한 생각에 더 높이 오를수록 하나님의 창조 목적이 하나님의 영광을 드러내는 것이라는 사실을 더욱 분명히 알게 된다."[6]

예배의 뿌리

파이퍼는 이어 말했다. "이 목적은 하나님의 백성이 하나님의 영광을 끊임없이 계속적으로 더 많이 기뻐하는 것이다."[7] 이러한 사실은 웨스트민스터 신앙고백에서도 잘 나타난다. "사람의 제일 되는 목적은 하나님을 영화롭게 하는 것"이다. 맞다, 그러나 거기에 덧붙여 "하나님을 영원토록 즐거워하는 것"이다.

이 즐거워함이 바로 예배다. 예배는 우리가 어떤 대상에 궁극의 가치를 부여하는 것이다. 이 궁극의 가치가 온 우주에서 오로지 한 분이시며 참되신 삼위일체 하나님이 아닌 다른 사람이나 다른 무엇에 부여된다면 그것은 우상숭배다. 기독교 예배의 뿌리는 모든 것을 통해서 최고봉이신 하나님의 영광을 인정하고 그것에 복종하고 그것을 즐거워하는 것이다.

예를 들어, 하나님은 우리에게 성性을 선물로 주셨고 이것은 물론 좋은 선물이지만 이 선물의 목적은 성행위 자체로 우리의 기쁨이 완성되는 것이 아니다. 하나님은 우리가 그토록 좋은 선물을 허락해주신 하나님의 선하심에 압도되기를 바라셨다. 성은 그 자체가 목적이 될 수 없고 우리의 영광을 위한 도구도 될 수 없다. 성을 우리에게 주심은 우리가 그것을 통해 하나님을 예배하도록 하기 위함이다. 이와 비슷하게 음식과 포도주를 주신 것도 흥청망청 먹고 마시라거나 이것을 즐기지 못하게 하려 하심이 아니라, 오히려 우리가 좋은 음식 한 조각과 좋은 포도주 한 모금을 즐기면서 마찬가지로 하나님을 즐거워하기 원하셨기 때문이다. 디모데전서 4장 4절은 이렇게 말한다. "하나님께서 지으신 모든 것이 선하매 감사함으로 받으면 버릴 것이 없나니."

이러한 시각으로 바라볼 때 예배는 일주일에 한두 번 교회에 와서 드리는 찬양보다 더욱 광범위하고 포괄적이다. 예배는 하나님의 영광에 사로잡혀 열정을 느끼는 사람들이 살아가는 방식이다. 하나님의 선하신 선물에 참여하면서도 선물 자체나 선물로 인한 즐거움에 멈추

는 영광을 용납하지 않
고 그 선물을 주시는 분
에게 깊게 흘러가고 확

예배는 하나님의 영광에 사로잡혀
열정을 느끼는 사람들이 살아가는 방식이다.

장되는 무언가가 우리의 마음 깊은 곳에서 일어날 때 우리는 하나님
을 예배하는 것이다.

하나님과 하나님께 드리는 예배를 이러한 방식으로 이해하지 못
할 때 모든 것은 피상적이 된다. 모든 것―식사, 성, 결혼, 자녀, 직장,
예술, 문학―이 사소하고 하찮은 일이 된다. 하지만 이 모든 것의 원
천을 이해하는 순간 우리에게는 갑자기 영원한 기쁨이 주어진다. 왜
냐하면 우리가 하는 모든 것이 영원하신 하나님의 무한한 영광 안에
서 이해되고 경험되기 때문이다.

이것이 사실이라는 증거를 깨닫기 위해서 꼭 종교 전문가일 필요
는 없다. 내가 만일 목사가 아니고 이러한 사실을 전하는 것이 나의
수입과 아무런 상관이 없다고 해도, 인간을 탐구해보는 것만으로도
나는 우리 인간이 무언가를 예배하도록 지음받았다는 사실에 별다른
이의를 제기하지 않았을 것이다. 그리고 우리의 예배가 얄팍하고 공
허한 것에서 그친다는 사실에도 별다른 이의를 품지 않았을 것이다.

전쟁은 지금도 진행 중이고 세계 곳곳의 사람들이 믿기 어려울 정
도의 가난과 기근, 정치적 불안, 폭력에 시달리고 있다. 반면 우리가
살고 있는 이 도시에서 뉴스를 통해 훨씬 많이 듣게 되는 소식은 가수
나 배우들의 일상과 스포츠스타의 연봉이나 연애담처럼 별 의미 없는

것들이다. 우리의 예배 스위치가 늘 켜져 있다는 사실은 너무나 분명한데 그것은 늘 터무니없이 한정된 채널에 고정되어 있다. 다 큰 어른들이 몸에 페인트칠을 하고, 스포츠 팀의 행적을 좇아 엄청난 수의 인터넷 사이트를 뒤적인다. 이들은 어릴 때부터 어떤 멋진 운동에 어마어마한 양의 감정적 에너지를 쏟아부어 버렸다. 가수들의 콘서트 장에 가보라. 당신은 자발적으로 손을 들고 손뼉을 치며 눈을 감고 음악을 통한 영적 감동을 누리고 있는 사람들을 볼 수 있다. 사람들은 자연의 정취를 느끼기 위해 낚시나 등산을 하기도 한다. 우리는 벽에다 포스터를, 자동차에다 스티커를 붙이기도 하고 문신을 하거나 약물을 복용하기도 한다. 우리는 자동적으로, 그리고 꽤나 자연스럽게 우리 스스로를 썩어질 것에 부어버리며 이러한 것들과 비슷한 종류의 여러 가지 행동들을 한다. 우리는 무언가를 예배하고 싶어한다. 예배는 우리의 선천적인 반응이다. 하나님이 우리를 예배하도록 지으셨기 때문이다.

그러나 그러한 지으심에 문제가 생겨버렸다.

2

인간

우리는 예배하는 사람들이다. 예배는 사람에게 내재된 갈망이자 본능, 충동으로, 하나님 자신이 우리를 그렇게 창조하셨다. 예배는 하나님이 주신 선물이다. 그런데 만일 우리가 하나님으로부터 온 예배의 선물을 하나님을 위해서가 아니라 하나님이 지으신 물건들을 위해 사용한다면 어떻게 될까? 하나님 자신에 대한 하나님의 이야기를 가로채 우리를 그 중심에 두고 이야기를 다시 써 내려간다면 어떻게 될까?

이것은 반역이다. 최악의 반란이다. 우리가 하나님의 다스리심에 대해 따지고 심지어 우리가 원하는 대로 다스리지 않으신다면 하나님을 믿지도 않고 따르지도 않고 그분의 대적이 되겠다고 협박을 한다면 어떻게 될까?

성경은 창조세계를 묘사할 때 늘 서로 연결되어 살아 있는 것으로 묘사한다. 예를 들어 이사야서는 산들과 언덕들이 노래를 발하고 들의 모든 나무가 손뼉을 친다고 말한다 사 55:12. 누가복음 19장 40절은 우리가 침묵하면 돌들이 소리를 지른다고 이야기한다. 모든 피조물이 함께 탄식한다 롬 8:22. 성경은 창조세계를 상호적인 예배의 우주적 콘서트인 양 묘사한다. 또 다른 예로 예레미야 2장에는 우리가 하나님과 어떤 관계를 맺는지에 따라 우리에게 다르게 반응하는 창조세계의 모습이 기록되어 있다. 하나님의 백성이 우상을 받아들이고 "그의 영광을 무익한 것과 바꾸었을" 때 하나님은 다음과 같이 명령하셨다. "너 하늘아! 이 일로 말미암아 놀랄지어다! 심히 떨지어다! 두려워할지어다!"렘 2:11-12

왜일까? 온 세계는 우리가 하나님—영원한 가치, 무한한 깊이, 한없는 부요, 끝없는 지혜, 넘치는 사랑을 지니신 분—이 계심에도 불구하고 그분을 변함없는 열정과 넋을 빼앗긴 격정으로 추구—그분께 영광과 존귀, 찬송, 능력, 지혜와 힘을 돌려드리며 마음과 목숨과 뜻과 힘을 다하여 사랑—하는 대신 그분이 주시는 장난감만을 낚아채 도망치려 한다는 참상에 몸서리를 친다. 하나님 자체가 아니라 그분이 주시는 유익 때문에 하나님을 원하는 것은 여전히 우상숭배다. 왜 온 세계는 이러한 생각에 몸서리를 치는 것일까? (히브리 원어의 기본적인 의미에서 보면 창조세계는 말 그대로 하나님이 우주를 잡아채서 조각조각 찢어 버리실까 두려워한다.) 온 세계는 우주가 하나님의 영광을 위한 무대이기 때문에 몸서리를 친다. 성경은 이 무대가 예배를 선보이는 곳으로서의 본능을 가진 것으로 묘사한다. 그런데 창조세계의 청지기로 부름받은 우리가 그 직분을 버리고 창조주가 아닌 피조물을 예배할 때 이 무대는 그 신성모독적 배신에 몸서리치는 것이다.

그렇다면 이에 대한 하나님의 반응은 무엇일까? 온 세계가 겁을 먹고 몸을 웅크리고 있는데 하나님은 당신과 나와 같은 반역자들에게 어떻게 반응하실까?

완전한
복음

생쥐가 사자의 저녁 식사를 훔치려 한다면 무슨 일이 일어날까?

하나님의 준엄하심

바울이 로마서 11장 22절에서 밝힌 하나님이 제시하시는 선택안은 다음과 같다. "하나님의 인자하심과 준엄하심을 보라." 하나님의 인자하심과 그분의 준엄하심이 언제나 상호배타적이지는 않지만 여기에서 바울은 믿음 안에서 인내하는 사람들과 그렇지 않은 사람들을 가리켜 말하고 있다. 인내하는 자들은 하나님의 인자하심 안에서 (인자하심 때문에) 인내하는 것이다. 내 생각에 우리는 이러한 개념을 잘 이해하고 있다. 하나님의 인자하심, 그리고 그와 비슷한 주제들이 매 주일 강단에서 선포되고 있다. 그것이 성경적인 한 마땅히 그래야만 한다. 하지만 우리는 이 개념을 다소 쉽게 다룬다. 우리는 하나님의 인자하심—은혜, 사랑, 용서, 치유 등—을 고백하고 묵상하고 믿어야 한다. 사실 하나님의 인자하심은 성경 전체를 관통하고 있는 뚜렷한 주제다. 하지만 로마서 11장 22절에서 바울은 좀더 나아간다. 본문은 하나님의 인자하심 뿐 아니라 하나님의 준엄하심을 보라고 명령한다. (우리는 하나님의 준엄하심의 끔찍함을 아는 만큼 하나님의 인자하심이 주는 자유를 깨달을 수 있다.)

바울은 하나님의 준엄하심을 보라고 말한다. 그것을 적어두라. 기억하라. 상고하라. 그러나 우리는 말을 듣지 않는다. 하나님의 준엄하심은 하나님의 인자하심만큼 따스하고 달콤하지 않기 때문에 우리는 그것을 연구하거나 묵상하지 않을뿐더러 쳐다보지도 않는다. 우리가 살고 있는 시대는 목회자 후보생들이 신학교를 들어가기 전이나 들어간 후에나 상관없이 교회 성장을 동력원으로 삼는 시대다. 이런 현상은 목회 현장으로 들어가면 더욱 심해진다. 도서, 강좌, 세미나, 콘퍼런스까지 교회를 절대적으로 사로잡는 것은 무조건적인 성장이다. 우리 교회의 성도들에게 참된 깊이나 본질이 있는지는 잊어라. 다만 세 개의 비B—건물Buildings, 재정Budgets, 의자의 엉덩이Butts 수—를 측정하고 계산할 수 있으면 된다. 사실 성경도 이런 측면의 교회 성장에 대해 몇 가지 사실을 언급하기는 한다. 그러나 오늘날 기독교계에 만연한 이런 사고방식은 성경적·선교적 관점으로 봤을 때 왜곡되고, 변질된 것이 분명하다.

성경의 어려운 주제—죄, 지옥, 하나님의 분명한 준엄하심—에 대한 기피는 우상숭배이며 비겁한 행위다. 말씀을 가르치는 사람이 우리에게 하나님의 준엄하심에 대해 설명하기를 두려워한다면 그는 우리를 배반하는 것이고 우리보다 자기 자신을 더욱 사랑하는 것이다. 자녀에게 찻길이나 수영장의 위험을 가르쳐주지 않는 것이 사랑이 아닌 것처럼 하나님의 준엄하심에 대해 경고하지 않는 것은 사랑이 아니다.[1]

예수님을 신령스러운 간디처럼 공중을 떠다니시는 분으로, 누구에게도 화내지 않는 분으로, 전도 문구가 적힌 차량용 스티커나 값싼 전도용 과자를 나누어주시는 분 정도로 생각하는 현대 신학이 이러한 기피에 합쳐질 때 우리는 만군의 주 하나님을 향한 경외와 존경, 참된 예배가 없는 최악의 상황에 처하게 된다.

하나님의 준엄하심을 보지 않는 것은 하나님이 마땅히 받으셔야 하는 것에 대한 절도 미수에 해당한다. 자신의 영광에 이르지 못하는 것에 대한 하나님의 반응을 무시, 왜곡, 불신하는 것은 그 자체로 하나님의 영광에 이르지 못하는 것이다. 그러니 이제 하나님의 준엄하심을 보자. 세례 요한은 다음과 같이 선언한다.

> 하나님의 준엄하심을 보지 않는 것은 하나님이 마땅히 받으셔야 하는 것에 대한 절도 미수에 해당한다.

> 나는 너희로 회개하게 하기 위하여 물로 세례를 베풀거니와 내 뒤에 오시는 이는 나보다 능력이 많으시니 나는 그의 신을 들기도 감당하지 못하겠노라. 그는 성령과 불로 너희에게 세례를 베푸실 것이요, 손에 키를 들고 자기의 타작마당을 정하게 하사 알곡은 모아 곳간에 들이고 쭉정이는 꺼지지 않는 불에 태우시리라(마 3:11-12).

구약을 통해 우리는 온 세계가 하나님의 타작마당이라는 인상을 받는다. 요한은 자신의 이야기를 듣는 사람들에게 예수님이 추수를 시작하셔서 알곡을 곳간에 들이실 것이라 경고하고 있다. 쭉정이는 꺼지지 않는 불에 타게 될 것이다. 이것이 예수님이 오신 목적이다. (본문에서 하나님의 인자하심과 준엄하심이 함께 드러난다는 사실에 주목하라.)

예수님은 사복음서를 통틀어 게헨나라는 단어를 열두 번 언급하셨다. 자신의 이름을 업신여기는 것에 대한 하나님의 첫 번째 반응은 바로 이 게헨나라는 헬라어였고, 우리는 이 단어를 '지옥'으로 번역한다. 이 단어가 흥미로운 이유는 게헨나가 예루살렘 남쪽에 위치한 골짜기의 이름으로 예수님이 태어나시기 약 100여 년 전에 이곳에서 〈블레어위치〉(다니엘 미릭, 에두아르도 산체스 감독, 1999) 같은 요상한 살인사건들이 있었기 때문이다. 이곳이 저주받았다고 생각한 유대인들은 예루살렘의 쓰레기를 모아서 이곳에 버리기 시작했다. 그러다가 쓰레기 더미가 너무 많이 쌓이면 모든 것을 불로 태워버렸다. 그림이 그려지는가? 게헨나라는 단어는 무척이나 선명한 이미지였다. 악취와 연기가 가득한 파괴와 방치의 장소.

게헨나라는 단어를 사용하셨을 때 예수님은 사실 이렇게 말씀하신 것이다. "이것은 그 골짜기, 즉 하만의 계곡과 같을 것이다. 내가 지금 말하고 있는 것이 바로 그 골짜기다." 우리 마음에는 악취가 나고 역겨운 이미지가 떠오른다. 이곳은 죽음의 땅, 생명을 말살하는 땅이다. 불길이 솟지 않으면 연기가 솟는다. 극심한 적막이 흐르고 영적인 어둠이 가득하며 억압이 한이 없는 곳, 이것은 하나님의 영광에 아주 조금이라도 이르지 못한 모든 경우에 확정되어 있는 그림이다.

'땅에서 바라본 복음' 중 인간의 위치에 대한 이번 장을 지옥과 진노에 대한 이야기로 시작하고 있는데 그것은 성경이 원칙적으로 인간이 아닌 하나님에 대한 책이기 때문이다. 나는 하나님의 영광의 최우선성에 신실하기 위해 자신의 영광을 가로채려는 도둑들에게 하나님이 어떻게 반응하시는지를 솔직하게 이야기해야 한다. 나는 하나님의 준엄하심에 주목해야만 한다.

하나님의 두 가지 반응, 인자하심과 준엄하심은 모두 그분의 완벽하고 거룩한 자기 충족성에서 나오고 창조세계에 공의롭게 베풀어졌지만 이 둘의 가장 큰 차이는—그리고 우리가 그 차이를 제대로 이야기하지 않는 이유는—우리에게 마땅한 것이 오직 하나님의 준엄하심이라는 사실이다.

인간의 타락과 하나님의 영광

하나님의 은혜는 그 의미상 획득할 수 있는 것이 아니다. 우리에게는 자격이 있을 수 없다. 그것이 요점이다. 바울의 말을 빌리자면 "그렇지 않으면 은혜가 은혜 되지 못한다"롬 11:6. 은혜는 그것을 얻지도 못했고 얻을 수도 없는 자에게 값없이 주어지는 선물이다.

하지만 우리는 열심히 노력한다. 우리는 훌륭한 사람들이고 무언가를 받기에 마땅한 사람들이다. 맞는 이야기다. 우리는 지옥의 영원한 죽음이라는 판결로 표현된 '하나님의 진노'를 받기에 마땅하다. 주일학교에 다녔다면 다음의 성경 구절을 들어보았을 것이다. 이 구절은 인류의 마땅한 최후에 대한 가장 간단명료한 요약이다. "죄의 삯은 사망이요"롬 6:23.

모든 죄에는 하나님의 준엄하심이 따른다. 어느 누구도 여기에서 제외될 수는 없다. 주일학교 성경 구절을 하나 더 언급해야겠다. "모든 사람이 죄를 범하였으매 하나님의 영광에 이르지 못하더니"롬 3:23. 우리 모두는 죄를 지어왔고 한 걸음 더 나아가 우리는 모두 죄인이기 때문에 죄를 짓는다. 죄를 짓는 모든 죄인은 하나님의 영광에 이르지 못하고, 따라서 영원하신 하나님의 준엄하심을 받아 마땅하다.[2]

우리는 이렇게 생각할 수 있다. "준엄하심은 그렇다 해도 게헨나라고요? 좀 너무하지 않나요?"

이제 이것이 왜 그렇게 심각한 문제인지를 살펴보자. 성경에 따르면 선하고 온전한 모든 것은 전능하신 하나님으로부터 온 선물이다. 위로와 기쁨, 즐거움, 평화를 주는 모든 것이 빛들의 아버지로부터 온 선물이라는 뜻이다약 1:17. 이 모든 것을 고려할 때 지옥은 하나님의 선하심이나 축복이 없는 곳이다. 따라서 지옥은 우리가 생각하는 모든 선한 것과 옳은 것, 위로와 기쁨, 행복, 평화가 없는 매우 끔찍한 장소다. 예수님은 거기서 울며 이를 갈게 되리라고 말씀하셨다마 8:12. 거기에서는 구더기도 죽지 않는다막 9:48. 우리가 찾을 수 있는 가장 노골적인 묘사는 요한계시록 14장 11절의 "그 고난의 연기가 세세토록 올라가리로다"일 것이다. 이보다 더 잔혹할 순 없다.

우리가 하나님보다 못한 어떤 것을—행복하고 찬란하고 어여삐 보이는 것, 심지어 하나님 자신이 우리에게 즐기도록 허락하신 것이라도—지향하거나 단 한 순간이라도 하나님 아닌 다른 무엇을 향한 예배에 빠져든다면 우리는 하나님의 부재를 더 선호한다고 선언하는 것이다. 이것은 교만이고 비록 그것이 조각만큼의 작은 교만이더라도 교만의 마땅한 최종 결과는 하나님이 계시지 않는 그곳이다. 그리고 솔직히 교만이 조각만큼만 있는 사람은 아무도 없다.

지옥이라는 개념에 민감한 사람들의 일반적인 반응은 무엇일까? 사람들이 가장 먼저 일반적으로 보이는 반응은 이렇다. "사랑이 많으시고 공평하신 하나님이 어떻게 지옥이라는 곳을 만드시고 사람들로 채우실 수 있나요? 타당하지 않아요. 틀렸습니다. 죄에 비해 형벌이 너무 가혹해요. 한 번의 거짓말이나 껌 한 통을 훔친 일, 발톱을 찢어 내뱉은 욕 한마디 때문에 영원한 고통을 받아야 하나요?"

어디서 들어본 이야기 같지 않은가? 대부분 사람들의 논리적 결론은 다음과 같다. "타당하지 않다."

그러나 하나님의 준엄하심의 심각성을 무시하고 마치 우리가 그다지 나쁜 사람들이 아니고 하나님의 인자하심을 받아 마땅한 사람들인 것처럼 여긴다면 이것은 하나님의 거룩하심의 심각성을 무시하는 것이다. 이런 논리적 궤도에서는 일의 전후를 바꾸어, 즉 성경과 예수님의 가르침을 철저히 무시하고 우리가 선하고 하나님이 타락하신 것처럼 생각하기가 쉽다.

하나님의 준엄하심을 싫어하는 사람들은 "하나님은 사랑이시다"라고 말한다. 물론 하나님은 사랑이시다. 그러나 그 말씀이 기록된 똑같은 성경이 그분의 사랑을 거절하는 자들에게 영원한 형벌을 선언한다.

한 걸음 더 나아가 우리가 1장에서 정리한 대로 하나님의 가장 큰 관심이 그분의 명성이고, 지옥이 궁극적으로 하나님의 이름에 대한 업신여김 때문에 존재하는 것이라면, 우리 자신의 안전을 위해서라도 지옥의 성경적 실재에 대한 우리의 반응이 하나님의 이름을 더욱 업신여기는 것이어서는 안 된다. 이해가 되는가? 지옥은 실재일 수 없다고, 하나님은 사랑이시기 때문에 지옥이 실제로 있다고 해도 우리가 다 지옥에 떨어져야 마땅한 것은 아니라고 말하는 사람은 실상 그리스도의 이름과 명성, 영광이 그리 중요하지 않다고 말하는 것이다. 영원한 지옥이 하나님의 영광을 업신여긴 것에 대한 잘못된 형벌이라는 것이 우리가 원하는 접근인가? 그 말은 우리가 이렇게 말하는 것이나 다름없다. "죄에 비해 형벌이 너무 가혹합니다. 죄가 그만큼 심각하지 않은데요." 이것이 정당한 논리일까? 아니다. 이것은 온 세계를 채우시는 하나님의 온전한 충만에 만족하기를 거부하는 하나의 작은 예일 뿐이다.

다시 원점으로 돌아가보자. 많은 그리스도인이 하나님을 업신여기고 자신을 의롭게 여기는 이 자리에 안착하려고 한다. "오, 하나님이 그렇게 하실 리가 없죠." 하나님이 그렇게 하시겠다고 여러 번 반복해서 말씀하시는 것은 어떻게 설명하겠는가? 준엄하심과 진노, 지옥이 예수님과 전혀 거리가 멀다고 말하는 사람은 성경의 예수님을 전혀 모르는 사람이다. 성경은 사람이 보기에는 바르지만 필경은 사망에 이르는 길이 있다고 이야기한다 잠 14:12.

하나님의 준엄하심에 대한 올바른 반응은 그것을 묵살하고 부인하고 폄하하는 것이 아니라 우리의 자기중심성을 회개하고 다시 한 번 우리 자신을 하나님의 영광스러운 자기 존중에 투신하며 다음과 같이 생각하는 것이다. "이것이 그분의 이름에 대한 업신여김의 합당한 대가라면 하나님은 과연 얼마나 크시고 강하시고 무한하시고 영광스러운 분인가?" 존 파이퍼는 "지옥의 끔찍함은 하나님의 영광의 무한한 가치의 반향이다"라고 말한다.[3]

하나님의 정당한 진노

이 반향은 얼마나 끔찍할까? 마태복음 18장 8-9절을 보자.

> 만일 네 손이나 네 발이 너를 범죄하게 하거든 찍어 내버리라. 장애인이나 다리 저는 자로 영생에 들어가는 것이 두 손과 두 발을 가지고 영원한 불에 던져지는 것보다 나으니라. 만일 네 눈이 너를 범죄하게 하거든 빼어 내버리라. 한 눈으로 영생에 들어가는 것이 두 눈을 가지고 지옥 불에 던져지는 것보다 나으니라.

이 본문은 부정적인 비교를 통해 지옥에 대해 이야기해줄 뿐 아니라

고통에 대한 신학적 관점을 제공해준다. 예수님의 말씀대로라면 내가 내 아이들을 두 번 다시 안아보지 못하고, 내 아내의 머릿결을 쓰다듬어주지 못하고, 양치질과 운전을 전혀 할 수 없으며, 온 몸이 마비되어 목 아래로는 아무런 감각이 없고, 악성 뇌종양 3기의 진단을 받는 것이 내가 하나님 나라에 들어가지 못하는 것보다 훨씬 낫다.

해가 뜨고 지는 것을 다시 보지 못하는 것이, 하늘의 별을 다시 보지 못하는 것이, 딸아이가 예쁜 옷을 곱게 차려입은 것과 아들이 공 던지는 것을 두 번 다시 보지 못하는 것이, 그러니까 이 모든 것을 보지 못하는 것이, 보고 난 후 하나님 나라에 들어가지 못하는 것보다 더 낫다. 그러니 지옥은 얼마나 끔찍한 곳인가.

하나님의 이름을 업신여기는 일에 열심이었던 사람들은 어떻게 될까?

또 왼편에 있는 자들에게 이르시되 "저주를 받은 자들아 나를 떠나 마귀와 그 사자들을 위하여 예비된 영원한 불에 들어가라. 내가 주릴 때에 너희가 먹을 것을 주지 아니하였고 목마를 때에 마시게 하지 아니하였고 나그네 되었을 때에 영접하지 아니하였고 헐벗었을 때에 옷 입히지 아니하였고 병들었을 때와 옥에 갇혔을 때에 돌보지 아니하였느니라" 하시니, 그들도 대답하여 이르되 "주여 우리가 어느 때에 주께서 주리신 것이나 목마르신 것이나 나그네 되신 것이나 헐벗으신 것이나 병드신 것이나 옥에 갇히신 것을 보고 공양하지 아니하더이까?" 이에 임금이 대답하여 이르시되 "내가 진실로 너희에게 이르노니 이 지극히 작은 자 하나에게 하지 아니한 것이 곧 내게 하지 아니한 것이니라" 하시리니 그들은 영벌에, 의인들은 영생에 들어가리라(마 25:41-46).

이 중요한 정보의 요지는 우리에게 있는 모든 것, 우리의 존재 전부, 우리의 소유 전부가 하나님으로부터 하나님을 통해 하나님의 영광을 위해 왔다는 사실을 상기시키는 데에 있다. 우리가 이 모든 것의 주인인 것처럼, 마치 이 모든 것이 우리 자신으로부터 우리 자신의 영광을 위해 주어진 것처럼 행동할 때 우리는 하나님의 이름을 업신여기는 것이다. 이 세상은 우리가 원하는 방식대로 모든 것을 가질 수 있는 버거킹 같은 곳이 아니다. 마태복음 25장 41-46절은 "가난한 자들을 먹여라"에 무게를 두지 않는다. 이 본문의 무게중심은 우리가 복이 되고, 무엇보다 하나님의 영광을 비추는 존재가 되도록 하기 위해 하나님이 우리에게

결국 자신의 영광을 구하는 것은 지옥의 형벌을 구하는 것이나 다름없다.

많은 것을 맡기셨다는 사실에 있다. 음식과 음료, 의복은 우리의 유익보다는 하나님의 영광을 위해 존재한다. 우리는 여기에서 더 큰 유익을 발견해야 한다. 그것이 요지다. 그러나 본문의 무서운 함의는 우리가 하나님의 영광을 벗어나 우리의 유익을 구할 때 영벌을 당한다는 것이다.

결국 자신의 영광을 구하는 것은 지옥의 형벌을 구하는 것이나 다

름없다. 누가복음 12장 4-5절에서 예수님은 무서운 경고의 말씀을 전하신다.

> 내가 내 친구 너희에게 말하노니 몸을 죽이고 그 후에는 능히 더 못하는 자들을 두려워하지 말라. 마땅히 두려워할 자를 내가 너희에게 보이리니 곧 죽인 후에 또한 지옥에 던져 넣는 권세 있는 그를 두려워하라. 내가 참으로 너희에게 이르노니 그를 두려워하라.

예수님은 이렇게 말씀하시는 것이다. "정말로 너는 나보다 사람들이 너를 어떻게 생각하는지가 더 두려운 것이냐? 내가 너에게 무엇을 할 수 있는지보다 사람들이 너에게 무엇을 할 수 있는지가 더 두려운 것이냐? 내가 너를 어떻게 보는지보다 사람들이 너를 어떻게 볼지가 더 두려운 것이냐? 진심이냐? 내 말을 잘 들어라. 사람들이 네게 할 수 있는 최악의 일은 너를 죽이는 것뿐이다."

복음은 이렇게 묻는다. "정말로 사자보다 새끼 고양이가 더 두려운가?" 우리 대부분은 자신의 신체가 훼손되는 데 대해 자연적이고 본능적인 두려움을 갖고 있다. 그 덕분에 건강한 사람들은 자살하지 않는다. 따라서 예수님이 우리가 죽고 사는 문제에 대해 정말로 초연해야 한다고 말씀하시는 것은 아니다. 예수님이 사용하신 비교는 새끼 고양이가 두려워 나무 위로 도망치면서 사자에게는 성큼성큼 걸어가 얼굴을 한 대 때리는 것이 얼마나 이치에 어긋나는지를 보여주고 있다. 하나님은 경멸하면서, 사람은 두려워할 것인가? 그 대가는 영원한 형벌로서 사람이 줄 수 있는 어떤 벌보다도 끔찍하게 두려운 형벌이다.

이 영원한 형벌은 어떤 모습일까? 가장 분명한 그림 중 하나는 누가복음 16장 19-26절에 기록된 비유다. 이 비유는 예수님의 이야기를 듣고 있던 사람들과 관련이 있었다.

한 부자가 있어 자색 옷과 고운 베옷을 입고 날마다 호화롭게 즐기더라. 그런데 나사로라 이름하는 한 거지가 헌데 투성이로 그의 대문 앞에 버려진 채 그 부자의 상에서 떨어지는 것으로 배불리려 하매 심지어 개들이 와서 그 헌데를 핥더라. 이에 그 거지가 죽어 천사들에게 받들려 아브라함의 품에 들어가고 부자도 죽어 장사되매 그가 음부에서 고통 중에 눈을 들어 멀리 아브라함과 그의 품에 있는 나사로를 보고 불러 이르되 "아버지 아브라함이여! 나를 긍휼히 여기사 나사로를 보내어 그 손가락 끝에 물을 찍어 내 혀를 서늘하게 하소서. 내가 이 불꽃 가운데서 괴로워하나이다." 아브라함이 이르되 "얘, 너는 살았을 때에 좋은 것을 받았고 나사로는 고난을 받았으니 이것을 기억하라. 이제 그는 여기서 위로를 받고 너는 괴로움을 받느니라. 그뿐 아니라 너희와 우리 사이에 큰 구렁텅이가 놓여 있어 여기서 너희에게 건너가고자 하되 갈 수 없고 거기서 우리에게 건너올 수도 없게 하였느니라."

이것은 비유지만 하나님과 영원히 분리된 공간에서의 삶에 대해 몇

가지 사실을 말해준다. 고통을 의식하며 불꽃 가운데서 괴로워하는 삶. 한 번 들어가면 나올 수 없는 장소, 그곳은 영원하다.

우리와 하나님의 임재 사이에는 구렁텅이가 있고 그것은 지옥이라는 실재에서 하나님의 임재와 선하심이 사라졌음을 말해준다.

진노의 무게

천국과 지옥 사이의 구렁텅이는 하나님과 우리 사이의 구렁텅이를 구체적으로 보여준다. 하나님은 영광스러우시지만 우리는 그렇지 않다. 하나님은 거룩하시지만 우리는 그렇지 않다. 하나님은 의로우시지만 우리는 그렇지 않다. 하나님의 전적인 완전하심과 우리의 전적인 부패 사이에는 악취와 연기로 가득한 게헨나의 구렁텅이가 존재해야 마땅하다.

이것은 유익한 정보다. 사실적인 정보이고 사실을 아는 것은 언제든 좋은 일이다. 하지만 우리를 구렁텅이로부터 지키려면 이 정보만으로는 부족하다는 것이 문제다. 어떤 사람이 절벽을 향해 걸어가고 있는데 그 사람에게 절벽 아래로 추락해 바위에 부딪히면 어떻게 될지가 그려진 그림 한 장만을 건네고 마는 것은 말이 되지 않는다.

우리는 이 정보를 수용할 수도 있고, 바울의 조언대로 하나님의 준엄하심을 볼 수도 있으며, 하나님의 진노와 지옥의 의식적 고통과 우리에게 이 모든 것이 얼마나 마땅한 것인지에 대한 성경적 설명을 연구할 수도 있다. 하지만 그것만 가지고는 하나님을 찬송할 수 없다. TV 법정에서 판사가 의사봉을 내리치며 "피고에게 약물 주입을 통한 사형을 선고합니다"라는 판결을 내릴 때 죄인이 "와! 판사님 사랑합니다!"라고 말하는 것을 본 적이 있는가? 없을 것이다. 죄를 지은 사람이 원하는 것은 공의가 아니라 긍휼이다.

　지옥에 대한 지식과 믿음은 중요하지만 예배자들을 만들어내지는 못한다. 그러나 그럴 수 있다는 착각은 지옥의 교리가 하나님의 이름으로 수많은 사람들에 의해 오·남용되어온 역사적인 방식이었다. 어떤 사람에게 겁을 주어 천국으로 이끌 수 있을까? 천국은 지옥을 두려워하는 사람들을 위한 곳이 아니라 하나님을 사랑하는 사람들을 위한 곳이다. 우리는 사람들에게 겁을 주어 교회로 오게 하거나 선한 사람이 되도록 노력을 하게 하거나 헌금을 하게 할 수는 있다. 심지어 결혼이나 특정한 일을 위해 기도를 하게 할 수도 있지만 하나님을 사랑하게 할 수는 없다. 불가능한 일이다. 겁을 줘서 선한 도덕적 행위를 하게 할 수는 있다. 하지만 그것은 구원이 아니며 기독교적이지도 않다.

　사람들이 겁을 먹어 기독교적 외관을 갖추었더라도 하나님에 대한 사랑 때문에 하나님을 경외하는 것이 아니기에 참된 예배자가 될 수 없다. 그들은 지옥을 혐오하는 만큼이나 하나님께도 매력을 느끼지 못할 것이다. 이것이 참된 예배인가? 참된 예배가 두 가지 두려움 중 덜 두려운 것을 택하는 것인가?

　천국과 지옥의 간극에 대한 강조가 그 간극을 이어주는 것은 아니다. 그렇다면 왜 굳이 이 간극을 강조해야 할까? 그것은 하나님의 영광의 무게와 그분의 이름을 업신여기는 죄, 그 죄에 합당한 형벌을 이해하지 않고는 그리스도의 십자가를 이해할 수 없기 때문이다. 십자가가 우리의 죄의 깊이를 드러낸다는 사실을 깨닫기 전까지는 그리스도가 십자가 위에서 이루신 일은 우리를 변화시키는 사랑으로 드러나지 않을 것이다. 토마스 왓슨은 이것을 다음과 같이 표현했다. "죄가 쓰지 않다면 그리스도가 달콤하지 않다."4 그분의 사랑이 우리를 무엇으로부터 구원하는지 믿지 못할 때, 지옥을 부인하는 많은 이들이 그렇게도 열렬히 환호하는 하나님의 사랑은 그 영원한 영광의 무게를 전달하는 데 실패하고 말 것이다.

구원을 받은 후 성경을 읽기 시작했을 때 나는 많은 그리스도인이 성경을 원래의 문맥과 전혀 상관없이 사용하고 있다는 사실을 알게 되었다. 내가 즐겨 드는 예는 선지서에 기록된 다음 구절이다. "너희의 생전에 내가 한 가지 일을 행할 것이라. 누가 너희에게 말할지라도 너희가 믿지 아니하리라"합 1:5. 사람들은 이 구절을 티셔츠에 새기고 광고지로 인쇄하고는 교회 증축을 위해 건축가들을 고용하고 예배당에 건축 헌금 그래프를 걸어놓는다. "하나님이 우리의 생전에 놀라운 일을 이루실 것인데 얼마나 놀라운지 제가 여러분께 그 일을 말한다고 해도 여러분은 그것을 믿지 못할 것입니다." 그 선지서의 나머지 부분을 마저 읽는다면 당신은 하나님이 말씀하시는 놀라운 일이 모든 사람을 죽이는 것임을 알게 될 것이다. 하나님의 말씀은 다음과 같다.

"말 그대로 나는 너의 원수를 들어 너와 너의 가족, 너의 나귀, 너의 소, 너의 기업을 멸할 것이고 네가 걸어 다닌 땅도 불태워버릴 것이다." 우리는 이러한 말씀을 머그잔에 새겨넣는다. "무언가 놀라운 일이 일어날 것입니다!" 조금만 더 읽어보라. 좋지 않은 내용이 이어지고 있다.

많은 그리스도인들이 좁은 시야로 바라보는 또 다른 본문은 이사야를 부르신 본문이다. 이사야 6장의 부르심은 무서우면서도 아름다운 구절이다. 8절에서 하나님이 "내가 누구를 보내며 누가 우리를 위하여 갈꼬?"라고 말씀하시자 이사야가 대답한다. "내가 여기 있나이다. 나를 보내소서!" 보통은 바로 여기에서 멈추기 때문에 이 본문은 교회 광고 전단지에 딱 들어맞는다. 하지만 이사야의 소명이 무엇이었는지 알고 있는가? 이사야는 결코 믿지 않을 자들에게 말씀을 전해야 했다.

우리는 마치 어린아이가 레고 장난감을 가지고 놀듯이 영원한 영광의 무게를 가지고 장난을 친다.

정말 궁금하다. 우리에게 시편 42편 1절, "하나님이여 사슴이 시냇물을 찾기에 갈급함같이 내 영혼이 주를 찾기에 갈급하니이다"라는 고백은 어디에 있는가? 이런 고백을 하는 남자, 이런 갈급함을 가진 여자는 어디에 있는가?

이런 고백을 하는 남자, 이런 갈급함을 가진 여자는 어디에 있는가?

시편 27편 4절의 "내가 여호와께 바라는 한 가지 일 그것을 구하리니 곧 내가 내 평생에 여호와의 집에 살면서 여호와의 아름다움을 바라보며 그의 성전에서 사모하는 그것이라"는 고백은 어디에 있는가? 어디로 사라졌는가? 로마서 8장에 등장하는 하나님을 향한 마음의 탄식, 타락한 세상과 사랑하는 하나님의 명예를 훼손하려는 자신의 경향성에 대한 중심에서 솟구치는 탄식은 어디에 있는가? 어디로 갔는가? 우리 대부분에게 이것은 너무나도 먼 이야기처럼 들린다. 영광의 실재에 대해 우리는 더 이상 관심과 감흥을 느끼지 못하는 것 같다.

우리는 하나님의 준엄하심의 무게를 느껴야만 한다. 왜냐하면 그것을 느끼지 못할 때 하나님의 인자하심의 무게도 알지 못하고 하나님 한 분만을 예배할 수도 없기 때문이다. 우리는 그분을 예배하기 위해 창조되었다.

이 글을 쓰는 지금 미국에서는 '3월의 광란'이 일고 있다. 3월의 광란(미국 대학스포츠연맹이 주최하는 전미 대학농구선수권 토너먼트—역자 주)은 최고의 스포츠 행사다. (내가 이렇게 말하는 이유는 이것이 다윗이 골리앗을 이길 수 있는 스포츠 최후의 통로이기 때문이다. 한 번도 이름을 들어보지 못한, 소위 800명 정도만 다니는 무명 대학이 농구계의 슈퍼스타급 거물들을 전복시킬 수 있는 다른 기회는 거의 없다.) 그러나 3월의 광란을 사랑하는 사람들은 모두 타락한 사람들이다. 전국의 팬들은 긴장한다. 농담이 아니다. 팬들은 뱃속까지 긴장을 하고 자신의 팀이 꼭 이겨주기를 간절히 바란다. 이들은 경기를 보며 텔레비전에 대고 "안돼! 그렇지!"라며 고함을 치고, 어린아이들은 놀라서 울음을 터뜨린다. 아내들은 간식을 나르느라 바쁘다. 이것은 혼돈이며, 말 그대로 광란이다. 승리는 기쁨을 주고, 사람들은 천 개 정도의 인터넷 사이트를 뒤져가면서 같은 기사를 읽고, 읽고, 또 읽는다. 하지만 패배는 마음에 황망함을 안겨주고 사람들은 여러 날에 걸쳐 애석해하고 침울해한다. 인터넷은 누가 패배했어야 마땅한지나 감독의 판단 착오에 대한 성난 토론으로 도배가 된다.

이렇게 넘치는 애정과 감정, 열정은 모두 하나님이 하나님 자신을 위해 우리에게 주신 것이다. 농구를 위해 주신 것이 아니다.

하나님을 찾는 자들과 교회를 이룰 때 뱃속까지 느껴지는 긴장감은 어디에 있는가? 부활에 대한 기쁨은 어디에 있는가? 우리의 죄에 대한 황망함은 어디에 있는가? 도대체 어디에 있는가? 망할 농구에, 축구에, 로맨스에, 트위터와 페이스북에 있다.

우리가 정말 지옥에 떨어져도 마땅한 사람이 아니라고 믿을 것인가?

이 모든 신성모독적 허튼 수작에 대한 하나님의 반응이 진노를 담당해주신 그리스도의 십자가라는 사실에 감사드린다.

3

그리스도

지금까지 우리는 성경이 하나님을 주권적이고 영광스러운 분으로 묘사한다는 사실과 그분의 주권적인 계획이 자신의 영광의 최우선성을 보이는 데에 있다는 사실을 이야기했다. 성경은 또한 우리가 죄 가운데에서 하나님의 영광에 이르지 못한다고 말해준다. 우리의 죄는 하나님이 아닌 다른 물건이나 사람을 예배하려는 우리의 성향과 노력으로 드러난다. 자신의 영광을 위한 하나님의 열심과 그분의 완벽하신 의를 생각할 때 우리의 우상숭배에 대한 하나님의 반응은 진노, 즉 우리로 하여금 지옥에서 영원히 의식적인 고통을 받도록 하는 영원한 심판이 되어야 한다.

이것은 모두 알고 있어야 하는 이야기다. 최소한 성경은 우리를 속이지 않기 때문이다. 그러나 이러한 내용이 모두 사실이고 우리를 일깨워준다고 해도 우리의 타락한 본성은 이것을 나쁜 소식으로 만들어버린다.

문제는 우리가 이제껏 보아왔듯이 하나님과 우리 사이에 구렁텅이가 있다는 것이다. 엎친 데 덮친 격으로 이 구렁텅이를 만든 것은 우리의 죄이고, 우리의 죄는 우리 스스로 이 구렁텅이를 메울 가능성을 싹부터 잘라버린다. 하나님의 율법은 우리의 부패성을 드러내지만 고칠 수는 없다. 우리는 바닥에 내쳐졌을 뿐 아니라 쫓겨난 처지다. 우리 스스로의 힘으로 이 상황을 벗어날 수는 없다. 우리는 다시 기어 오르지 못할 정도로 깊은 무덤을 팠다. 우리에게는 근본적인 간섭이 필요하다.

은혜로 들어가라. 하나님의 인자하심을 보라. 그분은 자신의 자녀들을 사랑하시고, 따라서 인내하시고 이들이 모두 회개하고 돌아오기를 바라신다. 사실 우리는 그분의 진노를 받아 마땅하다. 우리는 어리석게도 평생토록 우리가 생각하기에 받을 만한 것을 계속해서 요구하지만 하나님은 우리가 진짜 받아 마땅한 것을 주지 않으신다.

그러나 하나님의 본유적인 의는 공의를 요구한다. 그분은 죄를 벌하지 않고 그냥 두실 수 없다. 로마서 6장 23절이 상기시키는 대로 "죄의 삯은 사망"이다. 이왕이면 히브리서 9장 22절도 살펴보자. "피흘림이 없은즉 사함이 없느니라." 빚을 탕감받기 위해서는 피가 필요하다. 우리는 하나님의 영광에 이르지 못했다. 하나님의 주권적 공의가 실현되기 위해서는 이것이 해결되어야 한다.

복음이 우리를 인도하는 곳은 하나님의 인자하심과 준엄하심이 만나는 장소다.[1] 그 장소는 바로 십자가, 은혜와 진노가 교차하는 장소다. 이 수치와 승리의 장소에서 오래도록 기다려온 메시아, 인간 나사렛 예수의 몸을 입고 오신 하나님이 자신의 죽으심을 통해 공의를 만족시키고 우리의 구원을 보장하기 위해 필요한 피의 속죄를 제공해주셨다.

그리스도의 십자가에 나타난 하나님의 진노

돌아가시기 전날 밤, 예수님은 제자들을 소위 '최후의 만찬'에 불러 모으셔서 적색 포도주가 담긴 잔을 들고 이렇게 말씀하셨다. "이 잔은 내 피로 세우는 새 언약이니 곧 너희를 위하여 붓는 것이라"눅 22:20. 성경 시대의 문화·종교적 정황을 아는 사람이라면 이와 같은 종류의 발언이 당대의 유대인들에게는 믿기 어려울 정도의 신성모독이었음을 알 것이다. 유대인은 유대법에 의해 피를 만질 수도 없었다. 예수님의 제안은 동물의 피를 만지는 정도가 아니라 사람의 피를 마시자는 것이었다. "이것은 새로운 언약의 피다. 마시자." 식탁을 두른 혼란스러운 얼굴들이 떠오른다. 예수님은 이렇게 말씀하셨다. "아무래도 내가 너희들에게 직접 보여야겠구나."

그들은 자리를 일어나 겟세마네 동산으로 향했다. 예수님은 제자들 중 세 명을 따로 데려가 다음과 같이 말씀하셨다. "나와 함께 기도하겠느냐? 고민이 너무 심해 죽을 것 같구나"막 14:32-34.

육신을 입고 오신 하나님의 아들 메시아 예수는 극도의 슬픔에 압도된다. 졸고 있는 제자들로부터 조금 떨어진 곳에 엎드린 예수님은 다른 길이 전혀 없음을 알면서도 "만일 아버지의 뜻이거든 이 잔을 내게서 옮기시옵소서"눅 22:42라고 하나님께 간구한다.

가룟 유다가 이끄는 무리가 예수님에게 다가온다. 유다는 한때 자신이 주님이라 불렀던 분의 바로 앞까지 다가와 뺨에 입을 맞춘다. 예

수님은 말씀하셨다. "네가 입맞춤으로 인자를 파느냐?"^{눅 22:48}

이 이야기에는 서술하는 것 이상의 깊은 의미가 담겨 있다. 물론 이것은 역사적 서술로 실제 일어났던 일의 기록이다. 하지만 이 기록이 영적으로 묘사하는 바는 바로 우리 마음속 예배의 문제다. 그리스도의 십자가는 하나님의 이름을 업신여긴 인간에 대한 하나님의 반응이다. 그리스도의 십자가는 하나님이 사랑하시고 지으신, 하나님 때문에 움직이는 인류가 하나님을 배반하고 그분보다 그분의 창조물을 더 선호했기 때문에 존재한다. 가룟 유다는 예수님과 함께 걸으며 기적을 보았고 하나님의 능력에 경탄했었지만 지금은 예수님의 얼굴에 뻔뻔하게 배반의 입맞춤을 한다. 이 작은 하나의 그림을 통해 우리는 온 세계의 문제가 무엇인지를 볼 수 있다.

지난 한 시간 반에 걸쳐 두 번의 책망밖에 듣지 않은 베드로는 또 다른 책망을 자초하면서 칼을 빼들고 대제사장의 종들과 싸우려 한다. (베드로는 매우 흥미로운 인물이다. 이때는 자신의 칼을 빼들고 대적과 싸우려 하는 반면 세 시간이 지나서는 전혀 싸우려고 하지 않기 때문이다.) 베드로는 대제사장의 종의 귀를 베어 떨어뜨리지만 예수님은 그것을 주워 제자리에 붙여주시며 이렇게 말씀하신다. "이것은 올바른 방식이 아니구나. 베드로야, 누구도 나의 생명을 빼앗지 못한단다. 지금은 내가 원해서 주는 것이다."

예수님은 체포되신다. (예수님이 귀를 고쳐주신 종이 여전히 예수님을 체포했다는 사실에 유념하라. 이것 역시 시사하는 바가 있지 않은가?) 예수님은 여섯 번의 재판을 받았는데, 유대법에 따르면 이 가운데 세 번의 재판이 불법적이었다. 예수님은 재판마다 심한 구타를 당했다. 성경은 그들이 예수님의 얼굴에서 수염을 뽑았다고 이야기한다사 50:6. 그들은 예수님께 침을 뱉고, 예수님을 모욕했다. 그분의 눈을 가려놓고 뺨을 때리면서 "선지자 노릇 하라. 누가 너를 쳤느냐? 우리 중 너를 친 자가 누구냐?"라고 물었다눅 22:64. 그들은 예수님의 머리에 가시관을 씌우고, 지팡이를 쥐어주고, 자색 옷을 입히고는 비꼬아 말했다. "유대인의 왕이여 평안할지어다"막 15:18. 그러고는 지팡이를 빼앗아 그것으로 예수님을 때렸다.

이 일에 관여하고 싶지 않았던 빌라도는 자신이 예수님을 충분히 모욕하고 매질하면 유대인들이 그를 풀어줄 것이라 생각한다. 이 때문에 그리스도는 갈기갈기 찢어져 피투성이가 되기까지 매를 맞아야 했다. 유대인들이 예수님을 풀어주었는가? 5일 전 예수님이 성으로 들어오실 때 종려나무 가지를 깔며 "호산나! 호산나!"를 외치던 군중이 지금은 "십자가에 못 박게 하소서!"라고 소리 지르고 있다막 15:14.

십자가형은 사악하고 기괴한 발명품이었다. 십자가형은 로마인들이 오랜 기간의 개선을 통해 완성한 것으로 사람을 죽을 때까지 고문하는 처형 방식이었다. 로마인들은 세계를 다스렸고 당시의 세계를 다스리기 위해선 대단한 공포가 필요했다. 그들은 이미 존재하고 있던 고대의 처형 방식을 업그레이드하기 위해 애썼다.[2] 그들은 이렇게 생각했던 것 같다. "처형이 두려워 누구도 우리를 배반할 생각조차 할 수 없을 만큼 느리고 끔찍한 방식으로 남녀를 불문하고 대량 학살할 수만 있다면 그것이 가장 이상적일 것이다."

십자가형은 기본적으로 사람을 때리고 매다는 것이다. 단, 오랜 시간을 두고 그 사람의 폐에 피가 차올라 자기 체액에 익사하게 하는 것이다.

여기에 덧붙여 로마인들은 죽이는 행위 자체만으로는 충분하지 않다고 생각했다. 그들은 고통에 모욕감과 수치심을 더하고 싶어했다. 그래서 십자가 처형을 선고받은 죄인들은 먼저 옷이 벗겨진 채 대중들 앞에 전시되었다. 그러면 모든 사람들, 하층민까지도 와서 얼굴에 침을 뱉고 욕하며 비웃었다. 로마인들은 죄수를 구경거리로 만들 수만 있다면 반란에 대한 억제가 단순한 처형의 경우보다 더욱 강해질 것이라고 생각했던 것 같다.

육신을 입으신 하나님이 이 모든 일을 당하셨다. 그들은 그렇게 하고 난 후에야 예수님을 십자가로 데려가 손과 발에 못을 박았다. 모든 역설 중 가장 잔혹한 역설은 존경받는 대제사장이 율법을 손수 쓰신 그분을 조롱했다는 것이다. 피의 속죄를 위하여 부름받은 자가 하나님의 어린 양을 경멸했다. 대제사장들은 수세기 동안의 제사 제도를 통해 자신이 메시아를 죽이는 것을 연습해왔다는 사실을 알았을까?

왕이신 예수님이 살해당하고 있었다. 그가 십자가에 달리신 동안 하늘이 어두워졌다. 많은 사람들은 이것이 하나님이 예수님으로부터 등을 돌리신 증거라고 말한다. 이러한 주장의 문제점은 성경이 실제로 무엇을 말하느냐에 있다. 시편 22편을 읽어보라. 하나님은 예수님으로부터 등을 돌리신 적이 한 번도 없으시다. (그러면 '세상의 모든 죄'는 어떻게 생각해야 할까? 하나님은 모든 죄가 생기기 전에 이미 그것을 알고 계셨고, 따라서 이것은 하나님께 놀라운 일이 아니었다. 죄는 하나님보다 강하지 않다. 하나님께 죄는 방사선이 아니다. 하나님은 모든 것을 아신다.)

어둠이 임하고 로마 군인 중 하나가 다음과 같이 말한다. "이 사람은 진실로 하나님의 아들이었도다"막 15:39. 예수님은 말씀하신다. "다 이루었다"요 19:30. 땅이 흔들리고 성소의 휘장이 위로부터 아래까지 찢어진다. 이 모두는 온 세계에서 자신의 이름이 업신여김을 받은 것에 대한 하나님의 반응이다. 사도행전 2장 22-23절을 보자.

> 이스라엘 사람들아! 이 말을 들으라. 너희도 아는 바와 같이 하나님께서 나사렛 예수로 큰 권능과 기사와 표적을 너희 가운데서 베푸사 너희 앞에서 그를 증언하셨느니라. 그가 하나님께서 정하신 뜻과 미리 아신 대로 내준 바 되었거늘 너희가 법 없는 자들의 손을 빌려 못 박아 죽였으나.

하나님께 예수 그리스도의 십자가는 뜻밖의 일이나 두 번째 대안이 아니라 삼위일체 하나님 안에서 처음부터 예지된 계획이었다. 자신의 이름을 업신여긴 것에 대한

자신의 이름을 업신여긴 것에 대한 하나님의 반응은 애초부터 로마의 십자가에 달린 예수 그리스도의 희생이었다.

하나님의 반응은 애초부터 로마의 십자가에 달린 예수 그리스도의 희생이었다.

사도행전 4장 27절을 보자. "과연 헤롯과 본디오 빌라도는 이방인과 이스라엘 백성과 합세하여 하나님께서 기름 부으신 거룩한 종 예수를 거슬러." 이 본문이 말하는 것은 분명히 세상 모든 사람이다.

이것은 내가 "너희 미국인들과 지구의 다른 모든 사람"이라고 말하는 것과 같다. 결국 모든 사람이다. 예수님의 십자가 처형에 관계된 모든 사람이 여기 언급되고 있다. 하지만 28절이 어떻게 이어지고 있는지를 살펴보자. "하나님의 권능과 뜻대로 이루려고 예정하신 그것을 행하려고." 누구의 권능과 누구의 뜻인가? 다름 아닌 하나님이시다.

그리스도의 십자가는 하나님의 생각이었다. 그리스도의 죽으심은 하나님의 생각이었다. 하나님과 예수님, 성령님께서 완벽한 일치 가운데 "우리의 형상을 따라…우리가 사람을 만들고"창 1:26라고 말씀하셨을 때부터 그리스도의 십자가는 영원 가운데 그 그림자를 드리우고 있었다. 이것은 예정된 하나님의 계획이었다. 예수님의 죽으심과 진노를 담당하는 그리스도의 십자가는 창조 이전부터 하나님의 계획이었다.

이제 십자가는 구원에 대하여 우리가 믿는 모든 것의 중심으로 서 있다.

완전한
복음

만족스러운 제사

기독교적 배경이 부족한 나는 오랫동안 교회에서 일반적으로 사용되는 특정 구문들을 이해하는 데 어려움을 겪었다. 그중에서 가장 어려웠던 개념은 예수님이 세상 죄를 지고 가시는 하나님의 어린 양이라는 것이었다 요 1:29.

예수님의 고난과 끔찍한 죽으심은 우리 믿음의 특징이자 중심 메시지다. 그런데 이것에 대해 많은 사람이 큰 불만을 품고 있다. 일부 학자들과 작가들은 예수님의 죽으심을 하나님의 주권적인 구속 사역으로 돌리는 것은 일종의 신적 아동 학대라고 주장한다. 이러한 견해의 문제는 성부 하나님이 성자 하나님의 순종 없이 성자 하나님을 채찍질하시는 것이 아니라는 데에 있다. 예수님은 이렇게 말씀하셨다. "이를 내게서 빼앗는 자가 있는 것이 아니라 내가 스스로 버리노라"요 10:18. 십자가 중심의 속죄를 비판하는 사람들은 형벌대속론의 우월성에 도전하거나 이것의 타당성을 전적으로 부인한다. 하지만 그리스도의 제사는 명백하게 구약에 나타난 피의 제사들과 연속성을 갖는다. 형벌대속penal substitution을 부인하는 것은 그 모든 제사가 중요하지 않았다고 말하는 것이나 다름없다.

좀더 감정적인 측면에서 이 문제를 접근하는 사람들도 있다. 그들은 십자가가 단순히 너무 불쾌하다고 말한다. 너무 끔찍하다. 고상한 사람들에게 십자가는 기분 좋은 주제가 전혀 아니다. 그들은 이렇게 말할 것이다. "〈패션 오브 크라이스트〉(멜 깁슨 감독, 2004)를 봤어요. 엽기적이더군요." 그들에게는 피범벅이 된 십자가가 너무 불편하게 느껴진다. 그 십자가가 중요한 무엇일 수 있다고 생각하는 대신 그들은 그리스도의 십자가가 아닌 다른 것으로 기독교 신앙의 중심을 삼으려고 한다. 얼마 전 미국의 가장 큰 교회 중 하나를 담임하고 있는 목회자가 유명한 TV 프로그램에 등장해 자신의 교회를 배경으로 한 인터뷰에서 말했다. "(죄인이란 말을 사용하는 것에 대해) 생각해본 적은 없지만 저는 거의 사용하지 않을 것입니다."[3] 사실 나는 그때 받은 충격을 극복하기 위해 아직도 노력 중이다. 죄에 대해 말하지 않는다면, 피에 대해 말하지 않는다면, 그러한 방식으로 십자가를 말하지 않을 것이라면 복음에 대해서 입을 다물어야 한다. 왜냐하면 복음은 피범벅인 끔찍한 것이기 때문이다.

고린도전서 1장 18절은 "십자가의 도가 멸망하는 자들에게는 미련한 것"이라고 말한다. 이것은 십자가를 너무 어리석은 교리라고 생각하는 사람이나 부르심을 확신하고 싶어 십자가를 기독교 신앙에서 덜 중요한 것으로 만드는 사람에 대한 심각한 경고다. 십자가의 메시지가 미련하다고 여기는 사람들은 멸망하는 자들이다.

나쁜 소식을 받아들이지 않는다면 좋은 소식을 결코 이해할 수 없을 것이다. 나쁜 소식은 우리가 율법에 이르지 못했다는 사실뿐 아니라 율법의 행위로는 우리 중 누구도 하나님 앞에서 의롭다 함을 입을 수 없다는 것이다갈 2:16. 무엇으로 십자가를 대체할 것인가? 선한 형제가 되는 것? 선한 자매가 되는 것? 예수님을 위해 훌륭한 보이스카우트, 걸스카우트가 되는 것? 교회의 많은 사람들은 이제 십자가의 중심 역할을 더 매력적인 다른 것, 우리의 생각에 더 중요한 다른 것으로 대체하려고 한다. 사실 기독교계 전반에서 사람들은 십자가는 한쪽으로 치워버리고 치욕과 피, 살점, 끔찍한 죽음에서 한 걸음 물러나 다른 무언가에 집중하려고 한다.

그러나 그 이유는 불균형을 바로잡기 위함이 아니라 우상숭배적으로 자기 자신을 높이기 위함이다. 은사주의자들은 오순절을 기독교 신앙의 중심으로 삼으려고 한다. 칼뱅주의자들은 튤립교리(칼뱅주의 5대 교리─편집자 주)를, 자유주의자들은 사회정의를 중심으로 삼으려고 한다. 또 근본주의자들은 도덕적 행위를 중심으로 삼고 싶어하는 것 같다. (이들의 모토는 "해라, 해라, 해라"이지만 십자가는 "다 이루었다"고 소리친다.) 이 모든 것은 선한 것들이고 성경적인 것들이다. 하지만 그중 하나를 기독교 신앙의 중심이나 소망의 근거로 삼으려는 시도는 구원의 유일한 능력인 십자가의 메시지를 무시하는 행위다. 우리는 보물을 모래주머니와 바꿔치기하려 했던 인디애나 존스와 같이 될 것이다. 성공할 것이라고 기대하지만 결국 건물 전체가 우리 주변을 덮치며 무너져내린다. 성육신하신 아들이 수치스러운 십자가 위에서 단번에 드린 제사만큼 하나님의 공의와 사랑과 영광을 한 번에 모두 보여주며 그분의 인자하심과 준엄하심의 중심으로 이끄는 것은 아무것도 없다.

죄의 제거라는 개념이 처음 소개된 때는 십자가 사건보다 수천 년 전이었다. 모세는 애굽에서 종살이하던 이스라엘 백성을 광야로 인도했다. 율법이 선포되고 확립되었을 때 이스라엘 백성은 자신들이 구원자를 예배하는 방식이 조상들—아벨, 노아, 아브라함, 이삭, 야곱—이 그들의 구원자를 예배했던 방식과 불가분하게 엮여 있다는 사실을 알게 되었다. 그 방식은 다름 아닌 피의 제사였다. 제사 제도는 하나님의 거룩한 임재 속에 거하기 위해서는 온전해야 한다는 기정사실 위에 세워졌다.

죄가 더럽기에 죄인도 더럽다. 우리는 더러운 손으로도 하나님 앞에 똑바르고 순전하게 설 수 있다고 생각하면서 하나님의 이름을 업신여기지만 하나님은 이를 허용하지 않으실 것이다. 구약에서 하나님이 많은 사람을 죽이신 이유가 여기에 있다. 때로는 분위기가 매우 험악했다. 아론의 두 아들이 하나님께 나아가려 했을 때 하나님은 그들을 죽이셨다. 하나님은 언약궤가 넘어지려 할 때 그것을 붙잡은 사람을 죽이셨다. 죄를 가지고서는 하나님께 가까이 갈 수 없기 때문이다. 안 될 일이다. 하나님의 거룩하심이 당신을 불태워버리실 것이다. (그분의 준엄하심을 보라.)

하나님의 핵심적인 의도는 다음과 같다. "피가 없이는 누구도 내

> 우리는 더러운 손으로도 하나님 앞에 똑바르고 순전하게 설 수 있다고 생각하면서 하나님의 이름을 업신여기지만 하나님은 이를 허용하지 않으실 것이다.

완전한
복음

게 나아올 수 없다. 누군가는 내 이름을 업신여긴 인류의 죗값을 치러야 할 것이다." 피흘림이 없으면 사함이 없다^{히 9:22}. 이것이 제사의 원리다.

레위기를 한번 읽어보라. 레위기는 기본적으로 하나님이 정하신 모든 속죄 법칙들의 개요다. "이 죄를 지으면 그 값은 이것이다." 당신의 죄에 따라 그 값은 비둘기 두 마리나 양 한 마리, 염소 한 마리나 수송아지 한 마리일 수 있다.

회막과 예루살렘에서는 언제나 피가 흘렀다. 잘린 동맥에서는 끊임없이 피가 솟았고, 성전에서도 피가 멈추지 않고 흘러나왔다. 예루살렘의 악취가 상상이 되는가? 수백 수천의 사람들이 정기적으로 염소와 양, 닭, 비둘기를 제사의 자리로 들고 와서는 그것의 목을 따고 피를 빼내는 장면을 상상할 수 있는가? 성전으로부터는 피의 강이 흐르고 있었다.

하나님은 더 나아가 말씀하신다. "우리가 할 일이 한 가지 더 있다. 우리는 일 년에 한 번 '속죄일'을 지낼 것이다. 다른 모든 제사에 더하여 일 년에 한 번 이렇게 해야 한다. 아론 가문의 레위인 대제사장은 내 앞으로 속죄제물로 바칠 수송아지 한 마리와 번제물로 바칠 숫양 한 마리를 가지고 나아올 것이다. 먼저 수송아지는 대제사장과 그 집안을 위하여 속죄제물로 바쳐야 한다." 말씀대로 목욕을 하고 새 세마포와 새 관, 새 속옷으로 갈아입은 대제사장은 수송아지를 죽여서 피를 뺐다. 또 대제사장은 이 수송아지의 피를 속죄소에 뿌리기 전에 지성소 안에 향을 태워 죽음을 면해야 했다. 반면 이스라엘 백성은 속죄제물로 바칠 숫염소 두 마리와 번제로 바칠 숫양 한 마리를 준비해야 했다. 대제사장은 이 숫염소 두 마리 중 한 마리를 제비 뽑아 칼로 죽이고 그 피를 지성소와 제단에 뿌렸다. 이렇게 성소와 제단을 거룩하게 한 대제사장은 아직 살아 있는 숫염소의 머리 위에 두 손을 얹고 이스라엘의 모든 죄를 고백했다. 그러면 제사장 중 한 명이 그 염소를 끌고 광야로 나갔다. 염소 한 마리는 죄를 향한 하나님의 진노를 품고 죽임을 당한다. 또 다른 염소, 즉 희생양은 이스라엘의 죄를 지고 광야로 사라진다.

이것이 하나님의 예배자들이 수천 년 동안 지켜온 제도에 대한 간략한 설명이다. 잔혹하기 짝이 없지만 그것은 하나님이 거룩하시고 우리가 그렇지 못하기 때문이다. 시편 24편 3-4절을 보자.

> 여호와의 산에 오를 자가 누구며
> 그의 거룩한 곳에 설 자가 누구인가?
> 곧 손이 깨끗하며 마음이 청결하며
> 뜻을 허탄한 데에 두지 아니하며
> 거짓 맹세하지 아니하는 자로다.

이 질문에 대한 답은 "아무도 없다"일 것이다. 그러나 누군가가 계시다.

예수님은 하나님의 진노의 잔을 들고 말씀하신다. "옛 언약이 성취되었다. 새 언약의 피, 이 잔을 마셔라.”

그리고 예수님은 하나님의 어린 양이 되신다. 하나님의 진노의 칼이 그 아들을 찔렀고 피 흘리는 아들은 인류를 향한 하나님의 진노를 품었다. 인간의 죄악이 예수님의 머리 위에 놓였기에 그분의 육체적 죽으심을 통해 인류의 죄악은 사라질 것이다. 이것이 “보라! 세상 죄를 지고 가는 하나님의 어린 양이로다”라고 세례 요한이 선포한 복음의 의미였다.

예수님은 인간과 하나님 사이에 있는 구렁텅이를 자신의 살과 피로 메워주셨다. 이에 대해 우리는 무엇을 해야 할까?

4

반응

예수님은 말씀하셨다. "나와 함께 아니하는 자는 나를 반대하는 자요, 나와 함께 모으지 아니하는 자는 헤치는 자니라"마 12:30. 복음은 반응을 요구하는 강력한 능력이다. 예수 그리스도는 충격적이고 놀라운 일을 행하셨기에 사람들에게 증오든 열정이든 어떤 반응을 이끌어내셨다. 그리스도가 이루신 일에 대하여 중립적인 사람이 있다면 그것은 사실을 제대로 이해하지 못했기 때문이다. 복음을 전한다는 것은 듣는 자로 하여금 불안한 상태에 처하도록 하는 것이다. 복음을 듣는 자의 마음은 그리스도께 다가

> 복음을 전한다는 것은 듣는 자로 하여금 불안한 상태에 처하도록 하는 것이다. 복음을 듣는 자의 마음은 그리스도께 다가서든 멀어지든 반드시 어느 한 방향으로 움직이게 되어 있다.

서든 멀어지든 반드시 어느 한 방향으로 움직이게 되어 있다. 챈 킬고어 목사는 다음과 같이 말했다. "참된 복음의 설교는 늘 마음을 변화시킨다. 그 마음을 깨우기도 하고 더욱 굳히기도 한다."[1]

우리는 사복음서를 통해 예수님과 제자들이 죄의 용서와 하나님 나라의 도래를 선포하면서 순회 사역을 지속하는 동안 이러한 애증이 교차하는 것을 분명히 볼 수 있다. 이끌리는 사람도 있고 혐오감을 느

끼는 사람도 있다. 하지만 예수님을 만나고 그저 "어쩌라고?"라는 식으로 끝나는 사람은 아무도 없다. 어떤 사람은 요한복음 6장에서 오천 명을 먹이셨을 때와 같이 예수님의 기적에 이끌렸다가도 그 기적의 행위를 복음의 말씀과 연결시키면 거부반응을 보였다.

이것을 알면 구원으로의 초청을 위한 36절에 달하는 〈큰 죄에 빠진 날 위해〉나 강단으로부터의 애절한 청원, 떨구어진 고개, 꼭 감은 눈, 하늘로 들린 떨리는 손이 필요하지 않다. 초청은 복음의 메시지에 이미 포함되어 있다. 완전한 복음은 그 자체의 심각성만으로도 믿음을 요구하고 사람들을 초청한다.

우리 각자는 태어날 때부터 생명과 죽음 사이의 벼랑에 서 있다. 잉태의 순간부터 우리는 죄로 얼룩져 있기 때문에 걸음을 걷기도 전에 지옥 불을 향해 곤두박질치는 것이다.

예수님의 몸은 그 길을 가로질러 놓여 있다. 우리는 그분을 못 본 척할 수 없다. 지옥으로 돌진하고자 한다면 우리는 반드시 예수님을 밟고 넘어가야 한다.

그래서 많은 그리스도인들이 복음에 "네"라고 대답하고 싶어하지만 우리의 가장 큰 문제 중 하나는 복음을 율법으로 오해하는 것이다.

믿음과 행위

재미난 사실은 구약 성경의 85퍼센트가 "너희들이 이것을 그만두지 않으면 나는 너희 모두를 죽여야만 할 것이다"라는 식의 말씀이라는 것이다. 정말로 구약의 85퍼센트가 "내가 너희를 멸하고 있다" 혹은 "내가 너희를 멸할 것이다"라는 말씀이다. 이것 때문에 수많은 유화정 책이 시도되었다. 겁먹은 이스라엘 백성은 수많은 동물을 희생 제물 로 드렸다. 그렇게 많은 제물을 어디에 쌓아두었는지 알 수 없을 정도 다. 하지만 계속되는 도살의 종종걸음에도 하나님은 이들의 완고함과 제사 제도를 이용하려는 접근에 실망을 금치 못하신다. 이것이 무슨 말인지 알아보자.

> 너희 소돔의 관원들아! 여호와의 말씀을 들을지어다.
> 너희 고모라의 백성아! 우리 하나님의 법에 귀를 기울일지어다.
> 여호와께서 말씀하시되
> "너희의 무수한 제물이 내게 무엇이 유익하뇨?
> 나는 숫양의 번제와 살진 짐승의 기름에 배불렀고
> 나는 수송아지나 어린 양이나 숫염소의 피를 기뻐하지 아니하노라.
> 너희가 내 앞에 보이러 오니 이것을 누가 너희에게 요구하였느냐?
> 내 마당만 밟을 뿐이니라"(사 1:10-12).

이 말씀은 당시는 물론 현대의 제사 제도가 지닌 문제점을 극명 히 보여준다. 하나님은 제물이 필요하시지 않다. 하나님은 이렇게 말 씀하신다. "나는 너의 수송아지가 필요하지 않다. 나는 너의 숫염소가 필요하지 않다. 너는 요점을 놓치고 있다. 나는 네게 너의 죄가 내 앞에서 얼마나 역겹고 끔찍하며 그 대가가 얼마나 큰지를 이야기하고 싶은 것이다. 그런데 너는 그것의 무게를 느끼고 회개하는 대신 네 행위를 지속하면서 마치 내가 그것을 진짜 원하는 것처럼 숫염소와 수송아지 가져오기를 그치지 않는구나." 이것은 아내를 구타하는 남편이 꽃다발을 들고 들어오는 것과 같다. 그 아내는 꽃다발 따위를 원하는 것이 아니다. 아내는 남편이 변하기를 원한다. 아내는 존중받기를 원한다.

오늘날에도 똑같은 일이 일어나고 있다. 그리스도는 믿음의 반응을 요구하시지만 우리는 기여하기를 원한다. 얼마나 많은 그리스도인이 그리스도인이 아닌 레위 제사장의 의무를 다하고 있는지 놀라울 따름이다. 이들은 하나님께 선한 행위를 올려드려 하나님의 호감을 사기 위해 노력한다.

우리는 회개와 믿음이 없는 마음으로 살면서도 제단에 무언가를 올려두기 위해 빈번히 종교적 방문을 시도하지만 결국 그 제단의 문은 닫혀 있다. 이와 같이 종교적으로 엉망인 상태에 순수한 복음을 집어넣으려 한다면 우리는 혼란을 경험할 것이다. 이스라엘 백성도 이사야 1장과 같은 예언에 분명히 혼란을 느꼈을 것이다. 성전 마당으로 들어와 이러이러한 제물을 드리라고 말씀하신 하나님이 이제는 "이것을 누가 너희에게 요구하였느냐?"라고 반문하신다.

그들은 "음, 하나님이요. 하나님이 우리에게 이런 것을 하라고 말쏨하셨죠"라고 대답할 것이다.

그들의 마음 없는 순종이, 우리의 마음 없는 순종이, 제사라는 통화通貨의 파산을 잘 보여준다.

나는 해결사이자 A형의 행동양식을 가진 사람이다. 나는 문제를 해결하는 것을 좋아한다. 누군가 내게 화이트보드와 펜과 함께 문제를 던져준다면 나는 이렇게 생각할 것이다. '가보자. 해보자!' 하지만 결혼하고 얼마 지나지 않아 나는 아내가 그런 것을 전혀 고마워하지 않는다는 사실을 알게 되었다. 아내는 하루 동안에 있었던 일들을 이야기하며 그날 경험했던 문제나 당혹감을 털어놓았다. "이러한 일이 있었고 이러한 일이 일어났고 또 이러한 일도 있었어"라는 그녀의 말에 나는 보통 이렇게 반응했다. "그 문제를 어떻게 해야 할지 말해줄게."

남편들은 이러한 제안이 좋지 않은 결론으로 끝난다는 사실을 잘 알 것이다. 나는 배우는 속도가 더딘 사람이지만 수년간의 결혼 생활을 통해 이제는 아내가 무언가를 이야기할 때 언제나 다음과 같은 대답을 할 수 있게 되었다. "여보, 내가 당신의 이야기를 듣고 공감해주기를 원하는 거야, 아니면 도와주기를 원하는 거야?" 나는 다른 문제들에 대해서는 자신감이 넘치지만 아내의 이야기를 들을 때면 난데없이 이런 생각이 든다. '이것은 함정일까?' 사실 아내는 "공감을 원하는 거야, 문제 해결을 원하는 거야?"라는 수년간의 질문에 한 번도 "당신의 도움이 필요한 거야"라고 대답하지 않은 것 같다.

결혼 생활을 통해 내가 어렵게 배운 교훈이자 지금이라도 알게 된 것을 감사하는 교훈이 있다. 그것은 내가 아내의 마음속에 존재하는 문제들, 또 그녀가 살아가며 부딪히는 모든 문제를 해결해줄 수는 없다는 사실이다. 내가 얼마나 로맨틱하고, 얼마나 사랑이 많으며, 얼마나 큰 꽃다발을 보내주는지는 중요하지 않다. 아내를 위해 시를 쓰고, 주방을 청소해주고, 친구들을 만나도록 아이들을 돌봐준다고 해도 나는 로렌의 문제를 해결하기에는 무능한 남편이다. (로렌 역시 나의 문제를 해결하기에 무능한 아내다.) 아내를 위해 앞의 모든 일을 하는 것이 옳고 선하지만 아내에게는 내가 해결해줄 수 없는, 아내와 주님 사이의 일들이 있다. 내 안에 그녀의 사랑으로도 극복할 수 없는 일들이 있듯이 말이다.

이러한 사실을 배울 수 있었던 유일한 방법은 내가 아내의 문제를, 아내가 나의 문제를 해결하기 위해 노력에 노력을 더하면서 우리가 그런 노력을 하면 할수록 고조되는 갈등을 바라보는 것이었다.

우리가 얼마나 많은 것을 드리든, 얼마나 열심히 일하든, 얼마나 값진 것을 희생하든 우리 스스로는 망가진 것을 해결할 수 없다는 사실을 깨닫도록 제정하신 것이 제사 제도라면 어떨까?

성령이 이로써 보이신 것은 첫 장막이 서 있을 동안에는 성소에 들어가는 길이 아직 나타나지 아니한 것이라. 이 장막은 현재까지의 비유니 이에 따라 드리는 예물과 제사는 섬기는 자를 그 양심상 온전하게 할 수 없나니 이런 것은 먹고 마시는 것과 여러 가지 씻는 것과 함께 육체의 예법일 뿐이며 개혁할 때까지 맡겨둔 것이니라(히 9:8-10).

히브리서의 기자는 우리가 원하는 대로 제사를 드리고 형편이 닿는 대로 계명에 순종할 수도 있지만 우리의 마음이 변화되지 않는다면 결국 나을 것이 없다고 이야기한다. 다음 질문에 대답해보라. 알코올 중독자가 그 안에 존재하는 모든 것이 술을 원하고 필요로 하며, 자신이 할 수 없는 것을 하고 싶은 욕망 때문에 고통 가운데 있다면 월요일 하루 술을 마시지 않았다고 해서 자유하다고 할 수 있을까? 이것이 자유일까? 물론 아니다.

이것이 예수님이 다음의 말씀을 하셨을 때 강조하신 바다. "옛 사람에게 말한 바 '살인하지 말라. 누구든지 살인하면 심판을 받게 되리라' 하였다는 것을 너희가 들었으나 나는 너희에게 이르노니 형제에게 노하는 자마다 심판을 받게 되고 형제를 대하여 라가라 하는 자는 공회에 잡혀가게 되고 미련한 놈이라 하는 자는 지옥 불에 들어가게 되리라"마 5:21-22. "또 '간음하지 말라' 하였다는 것을 너희가 들었으나 나는 너희에게 이르노니 음욕을 품고 여자를 보는 자마다 마음에 이미 간음하였느니라"마 5:27-28.

당신은 배우자가 아닌 다른 사람과 동침하고 싶은 욕망을 참아낼 수 있고 다른 사람의 목숨을 해치지도 않을 것이다. 그러나 음욕과 분노에 매여 있다면 당신은 자신의 충동을 억제하지 못해 다른 사람을 죽인 사람보다 더 자유로운 상태가 아니다.

결국 제사 행위는 아무것도 하지 못한다. 제사는 양심을 깨끗하게 하지 못할 뿐 아니라 우리의 마음이 하나님을 향하게 하지도 못한다. 제사 제도의 반복이 이스라엘 백성의 마음을 깨끗하게 하는 방법이나 능력이 아니었듯이 우리의 선한 행위 역시 우리의 마음을 깨끗하게 하는 방법이나 능력이 아니다. 우리가 아무리 엄격히 노력한다 해도 우리 마음의 완악함과 그 마음속에 있는 회복 불가능한 깨어짐을 드러낼 뿐이다. 이 모든 과정은 실패 가운데 반복되는 축복의 훈련이지만 이것의 중요성은 그 너머에 있다. 히브리서 10장 1절은 우리에게 율법이 장차 올 좋은 일의 그림자일 뿐이라고 말한다.

마찬가지로 선한 행위의 그림자 역시 복음의 빛으로부터 나와야 한다. 끝이 없는 피의 종교적 제사는 우리의 등을 떠밀어 이 모든 것을 수렴하는 단 하나의 희생 제물을 바라보도록 해야 한다. 그러므로 그리스도가 십자가 위에서 드린 제사라는 복음은 도덕주의로의 초청이 아니라 참된 변화로의 초청이다. 우리의 행위로는 성공할 수 없다. "그러므로 사람이 의롭다 하심을 얻는 것은 율법의 행위에 있지 않고 믿음으로 되는 줄 우리가 인정하노라." 바울이 로마서 3장 28절에 고백한 내용이다. 복음에 대한 합당한 유일한 반응은 믿는 마음뿐이다.

진흙과 얼음, 쪼개짐과 상처

청교도의 속담에 이런 말이 있다. "똑같은 태양이 진흙을 굳게 하기도 하고 얼음을 녹이기도 한다."

나는 예수 그리스도를 나의 주님으로 영접하고 회심하는 데 어느 정도 시간이 걸렸기 때문에 다음과 같은 간증이 없다. "저는 빌리 그레이엄 집회에 참석을 했습니다. 그곳에서 처음 복음을 들었고 그때 저는 복음을 위해 모든 것을 내려놓았습니다." 칭의는 순간이면 되었지만 내가 그것을 이해하고 받아들이기까지는 일 년이 넘는 시간이 걸렸다. 그 시간 동안 몇몇 친구들은 인내하며 나를 사랑해주고 나와 함께 걸어주었다. 이들은 나를 교회 모임이나 영적 집회에 초청했고, 심지어 그런 것들을 조롱할 수 있도록 허용해주었다. 그럴 때 그들은 더욱 인내를 갖고 그 모든 일에 대해 충분히 설명해주었다. 나는 많은 질문을 했는데 지금 돌아보면 그중에는 하늘나라에 이르기 전 이 땅에서는 대답할 수 없는 질문도 있었다. 하지만 그들은 어떤 질문도 받아주었으며 알맞은 답을 주기 위해 노력했다. 때때로 읽어보라고 책을 주기도 했다. 그렇게 한 해 동안 하나님은 내 삶 주변에 불쏘시개를 모으기 시작하셨다.

불을 피울 때 우리는 작은 풀들과 잔 나뭇가지로 시작해 불이 붙기 시작하면 순차적으로 좀더 큰 나무를 넣고, 그보다 더 큰 나무, 그리고 훨씬 더 큰 나뭇가지를 집어넣는다. 제프와 제리를 비롯한 친구들과의 초창기 대화를 통해 내 마음에 작은 불쏘시개를 모으신 하나님은 열여덟 번째 생일을 3일 앞두고 드디어 불을 붙여주셨다. 재미난 사실은 그 순간 이전의 모든 질문에 대한 해답이 더 이상 필요하지 않았다는 것이다. 불이 붙기까지 시간이 좀 걸렸을 뿐 일단 불이 붙자 나는 모든 것을 내려놓을 수 있었다.

그전까지 나는 모든 것이 어떻게 작동하고, 서로 어떻게 어울리는지, 하나님이 왜 이런저런 말씀을 하셨는지 알아내야만 했다. 그러나 성령께서 나의 마음을 나의 구주 그리스도와 나의 아버지 하나님께로 열어주시고 나를 하나님과 화목하게 하셨을 때 그와 같은 질문들에 대한 답은 더 이상 필요하지 않았다. 이 모든 것을 믿고 받아들이기 위해서는 일단의 구체적인 문제들이 해결되어야 한다고 주장하던 완고한 고집은 내 삶 속에 임한 하나님의 은혜와 긍휼의 빛 안에 모두 녹아내렸다. 그 결정적이었던 해의 5월, 나는 공격적인 불가지론자였다. 그러나 같은 해 6월, 나는 회심했고 복음을 전하기 시작했다.

내가 복음을 전했다는 것이 무슨 뜻인지 설명이 필요할 듯싶다. 당시 나는 누군가 예수님을 사랑하지 않으면 그가 지옥에 갈 것이고, 따라서 맥주를 마시거나 다른 여자와 잠자리를 함께해서는 안 된다고 믿었다. 그것이 내가 가지고 있는 기준의 전부였다. 나는 신학적으로 견고한 상태가 아니었다. 하지만 나는 하나님의 말씀에 대해 채워지지 않는 목마름을 느꼈고 지속적으로 성경을 공부했다. 그러나 깊이 있는 책들이나 생각, 복음의 실재에 대해서는 아는 바가 거의 없었다.

다만 나는 내가 예수님을 사랑하고 다른 사람들 역시 예수님을 사랑하기를 바란다는 것, 그리고 누군가 나의 방식대로 예수님을 사랑하지 않으면 그 사람은 지옥에 간다는 것을 확신했다. 그것이 나의 전도 전략이었고, 따라서 나는 만나는 거의 모든 사람에게 이 환상적인 소식을 전했다. "나에게 이런 일이 일어났어. 이것은 하나님이 하신 일이야. 이것은 예수님이 너를 위해 하신 일이야."

긍휼의 하나님은 나의 서투름은 덮으시고 진심을 높여 나의 부족함에도 능력의 복음을 통하여 실제 여러 사람을 그리스도께로 이끄셨다. 나는 많은 친구들이 복음을 향해 마음을 열고 있다는 사실을 발견하기 시작했다. 내가 회심하자마자 몇몇 친구 역시 주님을 만났고, 그분을 따르고 사랑하고 섬기기 시작해 지금까지 이르고 있다. 초기의 경험을 통해 내가 배운 것은 예수 그리스도의 속죄 사역을 통해 인간의 죄를 담당해주신 하나님의 영광과 능력, 위엄이 선포될 때 사람의 마음이 흔들린다는 사실이다. 그리고 사람은 그 흔들림에 반응한다. 믿음으로 반응하는 사람도 있고 그렇지 않은 사람도 있다.

믿음이 아닌 호기심으로 흔들렸던 친구들이 생각난다. 그들은 다음과 같이 말했다. "이것 좀 설명해줘." "내가 이것을 이해할 수 있도록 도와줘." 그러나 결국 그들의 마음은 복음에 대하여 굳어졌고, 시간이 흐르면서 질문은 더욱 많아졌지만 그 마음은 그리스도께 열리는 것이 아니라 더욱 닫혀갔다.

이것이 복음이 하는 일이다. 예수님의 복음이 위험한 이유가 이것이다. 복음을 들을 때 우리는 하나님의 말씀에 노출된다. 우리는 우리를 꿰뚫어 보시는 하나님의 말씀의 지배를 받는다. 우리가 말씀 아래 앉아 그 말씀을 듣는 순간 하나님의 말씀이 우리를 다스리신다. 그 말씀이 모든 사람을 구원하는 것은 아니지만 그 말씀을 듣는 모든 사람은 자신의 자리를 찾는다. 이것이 위험한 이유는 하나님의 말씀의 선포가 인간의 영혼을 좌우 어느 한곳을 향해 움직이게 하고 이둘 중 하나가 하나님의 은혜에 대하여 그 마음이 굳어지는 것이기 때문이다.

이것은 누구도 취미로 교회를 다닐 수는 없다는 말이다. 그런 상태는 불완전한 믿음이 아니라 완악함이다. 종교적이고 도덕적이어서 교회 출석은 잘하지만 하나님을 찾고 따를 의도가 전혀 없는 그리스도인들은 철저한 헌신과 방종의 죄 사이에서 중용의 도를 발견한 것이 아니라 파멸을 선택한 것이다. 자신의 삶을 하나님께 온전히 드리고 그리스도 안에서 하나님을 좇을 의도가 전혀 없다면 오늘날 기독교 신앙으로 통하는 도덕주의는 파멸을 불러오는 취미일 뿐이다.

> 이것은 누구도 취미로 교회를 다닐 수는 없다는 말이다. 그런 상태는 불완전한 믿음이 아니라 완악함이다.

놀라운 사실이지만 동일한 메시지가 가까운 데 있는 자들과 먼 데 있는 자들 모두에게 미치고엡 2:17, 어느 한 사람은 가까이 이끄는 반면 또 다른 사람은 더 멀리 밀어내기도 한다. 똑같은 태양이 진흙을 굳게

완전한
복음

하기도 하고, 얼음을 녹이기도 하는 것처럼 말이다.

예수님은 마태복음 13장 1-8절의 씨 뿌리는 사람의 비유를 통해 이러한 현상에 대한 통찰을 제공하신다. 그 사람은 씨를 뿌릴 때 각각 다른 씨앗을 뿌린 것이 아니었다. 씨 뿌리는 방법에서도 차이가 없었다. 그에게는 한 종류의 씨앗이 있었고, 분명 같은 방식으로 씨앗을 뿌렸다. 그는 씨앗이 열매를 맺기 위해서는 모든 땅에 같은 씨앗을 뿌려야 한다는 사실을 잘 알았다. 같은 씨앗에 대한 각각의 다른 반응은 땅의 수용성에 달려 있었다. 씨앗은 부드러운 땅에서는 자리를 잘 잡았지만 딱딱한 땅에서는 그러지 못했다.

"좌우에 날선 어떤 검보다도 예리한" 히 4:12 하나님의 말씀이 사람의 영혼을 쪼개는 방법에 대해 생각해보자. 말씀은 예리하다. 그것은 의심의 여지가 없다. 하지만 어떤 영혼은 조금 전에 갈아둔 땅처럼 즉각 쪼개져 열리는 반면 어떤 영혼에는 흉터만 남기고 타박상을 입히는 데 그치고 만다. 검이 예리하지 못하다거나 하나님이 원하시는 어떤 영혼을 쪼개실 능력이 없기 때문이 아니다. 우리 마음의 부드러움이나 딱딱함은 하나님의 선하신 뜻에 종속되어 있다 롬 9:18. 그럼에도 불구하고 복음의 예리한 말씀은 누군가의 영혼은 쪼개어 열고, 다른 누군가의 영혼에는 상처만 남겨 생명의 약속에 대해 더욱 냉담해지도록 한다. 중간지대에 있는 사람은 없다.

반응과 책임

많은 그리스도인이 이사야 6장을 사랑하는데, 이것은 이야기가 끝나기 전에 읽기를 멈추기 때문이다. 무슨 의미인지 살펴보자.

> 웃시야 왕이 죽던 해에 내가 본즉 주께서 높이 들린 보좌에 앉으셨는데 그의 옷자락은 성전에 가득하였고 스랍들이 모시고 섰는데 각기 여섯 날개가 있어 그 둘로는 자기의 얼굴을 가리었고 그 둘로는 자기의 발을 가리었고 그 둘로는 날며 서로 불러 이르되 "거룩하다! 거룩하다! 거룩하다! 만군의 여호와여! 그의 영광이 온 땅에 충만하도다!" 하더라. 이같이 화답하는 자의 소리로 말미암아 문지방의 터가 요동하며 성전에 연기가 충만한지라. 그때에 내가 말하되 "화로다, 나여! 망하게 되었도다. 나는 입술이 부정한 사람이요, 나는 입술이 부정한 백성 중에 거주하면서 만군의 여호와이신 왕을 뵈었음이로다" 하였더라. 그때에 그 스랍 중의 하나가 부젓가락으로 제단에서 집은 바 핀 숯을 손에 가지고 내게로 날아와서 그것을 내 입술에 대며 이르되 "보라! 이것이 네 입에 닿았으니 네 악이 제하여졌고 네 죄가 사하여졌느니라" 하더라(1-7절).

그리스도인들은 이 본문을 사랑한다. 이 본문은 하나님을 향한 찬송을 내뿜는다. 황홀한 거대하심을 전달한다. 그리고 이어지는 8절의 말씀은 컵에 새겨넣기에 딱 어울리는 말씀이다. "내가 또 주의 목소리를 들으니 주께서 이르시되 '내가 누구를 보내며 누가 우리를 위하여 갈꼬?' 하시니 그때에 내가 이르되 '내가 여기 있나이다. 나를 보내소서' 하였더니." 우리는 물론 이사야 6장 8절을 사랑한다. 이 구절을 낭만적으로 묘사한다. 선교에 대한 설교 도중 설교자가 "주님을 위해 무언가 멋진 일을 한번 해봅시다!"라고 외칠 때 우리는 이사야 6장 8절 "내가 여기 있나이다. 나를 보내소서"라는 말씀으로부터 중력과 같은 강한 이끌림을 느낀다. 이렇게 답해야 담대하고 남성적인 것 같다. 영화 〈브레이브 하트〉(멜 깁슨 감독, 1995)에 나오는 힘찬 고함이 들린다. "그래 하자! 해보자! 가서 취하자!"

그러나 우리는 이사야 6장 8절에 열정적인 반면 이사야 6장 9절에는 무지하다. 9절에는 우리를 기다리고 있는 장애물이 기록되어 있다. 하나님께서 말씀하셨다. "가서 이 백성에게 이르기를 '너희가 듣기는 들어도 깨닫지 못할 것이요 보기는 보아도 알지 못하리라' 하여." 무슨 일이 벌어지고 있는지 알겠는가? 하나님이 이렇게 말씀하시는 것이다. "너의 사역은 가서 그들에게 다음과 같이 전하는 것이다. '계속해서 들어라. 그러나 깨닫지는 말아라.'"

우리는 경험을 통해 이 말의 의미를 정확히 안다. 올바른 말을 하고 있는데도 상대방이 그 말을 전혀 듣고 있지 않는 경우를 다들 경험해보았을 것이다. "벽에다 대고 이야기를 하는 것 같다"는 말이 괜히 있는 것이 아니다. 바이블 벨트(기독교가 강세인 미국 남부와 중서부—역자 주)에 살면서 내가 느끼는 좌절감 중 하나는 복음과 복음의 부수적 진리들이 사람들의 실제 삶으로부터 너무나도 분리되어 아름다운 신학의 상당 부분이 상투성 문구로 전락했다는 것이다. 십자가에 못 박힌 그리스도의 복음에서 불쾌한 부분을 잘라내고 기독교의 본질을 체로 쳐 걸러낼 때 믿음은 감상적인 것이 된다. 그 결과는 유순하고 길들여진 예수님이다. 마이클 스펜서의 표현을 빌리자면 이것은 "예수님이 표지에는 등장하지만 본문에는 등장하지 않는 영성"이다.[2] 우리가 복음을 희석하거나 걸러낼 때 그 결론은 예수님의 특정한 모양은 있지만 그분의 능력은 부인하는 교회다 딤후 3:5.

예수 그리스도를 소개받아 기독교 문화에 목까지 몸을 담근 채 헤엄을 치는 많은 사람이 있다. 이들은 예수님의 전부를 바라지 않아도 될 만큼만 예수님을 소유한다. 이러한 경우 이들은 종교적 행위에 순응한 것이지 하나님의 성령으로 변화된 것은 아니다. 많은 사람이 객관적인 영적 진리를 알고 있으면서도 결국 그 진리로 인한 참된 변화를 삶으로 나타내지 못하는 이유가 여기에 있다. 이들은 듣고 있지만 듣고 있지 않다.

이것을 우리 빌리지 교회에서 분명히 볼 수 있는 기회는, 우리 교회 사역자들이 농담으로 '연두교서'라고 부르는 나의 선언에 대한 회중의 반응을 통해서다. "이제 여기에 더 이상 오지 마십시오. 만일 진지한 마음이 아니라면, 참여하고자 하는 마음이 없다면, 정말 그렇게 살고 싶은 마음이 아니라면, 소속되고 싶지 않다면, 만일 여러분이 생각하는 교회가 뷔페식당 같은 곳이라면, 다른 곳으로 가서 드십시오."

완전한
복음

그러면 내가 언급한 바로 그 상태에 있는 사람들이 회중석에 앉아 다음과 같이 대답한다. "맞아요. 그런 사람들을 잡아내야 합니다. 말씀 참 잘하셨습니다." 나는 이렇게 말하고 싶다. "저는 지금 당신에게 말하고 있는 거예요. 바로 **당신이** 그 사람이라고요!" 이때 나는 머리털을 쥐어뜯고 싶은 충동을 느낀다. 이들은 내 입에서 나오는 말을 듣고 있지만 귀 기울여 듣지는 않는다.

하나님은 이사야에게 명령하신다. "가서 이 백성에게 이르기를… '보기는 보아도 알지 못하리라' 하여."

혹시 자신의 삶이 엉망진창인 것을 분명히 알면서도 자기 자신이 문제의 일부인 것은 전혀 눈치채지 못하는 사람을 만나본 적이 있는가? 피해자적 사고방식에서 벗어나지 못하고 많은 사람에게 지속적으로 상처를 주며 12개월에서 15개월마다 새로운 그룹의 친구들을 만나면서 이 사람이 자신을 어떻게 배신했고, 저 사람이 자신에게 어떻게 해를 입혔고 등의 이야기는 끊임없이 하지만, 자신이 그 모든 일의 공통분모라는 사실을 깨닫거나 이해할 능력이 전혀 없는 사람을 만나본 적이 있다면 당신은 보기는 보아도 알지 못하는 사람을 만나본 셈이다. 이러한 사람들은 자신의 삶이 엉망진창임을 알면서도 "아무래도 내가 제일 문제인 것 같아"라고 깨닫지 못한다. 영적인 문제와 연관을 지어보면 이것은 모든 인류에게 적용되는 듯하다.

하나님은 이사야 6장 10절에서 이어 말씀하신다.

이 백성의 마음을 둔하게 하며 그들의 귀가 막히고 그들의 눈이 감기게 하라. 염려하건대 그들이 눈으로 보고 귀로 듣고 마음으로 깨닫고 다시 돌아와 고침을 받을까 하노라.

누구도 이런 사역을 원하지 않는다. 다음과 같은 목회자 청빙 광고를 상상할 수 있는가?

마음을 둔하게 하실 목회자를 모십니다.
열매 맺는 사역을 추구하시는 분은 지원하실 필요가 없습니다.

내가 본 패기 넘치는 젊은 설교자 중 누구도 다음과 같이 말하는 사람은 없었다. "저는 하나님의 말씀에 신실하면 좋겠고 그 말씀에 반응하는 사람이 단 한 사람도 없으면 좋겠습니다." 따라서 이사야는 우리 중 누구라도 했을 질문을 던진다.

내가 이르되 "주여, 어느 때까지니이까?" 하였더니 주께서 대답하시되 "성읍들은 황폐하여 주민이 없으며 가옥들에는 사람이 없고 이 토지는 황폐하게 되며 여호와께서 사람들을 멀리 옮기셔서 이 땅 가운데에 황폐한 곳이 많을 때까지니라. 그중에 십분의 일이 아직 남아 있을지라도 이것도 황폐하게 될 것이나 밤나무와 상수리나무가 베임을 당하여도 그 그루터기는 남아 있는 것 같이 거룩한 씨가 이 땅의 그루터기니라" 하시더라(11-13절).

이사야에 대한 하나님의 대답은 간단히 요약하면 다음과 같다. "나는 남은 자들을 모을 것이다. 참된 신자들을 모을 것이다. 남은 모든 자들이 나를 진실로 사랑하고 신뢰하고 좇을 때까지 나는 이것을 반복할 것이다." 이사야는 열매 맺도록 부름받은 것이 아니라 다만 신실하도록 부름받았다. 실제로 하나님은 그에게 열매를 거두지 못할 것이라고 말씀하셨다. 하나님이 그에게 주신 주된 임무는 성공이 아니라 성실이었다. 그는 듣기는 들어도 끝까지 깨닫지 못하고 보기는 보아도 끝내 알지 못할 사람들에게 말씀을 선포하도록 보냄을 받은 것이다.

기독교 사역에서 이것이 의미하는 바가 우리 마음속에 자리 잡기를 바란다. 이 본문에 깊이 들어가 씨름해보자. 그리스도인 모두가 그래야겠지만 특별히 교회 리더십의 자리에 있는 사람은 성전에서 일어난 일을 분명히 이해할 필요가 있다.

이사야를 향한 하나님의 부르심은 오늘날 교회들이 사역을 평가하는 방식에 대한 어뢰 공격과 같다. 하나님은 이렇게 말씀하신다. "너는 신실하게 선포하겠지만 그들은 지속적으로 거절할 것이다. 그렇게 내가 역사할 것이다." 이사야가 오늘날 활동하는 사역자였다면 그는 완벽한 실패자로 낙인찍혔을 것이다. 예레미야도 완벽한 실패자였을 것이다. 모세는 약속의 땅에 들어가지 못했다. 세례 요한은 예수님의 사역을 보지 못했다. 예는 얼마든지 있다. 우리는 이들의 사역을 성공적이라 생각하지 않을 것이다.

우리가 좀처럼 설교하지 않는 것 중 하나는 열매가 없어 보이는 사역이 성경에 끊임없이 등장한다는 사실이다. 그런 주제의 콘퍼런스는 열리지 않는다. 전 인생을 다해 피땀 흘려 일하고 믿기 어려울 정도로 하나님께 신실해도 하늘나라의 이편에서는 열매를 보지 못할 수도 있다는 사실에 관한 책 역시 많지 않다. 그러나 하나님은 이 모든 것을 다르게 보신다. 우리는 수적 성장과 열정적 반응이 언제나 성공의 표식이 된다는 생각을 경계해야 한다. 성경은 그러한 생각을 지지하지 않는다. 신실함이 성공이고, 순종이 성공이다.

하나님이 이사야를 부르신 사건은 우리에게 이상한 해방감을 선사해준다. 듣는 사람의 반응은 우리의 책임이 아니다. 우리의 책임은 하나님의 부르심과 복음의 메시지에 충실한 것이다. 듣는 사람의 반응은 듣는 사람의 책임이다. 복음을 땅에서 바라보며 개인의 반응에 지나치게 집중할 경우 우리가

> 듣는 사람의 반응은 우리의 책임이 아니다. 우리의 책임은 하나님의 부르심과 복음의 메시지에 충실한 것이다.

저지르게 되는 실수 중 하나는 우리의 말과 행동, 듣는 사람의 반응 너머에서 일하시는 하나님의 주권에 대한 간과다. 복음을 받아들이고 거절하는 것은 궁극적으로 우리의 의지가 아닌 하나님의 뜻이다.[3] 바울은 다음의 사실을 상기시켜준다. "모세에게 이르시되 '내가 긍휼히 여길 자를 긍휼히 여기고 불쌍히 여길 자를 불쌍히 여기리라' 하셨으니 그런즉 원하는 자로 말미암음도 아니요 달음박질하는 자로 말미

암음도 아니요 오직 긍휼히 여기시는 하나님으로 말미암음이니라"롬 9:15-16. 땅에서 바라보면 우리는 말하고자 하는 것을 말하고, 듣고자 하는 것을 듣는다. 그러나 하늘에서 바라보면 "성령으로 아니하고는 누구든지 예수를 주시라 할 수 없느니라"고전 12:3라고 하셨으니 우리의 말은 분명히 능력을 입은 말이며, "너희 마음의 눈을 밝히사"엡 1:18라고 하셨으니 우리의 들음은 하나님을 의지한 들음이다.

성경에는 많은 사람을 움직이시고 모으시는 하나님에 대한 구절도 자주 등장한다. 따라서 수적 성장과 대단한 열정이 있다고 해서 그것이 하나님의 역사가 아니라거나 하나님이 움직이신 것이 아니라고 말할 수는 없다. 내가 강조하고 싶은 것은 지금 우리가 이름을 한 번도 들어보지 못했지만 영광의 날이 이르렀을 때에 그의 거처를 보고 깜짝 놀랄, 어느 시골에서 매주 아홉 명의 교인들에게 신실하게 말씀을 전하는 나이 많은 사역자가 있음을 장담할 수 있다는 사실이다. 그를 위해 예비하신 하나님의 상급에 우리는 놀라게 될 것이다. 결국 우리가 이사야서에서 깨닫는 바는 하나님이 사람의 마음을 완악하게 하시기에 성공적으로 선포된 복음을 들은 사람이라도 하나님을 사랑하지 않고 하나님에 대해 마음이 굳어질 수 있다는 것이다.

이렇게 생각하는 사람들이 있을 것이다. "그건 하나님이 무척 화가 나 있던 구약의 이야기죠. 하지만 예수님은 하나님보다 더욱 친절하신 분 아닌가요?" (우리는 예수님이 하나님이라는 사실을 간과해야 할까?) 하지만 듣는 이들의 완악한 반응에 대한 하나님의 주권은 신약에도 잘 제시되어 있다. 씨 뿌리는 사람의 비유로 다시 돌아가 보자. 마태복음 13장에서 예수님은 우리에게 씨를 뿌리는 사람에 대해 말씀해주신다. 어떤 씨앗은 길가에, 어떤 씨앗은 흙이 얕은 돌밭에, 어떤 씨앗은 가시떨기에, 어떤 씨앗은 좋은 땅에 떨어진다. 예수님이 비유를 마치셨을 때 제자들은 혼란스러워하며 예수님께로 다가왔다. 누구도 이 비유를 이해하지 못했기 때문이다. 제자들은 물었다. "왜 이렇게 하십니까? 왜 이러한 비유로 말씀을 하십니까? 예수님의 말씀을 알아듣는 사람이 하나도 없습니다." 예수님은 다음과 같이 대답하셨다. "천국의 비밀을 아는 것이 너희에게는 허락되었으나 그들에게는 아니되었나니"마 13:11.

만일 우리가 바로 여기에서 멈추어 이 구절을 응시한다면 우리의 기쁨은 오랫동안 이어질 것이다. 바로 지금도 천국에 대해 전혀 알지 못하는 사람이 수백만 명 있다. 그런데 당신은 그 비밀을 안다. 그들은 천국에 대해, 하나님의 은혜에 대해, 하나님의 긍휼에 대해 아는 바가 없다. 하지만 당신은 그렇지 않다. 당신은 안다. 당신은 하나님을 예배할 수 있고, 그분과 동행할 수 있고, 그분의 이야기를 들을 수 있다. 예수님은 제자들에게 "이것은 그들에게 주는 것이 아니라 너희에게 주는 것이다"라고 말씀하셨다. 그리고 예수님의 말씀은 다음과 같이 이어진다.

무릇 있는 자는 받아 넉넉하게 되되 없는 자는 그 있는 것도 빼앗기리라.

완전한
복음

그러므로 내가 그들에게 비유로 말하는 것은 그들이 보아도 보지 못하며 들어도 듣지 못하며 깨닫지 못함이니라. 이사야의 예언이 그들에게 이루어졌으니 일렀으되 "너희가 듣기는 들어도 깨닫지 못할 것이요 보기는 보아도 알지 못하리라. 이 백성의 마음이 완악하여져서 그 귀는 듣기에 둔하고 눈은 감았으니 이는 눈으로 보고 귀로 듣고 마음으로 깨달아 돌이켜 내게 고침을 받을까 두려워함이라" 하였느니라. 그러나 너희 눈은 봄으로, 너희 귀는 들음으로 복이 있도다. 내가 진실로 너희에게 이르노니 많은 선지자와 의인이 너희가 보는 것들을 보고자 하여도 보지 못하였고 너희가 듣는 것들을 듣고자 하여도 듣지 못하였느니라(12-17절).

이전의 언약과 새로운 언약 모두를 통해 우리는 하나님의 다스리심을 깨닫는다. 하나님의 주권은 약화되거나 좌절되지 않는다. 복음을 듣는 사람은 자신의 반응에 책임을 져야 하지만 그가 그러한 반응을 할 수 있는 것은 하나님께 달려 있다. 복음을 전하는 자는 자신의 선포에 책임을 져야 하지만 변화시키는 능력은 하나님께 달려 있다.

복음의 메시지가 선포되면 누군가는 그리스도를 믿음으로 반응하지만 또 다른 누군가는 그저 들을 수 없을 뿐이다.

있는 그대로의 복음이 능력의 복음이다

누군가가 듣는 것은 전부 은혜다. 제3장을 마무리하면서 우리는 "그리스도의 대속적 사역에 대해 무엇을 해야 할까?"라고 물었다. 이것에 대한 대답은 "성령께서 허용하시는 모든 것"이다. 복 있는 사람은 하나님이 열어주셨기에 볼 수 있는 눈과 들을 수 있는 귀를 가진 사람이다. 비록 성령께서 설교자의 역동적 설교나 전도자의 매력적 전도에 능력을 더하여 사용하시더라도 복음의 능력은 그런 것에 머물지 않는다. 복음의 능력은 듣는 자의 마음에 예수 그리스도의 구원하시는 능력을 적용하시는 성령께 있다. 찰스 스펄전은 다음과 같이 표현했다.

> 여러분은 그들이 오도록 유도할 수 없습니다. 천둥과 같은 소리로 강요할 수도, 초청으로 유인할 수도 없습니다. 그들은 그리스도께 나아오지 않을 것이고 생명을 얻지 못할 것입니다. 성령이 이끄시기 전까지 그들은 오지 않을 것이고 올 수도 없을 것입니다.[4]

사도행전 2장에는 승천 이후 이루어진 기독교의 첫 번째 설교가 나온다. 사도 베드로는 성령 강림에 대한 반응을 목격한 무리를 향해 다음과 같이 설교한다.

> 유대인들과 예루살렘에 사는 모든 사람들아, 이 일을 너희로 알게 할 것이니 내 말에 귀를 기울이라. 때가 제 삼 시니 너희 생각과 같이 이 사람들이 취한 것이 아니라. 이는 곧 선지자 요엘을 통하여 말씀하신 것이니, 일렀으되 "하나님이 말씀하시기를 '말세에 내가 내 영을 모든 육체에 부

어주리니 너희의 자녀들은 예언할 것이요, 너희의 젊은이들은 환상을 보고 너희의 늙은이들은 꿈을 꾸리라. 그때에 내가 내 영을 내 남종과 여종들에게 부어주리니 그들이 예언할 것이요, 또 내가 위로 하늘에서는 기사를 아래로 땅에서는 징조를 베풀리니 곧 피와 불과 연기로다. 주의 크고 영화로운 날이 이르기 전에 해가 변하여 어두워지고 달이 변하여 피가 되리라. 누구든지 주의 이름을 부르는 자는 구원을 받으리라'" 하였느니라 (행 2:14-21).

베드로는 첫 번째 기독교 설교를 하나님의 위대하심으로 시작한다. 만일 예언이 있다면, 방언이 있다면, 기적이 있다면, 능력이 있다면, 해가 변하여 어두워진다면, 연기가 있다면, 피와 불이 있다면, 이 모든 것은 어디에서 출발하는가? 하나님이다.

하나님이 예언하셨다. 하나님은 이러한 일들이 일어날 것이라 말씀하셨고 그대로 이루셨다. 베드로의 말은 다음과 같다. "선지자에 대해 너희가 이해한 모든 것과 하나님의 기적에 대해 너희가 이해한 모든 것, 하나님의 역사에 대해 너희가 이해한 모든 것은 자신을 부르는 모든 이를 구원하시는 삼위 하나님의 마음에 이미 정해져 있던 것이다." 이어 그가 무엇이라 말하는지 보자.

이스라엘 사람들아! 이 말을 들으라. 너희도 아는 바와 같이 하나님께서 나사렛 예수로 큰 권능과 기사와 표적을 너희 가운데서 베푸사 너희 앞에서 그를 증언하셨느니라. 그가 하나님께서 정하신 뜻과 미리 아신 대로 내준 바 되었거늘 너희가 법 없는 자들의 손을 빌려 못 박아 죽였으나 하나님께서 그를 사망의 고통에서 풀어 살리셨으니 이는 그가 사망에 매여 있을 수 없었음이라. 다윗이 그를 가리켜 이르되 "내가 항상 내 앞에 계신 주를 뵈었음이여, 나로 요동하지 않게 하기 위하여 그가 내 우편에 계시도다. 그러므로 내 마음이 기뻐하였고 내 혀도 즐거워하였으며 육체도 희망에 거하리니 이는 내 영혼을 음부에 버리지 아니하시며 주의 거룩한 자로 썩음을 당하지 않게 하실 것임이로다. 주께서 생명의 길을 내게 보이셨으니 주 앞에서 내게 기쁨이 충만하게 하시리로다" 하였으므로 형제들아, 내가 조상 다윗에 대하여 담대히 말할 수 있노니 다윗이 죽어 장사되어 그 묘가 오늘까지 우리 중에 있도다. 그는 선지자라 하나님이 이미 맹세하사 "그 자손 중에서 한 사람을 그 위에 앉게 하리라" 하심을 알고 미리 본 고로 그리스도의 부활을 말하되 "그가 음부에 버림이 되지 않고 그의 육신이 썩음을 당하지 아니하시리라" 하더니 이 예수를 하나님이 살리신지라. 우리가 다 이 일에 증인이로다. 하나님이 오른손으로 예수를 높이시매 그가 약속하신 성령을 아버지께 받아서 너희가 보고 듣는 이것을 부어주셨느니라. 다윗은 하늘에 올라가지 못하였으나 친히 말하여 이르되 "주께서 내 주에게 말씀하시기를 '내가 네 원수로 네 발등상이 되게 하기까지 너는 내 우편에 앉아 있으라' 하셨도다" 하였으니 그런즉 이스라엘 온 집은 확실히 알지니 너희가 십자가에 못 박은 이 예수를 하나님이 주와 그리스도가 되게 하셨느니라(22-36절).

**완전한
복음**

우리는 하나님의 위대하심을 기뻐하면서 이 놀라운 설교에서 예수 그리스도의 성육신에 드러난 하나님의 역사를 구약의 언약, 특별히 영원한 왕에 대한 다윗 언약과 연결시킨다. 하지만 이 본문에 울려나는 후렴구는 따로 있다. "너희가 그리스도를 못 박았고 너희가 그를 죽였다. 바로 너희가 그렇게 했다."

이것은 오늘날의 구도자를 위한 설교 같지 않았다. 베드로는 "이런, 너무 공격적으로 가는 것 같은데"라고 염려하면서 뒷걸음치지 않았다. "여기 있는 예루살렘 젊은이들에게 이것이 멋지게 들리도록 하려면 어떻게 해야 할까? 부드럽게 만들 방법은 없을까?"라고 고민하지 않았다. 베드로는 자신이 이들에게 "너희가 예수님을 죽였다"라고 했을 때, 이들이 분노하리라는 사실을 잘 알았다. 하지만 그는 있는 그대로를 말한다. "너희가 예수님을 죽였다." 그러고는 다시 반복한다. "이 위대하신 분? 맞다, 이분을 너희가 죽였다."

단연코, 절대로 우리는 기독교를 모든 사람이 좋아할 만큼 멋있는 것으로 만들 수 없다. 헛걸음이다. 바람을 잡으려는 노력일 뿐이다. 우리는 신앙에 다른 색을 입힐 수 없다. 사실 우리는 어떤 도움도 되지 않는다.

> 절대로 우리는 기독교를 모든 사람이 좋아할 만큼 멋있는 것으로 만들 수 없다.

기독교 신앙을 바꾸어보려는 모든 노력은 악으로 이어진다. 복음을 조정해 사람들의 구미에 맞게끔 더욱 매력적으로 만들려는 모든 시도는 어리석은 일이다. 이것은 대본에서 자유 신학이 맡은 유일한 배역이다. "예수 그리스도의 속죄 사역은 잔혹하니 없애버리자. 지옥은 공격적이니 없애버리자. 기독교를 바꾸는 것으로 우리가 기독교를 구원하자." 하지만 베드로는 고대의 여러 나라에서 온 사람들이 모인 예루살렘이라는 사도행전 2장의 도시적 상황에서 다음과 같이 선언한다. "너희가 그분을 죽였다. 이 우주의 위대하신 유일한 참 하나님을 너희가 십자가에 못 박아 죽였다." 이제 무슨 일이 일어나는가?

> 그들이 이 말을 듣고 마음에 찔려 베드로와 다른 사도들에게 물어 이르되 "형제들아 우리가 어찌할꼬?" 하거늘, 베드로가 이르되 "너희가 회개하여 각각 예수 그리스도의 이름으로 세례를 받고 죄 사함을 받으라. 그리하면 성령의 선물을 받으리니 이 약속은 너희와 너희 자녀와 모든 먼 데 사람, 곧 주 우리 하나님이 얼마든지 부르시는 자들에게 하신 것이라" 하고 또 여러 말로 확증하며 권하여 이르되 "너희가 이 패역한 세대에서 구원을 받으라" 하니 그 말을 받은 사람들은 세례를 받으매 이 날에 신도의 수가 삼천이나 더하더라(37-41절).

사도들이 한 일은 복음을 전한 것뿐이었는데 사람들은 마음에 찔림을 받았다. 사람들은 알기 원했다. "이 소식에 우리가 어떻게 반응해야 하지?" 베드로가 대답한다. "회개하고 세례를 받으라."

무엇이 그들을 구원했는가? 그들의 믿음이다. 어떤 행동이 구원을 가져다준 것이 아니다. 그들은 가난한 자들을 먹이지 않았다. 베드로

완전한
복음

의 설교를 들은 것 외에 매주 교회를 가지도 않았고 설교를 듣지도 않았다. 결국 그들이 한 일은 "하나님은 위대하시고 당신은 죄를 지었지만 그리스도 안에서 하나님과 화목할 수 있다"는 소식을 들은 것뿐이었는데 그것이 마음에 찔려 구원받는 믿음으로 반응한 것이다.

사도행전 2장이 우리에게 알려주는 사실은 우리는 단지 전하기만 하면 된다는 것이다. 마음을 여시는 분은 하나님이시다.[5] 하나님이 생각을 여신다. 그리고 여기에 커다란 자유가 깃들어 있다. 이런 사실이 우리를 우리의 전달이 완벽해야 한다는 부담감에서 얼마나 자유롭게 하는지 알고 있는가? 복음을 절대적으로 완벽하게 전하지 못해도, 창조론을 명쾌하게 변증하지 못해도, 물질주의를 비롯한 다른 이론의 허구성을 밝혀내지 못해도 괜찮다. 그러한 노력들을 하지 말아야 한다는 뜻은 아니다. 다만 사람의 눈과 귀를 여시는 분이 결국에는 하나님이시라는 것이다. 우리의 의무는 말하는 것이다. 그 이상도 그 이하도 아니다.

복음을 듣고 싶어하지 않는 사람들이 있다. 새롭지 않은 이야기다. 창세기로 거슬러 가보아도 이것은 사실이다. 이 메시지를 듣고 싶어하지 않는 사람들은 항상 존재했다. 하지만 누군가는 듣고 구원을 받을 것이다. 관계전도? 좋다. 단, 실제적인 전도가 이루어져야 한다. 친구에게 그리스도인 역시 멋질 수 있다는 사실을 보여주기 위해 함께 맥주를 마시며 그와 어울리는 것이 우리의 소명은 아니다. 결국에는 입을 열어 복음을 전해야 한다. 사람들은 순수한 복음이 전해질 때 반응한다.

우리가 복음을 복음이 아닌 것으로 부풀리거나 조정할 때 복음에 담긴 영적인 능력은 부인된다. 복음의 메시지만이 구원을 위한 하나님의 능력인 것을 의심하면서 우리는 우리 자신의 설득력과 전달력에 의지하여 무언가를 더하거나 빼기 시작한다. 우리는 결국 전도가 미련한 것이라는^{고전 1:21} 하나님의 말씀에 동의하면서 전도가 필요하다는 사실에는 동의하지 않는 것이다. 이것은 중대한 실수다. 가감 없는 복음이 능력의 복음이다. 죄의 용서와 영생의 보증을 위해 그리스도가 자신의 삶과 죽음, 부활을 통해 완성하신 구원의 메시지는 하나님이 볼 수 있는 눈과 들을 수 있는 귀를 주신 이들의 마음속으로 성령에 의해 유도 미사일처럼 날아갈 것이다.

복음에 대한 반응이 복음은 아니다

땅에서 바라보는 관점은 복음의 내용과 복음의 결과를 구분할 수 있도록 도움을 주는데 이 구분은 매우 중요하다. 하늘에서 바라보는 관점은 복음을 그것에 수반되는 것들과 뭉뚱그려 보도록 하는 위험이 있다. 우리는 마땅히 복음을 그리스도라는 정점을 통해 모든 것을 회복하시는 하나님의 역사를 포함하는 것으로 봐야 한다. 하지만 이런 관점에는 말씀을 전하는 것이나 노숙자 쉼터에서 음식을 제공하는 것과 같은 우리의 선한 행위를 하나님의 복음으로 보게 하는 유혹이 따른다.[6] 땅에서 바라본 복음에 집중할 때 우리는 이러한 유혹을 발견하고 경계할 수 있게 된다. 우리는 복음과 반응을 올바르게 구분해야 한다. 그렇지 않으면 이 둘을 절충하게 될 것이다. D. A. 카슨은 이렇게 기록했다.

> 하나님 나라는 말씀의 사역을 통해 성령의 능력으로 확장된다. 이것이 선한 행위의 중요성과 복음의 사회적 함의에 대한 이해를 경감시키는 것은 절대 아니지만 이들은 어디까지나 복음의 수반적 요소다. 전파되는 것은 복음이다.[7]

사도행전 2장을 통해 더 깊이 생각해보자.

> 그들이 사도의 가르침을 받아 서로 교제하고 떡을 떼며 오로지 기도하기를 힘쓰니라. 사람마다 두려워하는데 사도들로 말미암아 기사와 표적이 많이 나타나니 믿는 사람이 다 함께 있어 모든 물건을 서로 통용하고 또 재산과 소유를 팔아 각 사람의 필요를 따라 나눠 주며 날마다 마음을 같이하여 성전에 모이기를 힘쓰고 집에서 떡을 떼며 기쁨과 순전한 마음으로 음식을 먹고 하나님을 찬미하며 또 온 백성에게 칭송을 받으니 주께서 구원 받는 사람을 날마다 더하게 하시니라(행 2:42-47).

이 본문 속에는 사람들로 하여금 "이것이 복음이다"라고 말하도록 부추기는 모든 것이 들어 있다. 우리가 사도행전 2장 42-47절에서 목격하는 것은 그전에 이루어진 선포의 아름다운 결과다. 앞의 목록은 우리에게 복음을 들은 사람들의 반응을 말해준다. 이들은 왜 함께 공동체를 이루어 살기 시작했는가? 복음이 이들을 한 백성으로 만들었기 때문이다. 이들은 왜 자신의 소유를 나누기 시작했는가? 복음이 이들을 하나로 만들었기 때문이다. 이들은 왜 선교했는가? 복음이 이들을 하나님의 백성으로 만들었기 때문이다. 이들은 왜 기적과 표적을 보았는가? 복음이 이들을 그렇게 만들었기 때문이다. 이 모든 것은 복음의 외면적 결과일 뿐이다.

만일 우리가 복음의 메시지 위에 교회의 행위를 더한다면 그것은 복음을 높이는 것이 아니다. 복음은 우리가 없이도 훌륭하다. 복음은 우리가 필요하지 않다. 뿐만 아니라 행위를 내세우는 것은 그리스도를 전하는 것이 아니라 교회를 전하는 것이다. 바울은 기록했다. "우리는 우리를 전파하는 것이 아니라 오직 그리스도 예수의 주 되신 것과 또 예수를 위하여 우리가 너희의 종 된 것을 전파함이라"고후 4:5.

거룩하신 하나님이 그리스도의 삶과 죽음, 부활을 통해 죄인인 당신을 하나님과 화목하게 하셨다는 복음에 대한 믿음이 우리를 의롭게 한다. 이것이 우리의 기초이자 뿌리다. 우리가 사도행전 2장 42-47절에서 읽는 것은 열매다. 이것은 집이 지어지는 과정을 보여줄 뿐 기초를 보여주지는 않는다.

복음을 복음에 대한 반응과 혼동한다면 우리는 복음을 분명하고 인격적으로 만들어주는 땅에서 바라보는 관점에서 멀어질 것이다. 그 다음은 알다시피 복음을 드러내기보다 모호하게 만드는 다른 여러 행위에 집중하게 될 것이다. 마지막 날 우리의 소망은 이 세상의 모든 가난한 사람이 배부른 것이 아니다. 그러한 일이 일어나지는 않을 것이다. 그렇다고 우리가 가난한 사람들을 먹이지도 돕지도 말아야 한다는 뜻은 아니다. 구원이 부른 배나 고등교육 혹은 다른 어떤 것과도 동일하지 않다는 의미다. 지옥에서의 영원을 맞이하기 전에 이 세상에서의 삶을 편안하게 만들어주는 것은 무의미한 일이다.

믿음의 반응

모든 사람이 반역 가운데 모태로부터 나온다. 다윗은 다음과 같이 말했다. "내가 죄악 중에서 출생하였음이여 어머니가 죄 중에서 나를 잉태하였나이다"시 51:5. 다윗은 자신이 산도를 빠져나오기 전부터 '죄인'이었다고 생각한다. 그리스도를 떠난 우리는 어떤 존재인가? 잉태의 순간부터 우리는 원래 어떤 상태였는가? 에베소서 2장 1-3절은 우리가 (1) 죽었고, (2) 세상 풍조를 따르고, (3) 마귀를 숭배하고, (4) 육체의 욕심을 따라 지내며, (5) 진노의 자녀라고 말한다.

이보다 더 나쁜 상태가 있는지는 잘 모르겠다. 그러나 좋은 소식은 예수 그리스도의 복음을 통해 하나님이 일으키시고 구원하시고 몸값을 지불하시며 새롭게 하시고 화목하게 하신다는 것이다. 하나님은 죄인을 구원하신다. 모든 죄인을 구원하시는가? 그렇지는 않지만 구원하신다.

복음이 선포될 때마다 사람들은 반응한다. 믿음으로 반응하지 않으면 이들의 마음은 하나님을 향해 점점 더 굳어질 것이다. 그러나 하나님이 깨뜨리지 못하실 정도의 완악함은 없다. 매일같이 점점 더 굳어져만 가는 마음이 있더라도 그것은 어디까지나 하나님의 긍휼하심이 다이너마이트처럼 그 마음을 깨뜨리기 이전까지다. 우리는 그런 사람들을 빌리지 교회에서 수도 없이 보아왔다. 바울을 사로잡으셨던 주님께서_빌 3:12_ 들어도 듣지 못하고 보아도 보지 못한 채 수년 동안 자리만 지키던 이들을 어느 예배나 성경 공부 시간에 예고 없이 사로잡아주시는 것이다. 그 마음이 굳어지기까지의 모든 과정들은 거듭남의 순간에 하늘로부터 떨어진 불에 증기처럼 사라진다.

복음은 충고나 명령이 아닌 소식이지만 그럼에도 불구하고 반응을 요구한다. 오늘 자신의 삶을 돌아보며 우리가 물어야 할 질문은 이것이다. "나는 예수 그리스도의 복음에 어떻게 반응하고 있는가? 나의 마음이 순종을 향하여 움직이고 있는가 아니면 예수님이 내게 상투적 문구가 되어가고 계신가? 나는 단순히 예수님을 아는 것에 그치고 있는가 아니면 더더욱 그분을 예배하고 다른 사람들에게 전하며

> 나는 단순히 예수님을 아는 것에 그치고 있는가 아니면 더더욱 그분을 예배하고 다른 사람들에게 전하며 나의 삶을 전적으로 그분께 드리고 싶어하는가?

나의 삶을 전적으로 그분께 드리고 싶어하는가?" 우리는 이런 질문들을 숙고해야만 한다. 모든 사람이 복음에 반응하기 때문이다. 또 우리는 우리 자신이 믿음 안에 있는지 시험해야 한다 고후 13:5. 구원이 믿음을 통해 오기 때문이다. 믿음은 복음에 대한 유일한 구원의 반응이다.

성부 하나님이 주시는 모든 선한 선물과 그리스도로부터 오는 모든 부요함, 성령으로부터 오는 모든 축복은 복음에서 흘러나오고 우리는 그것을 믿음으로 받는다.

- 우리는 믿음으로 의를 얻는다 롬 3:22.
- 우리는 믿음으로 의롭다 하심을 얻는다 롬 3:30; 갈 2:16.
- 우리는 믿음으로 선다 롬 11:20.
- 우리는 믿음으로 하나님의 아들이 된다 갈 3:26.
- 믿음으로 그리스도가 우리 마음속에 계신다 엡 3:17.
- 우리는 믿음으로 그리스도와 함께 일으키심을 받는다 골 2:12.
- 우리는 믿음으로 말미암아 약속을 기업으로 받는다 히 6:12.
- 우리는 믿음으로 나라들을 이기기도 하며 의를 행하기도 하며 사자들의 입을 막기도 한다 히 11:33.
- 우리는 믿음으로 보호하심을 받는다 벧전 1:5.

우리는 믿음으로 살고 믿음으로 죽는다. 그 외의 모든 것은 쓰레기다. 심지어 의로운 행위도 믿음으로 한 것이 아니면 자기 의의 행위로서 더러운 옷일 뿐이다. 교회에 가고 성경을 읽고 기도를 하고 선한 행위를 하고 이 책과 같은 신앙서적을 읽는 행위가 살아계신 주님을 믿는 믿음에서 벗어나지 않도록 주의하라. 그렇지 않으면 그 모든 노력의 결과는 가짜 예수를 믿는 믿음과 복음에 대한 단순한 지식일 뿐이다. 전문 용어를 쓰며 그런 척하는 수준에 머물 수 있다. 철저히 경계하라. 당신의 삶과 교리를 주의해서 살펴보라 딤전 4:16. 어떤 사람은 너무 번듯해서 자기 자신마저 속여왔을 수 있다. 하나님께서 당신을 도우시기를!

땅에서 바라본 복음은 우리를 개인으로, 하나님의 피조물 중 으뜸으로, 하나님의 형상을 따라 지어진 사람으로 다룬다. 또한 우리에게 우주를 회복시키시는 하나님의 역사의 선두에 설 소망을 부여한다. 땅에서 바라본 복음은 우리 자신에 대한 이야기를 들려준다. "우리는 반역자다." 그리고 이 반역에 대해 특별한 이야기를 더해준다. "그리스도가 속죄하셨다." 또한 개인적 반응을 요구하는 약속을 제시한다. "네가 만일 네 입으로 예수를 주로 시인하며 또 하나님께서 그를 죽은 자 가운데서 살리신 것을 네 마음에 믿으면 구원을 받으리라" 롬 10:9.

땅에서 바라본 복음은 하나님, 인간, 그리스도, 반응으로 정리할 수 있는 완성된 이야기다. 그러나 성경이 계시하는 복음 이야기는 여기에서 끝이 아니다.

2

하늘에서
바라본
복음

5

창조

나와 아내는 영화를 좋아한다. 늘 그랬다. 영화는 우리의 공동취미 중 하나였고, 내가 운이 좋은 이유는 아내가 로맨틱코미디보다는 장편 서사 영화를 더 선호하기 때문이다. 보고 싶었던 영화를 아내가 먼저 제안하는 경우도 자주 있다. 우리 두 사람의 관계에서 이 부분만큼은 복에 겨울 정도다.

나는 한 장면으로 시작했다가 어떻게 이야기가 그 장면까지 가게 되었는지를 설명하기 위해 이야기의 진짜 시작 부분으로 돌아가는 종류의 영화가 정말 좋다. 한 여자를 품에 안은 채 주저앉아 있는 남자가 등장한다. 여자는 피를 흘리고 모든 사람이 소리를 지르고 있는 가운데 나쁜 놈들을 향해 총을 쏘고 있던 남자는 불현듯 생각한다. '내가 어쩌다 이렇게 된 거지?' 그리고 이어지는 장면은 그 남자가 강아지와 함께 해변을 거니는 모습이다. 관중은 당혹감을 느끼며 생각한다. '무슨 일이 일어난 거야?' 그때부터 영화는 첫 장면까지 가는 서술적 단계를 모두 보여주며 이야기를 다시 쌓아간다. 그제야 우리는 "오! 그렇게 된 거였군"하며 고개를 끄덕인다.

영화와 문학 비평가들은 이와 같이 영화를 시작하는 기법을 '인 메디아스 레스'*in medias res*라고 부른다. 이 말은 '사건의 중심에서'라는 의미의 라틴어다. 전체 이야기에서 시간적으로 나중에 일어난 사건을 시작점으로 삼는 작품들은 '인 메디아스 레스'가 사용된 것이다.

땅에서 바라본 복음은 어떤 의미에서 '인 메디아스 레스'에 해당한다. 하나님, 인간, 그리스도, 반응의 직접적인 복음은 이 이야기의 핵심이자 주요 장면이다. 반면 하늘에서 바라본 복음은 우리로 하여금 성경의 이야기를 (영화적 비유를 살려보자면) 근접 촬영하는 개인적인 시점에서 줌 아웃해 광각렌즈로 바라보게 한다.

땅에서 바라본 복음으로부터 물러나는 것은 참된 복음을 상실하는 것이라고 주장하는 사람들도 있다. 그러나 성경은 구원의 위대한 이야기가 우리에 대한 것이면서 보다 우선적으로는 하나님에 대한 것임을 보여준다. 복음을 땅에만 붙들어두는 것은 전체적 배경을 놓치는 심각한 실수다. 복음의 배경은 우리의 유익이나 우리의 구원이 아니라 그리스도의 최우선성과 하나님의 영광이다. 복음의 이야기는 개인적이지만 동시에 우주적이다. 마틴 로이드 존스는 설교자들을 향해 다음과 같은 조언을 남겼다.

여기에서 우리가 복음의 전체를 나타내야 함을 한 번 더 강조하는 것은 중요합니다. 복음에는 개인적인 측면이 있습니다. 우리는 그것을 다뤄야 하고 그것으로부터 출발해야 합니다. 그러나 거기에서 멈추면 안 됩니다. 복음에는 사회적인 측면이 있고, 실제로 우주적인 측면 또한 있습니다. 우리는 성경에 계시된 대로 구원 계획의 전체를 나타내야 합니다. 우리는

완전한
복음

사도 바울이 에베소서 1장 10절에서 표현한 것처럼 궁극적인 목적이 "하늘에 있는 것이나 땅에 있는 것이 다 그리스도 안에서 통일"되어 영화롭게 되는 것임을 보여주어야 합니다.

우리는 구원이 주관적인 것, 곧 좋은 기분이나 평안처럼 우리가 추구하는 어떤 것이 아니라는 사실을 강조합니다. 그것은 중요하고 일익을 감당하는 일입니다. 그러나 더 중요한 것이 있습니다. 바로 온 우주가 관련되어 있다는 사실입니다. 우리들은 사람들에게 이 개념, 모든 것을 포괄하는 복음의 깊이와 넓이와 크기에 대한 개념을 심어주어야 합니다.[1]

하늘에서 바라본 복음이 여기에서 말하는 복음의 깊이와 넓이와 크기에 대한 개념을 가르쳐준다. 만일 성경이 우리에게 개인적 반응을 요구하는 개인적 죄에 대한 개인적 복음보다 더욱 넓은 배경을 제공한다면 우리는 그것에 신실해야 한다. 성경적 서술의 마지막에서 복음의 주인공은 다음과 같이 말씀하신다. "보라! 내가 만물을 새롭게 하노라"계 21:5. 만일 이것이 사실이라면 우리는 "만물"이라 칭하신 그분의 의도를 진지하게 받아들여야 할 것이다. 로이드 존스가 말했듯이 "온 우주가 관련되어 있다."

이제 로마서 8장 18-23절을 살펴보면서 '인 메디아스 레스'로 시작하는 하늘에서 바라본 복음을 풀어가 보자.

생각하건대 현재의 고난은 장차 우리에게 나타날 영광과 비교할 수 없도다. 피조물이 고대하는 바는 하나님의 아들들이 나타나는 것이니 피조물이 허무한 데 굴복하는 것은 자기 뜻이 아니요 오직 굴복하게 하시는 이로 말미암음이라. 그 바라는 것은 피조물도 썩어짐의 종노릇한 데서 해방되어 하나님의 자녀들의 영광의 자유에 이르는 것이니라. 피조물이 다 이제까지 함께 탄식하며 함께 고통을 겪고 있는 것을 우리가 아느니라. 그뿐 아니라 또한 우리 곧 성령의 처음 익은 열매를 받은 우리까지도 속으로 탄식하여 양자 될 것 곧 우리 몸의 속량을 기다리느니라.

나는 이 본문을 좋아한다. 우리가 알고는 있지만 자주 생각하지 않는 창조에 대한 통찰을 제공하기 때문이다. 우리는 모두 자연계가 잘못되어가고 있다는 사실을 인식하고 있다. 우리는 허리케인과 폭설, 토네이도, 쓰나미, 화산 폭발 등이 매우 좋지 않은 상황으로 이어질 수 있다는 사실을 안다. 심각한 자연 재해를 당할 때 우리는 고통과 절망을 느끼고 이것이 누구의 죄 때문인지 궁금해하지만(보통은 우리 자신을 뺀 동성애자나 자유주의자들 때문으로 결론이 난다) 홍수나 동물들의 난폭성과 같은 자연적 현상을 타락, 더욱이 우리 자신의 타락과는 잘 연결시키지 않는다. 캘리포니아에 흔한 지진이 발생할 때 '나의 죄 때문이야'라고 생각하는 사람은 거의 없을 것이다. 하지만 로마서 8장에서 바울은 피조물이 고대한다고, 즉 무언가를 바라고 갈망한다고 말한다. 그는 피조물이 허무한 데 굴복한다고 했는데 그것은 피조물이 원래의 자리를 벗어나 지금의 자리로 떨어져 내려왔다는 의미다.

완전한
복음

로마서 8장에서 피조물은 탄식한다. 출산의 고통 가운데에 있다(개역개정 성경에서는 생략되었지만 영어 성경에는 22절에 드러나 있음—역자 주). 나는 출산의 고통을 간접적으로만 안다. 분만실에서 그 고통을 지켜보았다. 내가 기억하는 것은 단지 이전까지 자신의 몸으로부터 생명이 태어나는 것을 경험할 수 있다는 사실에 감격했던 아내가 병원으로 가는 길에 경막외마취제를 요구했다는 사실이다. 이 경험으로부터 내가 추론하게 된 바는 만일 출산의 고통이 내 아내의 '나는 출산이 좋아'라는 낭만적 생각을 순식간에 '나는 이것을 더 이상 느끼고 싶지 않아'로 뒤바꿀 수 있을 정도로 심각한 것이라면 그 정도가 매우 대단한 것이라는 사실이다. 또한 아내는 매우 부드러운 사람이지만 첫 아이를 출산할 때에는 나에게 눈앞에서 사라져달라고 했다. 내가 분만실에 있어본바 그것은 아주 무서운 경험이었으므로 출산에 매우 큰 고통이 따른다고 결론짓는 데에는 별 문제가 없을 듯싶다.

이와 같은 모든 특징들이 피조세계의 형편, 지구의 상황, 우주의 상태를 보여주고 있다. 이 세상은 원래의 상태를 고대하며 함께 신음한다. 물론 세상은 지각력이 없다. 그리스도인은 우주가 신적 본질이나 인격을 갖는다는 식의 범신론을 믿지 않는다. 그러나 만화 영화 〈포카혼타스〉(마이크 가브리엘·에릭 골드버그 감독, 1995)에 나오는 나무할머니 같지는 않더라도 바울이 로마서 8장에서 사용한 은유는 산과 나무가 손뼉을 치고 사 55:12 돌들이 소리를 지르며 눅 19:40 하늘이 선포하는 시 19:1 성경적 흐름을 그대로 따르고 있다. 자연의 질서는 세상에 들어온 죄에 반응을 보인다. 세상은 느낀다.

이 세계는 '사건의 중심에' 있다. 우리는 혼돈 가운데 있고 총알이 날아다니고 폭력이 난무하고 자연 재해를 당하고 죽음과 질병을 경험한다. 카메라가 피조세계에 초점을 맞추면 피조세계는 생각한다. '오! 어쩌다 우리는 여기에 오게 된 거지?'

태초에

우리의 이야기는 창세기 1장으로 되돌아간다. 원래의 상태가 어떠했는지 살펴보자. 성경의 첫 절은 다음과 같이 선언한다. "태초에 하나님이 천지를 창조하시니라." 잠시 일시정지 버튼을 눌러보자.

성경은 분명히 태초에는 아무것도 존재하지 않았으며 지금 우리가 가진 모든 것은 하나님에 의해 창조되었다고 선언한다. 하나님을 벗어나 존재하는 모든 것은 하나님에 의해 존재하게 된 것이다. 이러한 사실에 불만을 품는 사람들을 염두에 두면 이것은 확실히 하지 않아도 될 정도로 명백하지는 않다. 그들은 과학의 발전을 감안하여 절대로 "태초에 하나님이 천지를 창조"하셨을 리가 없다고 말한다. 회의론자들은 과학이 24시간 7일의 문자적 창조설의 허구성을 증명했다고 주장한다.

솔직히 말해 과학에 관한 한 나는 불가지론자다. 과학자들은 자신의 생각을 너무 자주 바꾼다. 과학자들의 이론은 그들이 말하는 동물들보다 더 빨리 진화한다. 어떤 음식과 음료가 건강에 해로운지에 대한 연구 결과가 계속 뒤집혀왔다는 사실을 여러분도 잘 알고 있을 것이다. 어떤 사람은 카페인이 심장에 나쁘다고 하고 어떤 사람은 좋다고 한다. 화학자 조 슈워츠는 비타민 E의 유익과 위험에 대해 시시각각 변해온 연구 결과들의 갈등에 대해 논한 후, 계속해서 진화하는 과학의 발견과 그 오류에 대해 다음과 같이 말했다.

> 이후의 연구가 무엇을 보여줄지 누구도 확신할 수 없다. 그러나 한 가지만은 확신할 수 있다. 20년이 지나서도 만일 내가 이것에 대해 이야기하고 있다면 나는 분명 지금과는 다른 내용을 이야기하고 있을 것이다. 이것이 과학의 작업 방식이다.[2]

그래도 그것 자체로는 과학 분야에서 문제가 되지 않는다. 과학자들은 새로운 무언가를 발견하고 싶어한다. 과학자라는 직업이 있는 것도 연구를 개선하고 가설을 변경하도록 도와줄 새로운 자료들이 계속해서 생겨나기 때문이다. 새로 모은 자료들이 기존의 자료가 지지해온 가설에 반대되는 경우를 생각해보라.

케빈 던바는 과학자들을 연구하는 과학자다. 1990년대에 그는 스탠퍼드 대학의 화학 연구실 네 곳을 관찰·연구하기 시작했다. 그의 연구 결과는 과학의 추구에 내재된 좌절감을 잘 보여준다. 다음은 잡지 「와이어드」의 글이다.

던바는 회의실에 녹음기를 가지고 들어갔고 복도에서 어슬렁거리기도 하며 연구 지원금 신청서와 보고서의 초안을 읽었다. 노트를 엿보았고 연구 회의에 참석했고 수많은 인터뷰를 녹화했다. 그는 자료를 분석하며 4년을 보냈다. 던바는 말했다. "저는 제 자신이 무슨 일에 뛰어드는 건지 잘 몰랐던 것 같습니다. 저는 모든 자료를 빠짐없이 검토할 수 있기를 원했고 그렇게 할 수 있었습니다. 하지만 놓치지 말고 따라잡아야 할 내용이 너무나도 많았습니다."

던바는 조직 내 연구를 통해 과학이 매우 실망스러운 학문이라는 유쾌하지 않은 통찰을 얻게 되었다. 대부분의 경우 연구가들은 안정적인 기술을 사용했지만 자료의 50퍼센트 이상이 이들의 예상을 벗어났다. (어떤 연구실의 경우 이 수치는 75퍼센트를 넘어섰다.) 던바는 말했다. "과학자들은 앞으로 일어나야 할 결과에 대해 정교한 이론을 세웁니다. 하지만 결과는 그들의 이론과 지속적으로 어긋납니다. 한 프로젝트를 위해 한 달의 시간을 사용하고도 말이 되지 않는 자료 때문에 그간의 모든 자료를 내버려야 하는 일도 예사였습니다." 과학자들이 나타날 거라고 기대한 특정 단백질이 나타나지 않았을 수 있다. 아니면 이들의 DNA 견본이 이상 유전자를 가졌을 수도 있다. 자세한 이유는 늘 변했다. 하지만 매번 똑같은 이야기다. 과학자들은 X를 기대했는데 Y가 나타나는 것이다.

던바는 이와 같은 통계 자료에 매료되었다. 과학은 정교한 가설과 통제 변인으로 가득한 진리를 향한 질서정연한 추구여야 한다. (20세기 과학 철학자 토마스 쿤은 표준 과학을 "전문가만이 알 수 있는 세부 사항을 제외한 모든 결과를 미리 보여주는" 연구의 일종으로 정의한 바 있다.) 하지만 과학자들을 인터뷰하며 가까이에서 실험을 관찰했을 때 정말 사소한 세부 사항과 관련해서도 과학에 대한 그와 같은 이상적 설명은 무너져 내렸고 끝도 없이 이어지는 실망스럽고 놀라운 사실들이 그 자리를 대신 메웠다. 들어맞지 않는 연구 방법과 반복실험에서 틀려지는 결과들, 예외로 가득한 간단한 연구들이 그 예다. 던바는 말한다. "이들은 엉성한 사람들이 아닙니다. 세계에서 손꼽히는 훌륭한 실험실에서 일하는 사람들입니다. 하지만 실험은 우리가 기대한 바를 말해주는 경우가 거의 없었습니다. 그것이 바로 과학이 숨기고 싶어하는 비밀입니다."[3]

효능이 나타나지 않는 특정 의약품의 신비한 현상에 대한 오랜 연구는 과학자들로 하여금 우리가 초등학교에서부터 가르치고 있는 과학적 방법 자체에 대해 의심을 품게 만들었다. 과학적 방법은 우리가 결론을 내릴 수 있도록 도와주는 하나의 의도된 체계다. 하지만 앞의 기사를 쓴 조나 레러는 그런 결론은 얻기가 힘들다는 내용으로 「뉴요커」에 다음과 같은 글을 게재했다.

많은 과학자에게 효능이 특별한 문제가 되고 있다. 효능의 문제는 과학적 방법의 이면을 드러내기 때문이다. 물러터진 가짜 과학과 엄격한 진짜 과학을 구분하는 것이 반복실험이라면 더 이상 반복할 수 없을 정도로 엄격하게 확증된 이 모든 자료에 대해서는 어떻게 생각해야 할까? 어떤 결과를 믿어야 할까? 초기 근대주의 철학자이자 과학적 방법의 선구자인 프랜시스 베이컨은 실험을 필수적인 것으로 선언했는데 그 이유는 실험을 통해 우리가 "자연에 질문을 던질 수" 있기 때문이었다. 그러나 자연은 우리에게 때때로 다른 대답을 안겨준다는 것이 드러나고 있다.[4]

과학의 문제이자 재미는 고려해야 할 새로운 사항이 늘 있다는 것이다. 그래서 과학자들은 계속 새로운 이론을 만들거나 적어도 이전의 이론에 대한 새로운 관점과 변형을 염두에 두어야 한다. 근본적인 문제는 과학 실험이 관찰을 바탕으로 하기에 〈백 투 더 퓨처〉(로버트 저메키스 감독, 1987)의 에멧 브라운 박사가 시간 여행을 위한 유랑축전기를 발명하기 전까지는 어떤 과학자도 이 세상의 탄생을 관찰할 수 없다는 데 있다. 과학자들은 다만 관점에 따라 일만 년에서 백억 년이 될 수 있는 시간 동안 흩어진 자료를 모아 가설에 가설에 또 다른 가설을 세워야 한다. 그리고 또다시 가설을 세워야 한다.

더욱이 이와 같은 과학적 추구의 객관성은 거대한 하나의 신화다. 이것은 단순히 근대적·자연주의적 성향에 대한 불신의 문제가 아니다. 오히려 인간이 스스로 어떻게 생각을 결정해가는지를 보여주는 근본적 문제다. 칼 포퍼는 이렇게 설명했다.

과학은…그 방식을 신뢰하는 사람들이 믿는 대로 관찰이나 '자료의 수집'에서 시작하지 않는다. 우리가 자료를 모으려고 하기 전에 어떤 종류

완전한
복음

의 자료에 대한 관심이 먼저 생긴다. 언제나 문제가 먼저 나타난다.[5]

포퍼가 의미하는 바는 자료가 먼지 진드기처럼 공중에 아무렇게나 날아다니는데 과학자들이 아무런 의도나 사심 없이 그러한 자료들을 모아서 이해하려고 애쓰는 것이 아니라는 것이다. 과학자들은 이미 마음속에 어떤 생각이나 해결하고 싶은 문제, 세우고 싶은 이론을 가지고 있는 상태에서 특정 목적을 위해 자료를 모으기 시작한다. 기본적으로 과학은 끊임없는 주장과 수정의 상태다. 그 상태를 염두에 두면 신뢰에 대

> 신뢰에 대한 과학의 요구는 하나님의
> 요구만큼이나 믿음을 필요로 하는 것이다.

한 과학의 요구는 하나님의 요구만큼이나 믿음을 필요로 하는 것이다. 칼 헨리는 다음과 같이 결론을 내린다.

경험 과학에는 기독교에 대해 어떠한 이의를 제기할 만한 확실한 근거가 없다. 그 이유는 과학적·역사적 관심이 계시나 신앙과 무관하기 때문이 아니라 과학자들이 이런—과학자들이 확정한 모든 법칙에는 예외적 가능성이 있으며 그 법칙 자체도 경험적 취약성을 갖고 있다는—사실을 인정해야 하기 때문이다.[6]

과학은 늘 변한다. 하지만 우리 하나님은 회전하는 그림자도 없으신 분이다약 1:17. 그분의 영원한 선포는 경험적 관찰이라는 떠내려가

는 모래보다 견고하다. 이것은 성경이 과학을 제거한다기보다 포함한다는 뜻이다.

과학자들은 악성 뇌종양을 앓는 대부분의 환자가 진단을 받은 후 2-3년밖에 살지 못한다고 말한다. 이들의 말이 옳을 수도 있다. 하지만 이들의 말은 치유를 주장하시는 창조주 하나님을 감안하지 않는다. 관측 가능한 모든 자료를 창조하신 하나님께는 없는 심각한 한계가 과학에는 있다. 따라서 내가 오늘날 과학자들이 말하는 바를 믿기 어렵다고 한대도 실례가 되지 않을 것이다. 나는 이들이 내일은 뭐라고 말할지 매우 염려스럽다. 그리고 근본적으로 나는 하나님이 어제 말씀하신 것을 철저하게 신뢰한다.

예수님을 똑같이 사랑하고 그분의 말씀을 높이기 원하는, 복음을 믿는 경건한 신자들 중 지구의 탄생에 대한 견해가 서로 다른 경우가 있다. 젊은지구 창조론자와 오랜지구 창조론자는 창세기 1장에 등장하는 날의 의미를 서로 다르게 해석한다. 하지만 하나님이 눈에 보이는 모든 것을—그리고 그것을 볼 수 있는 우리의 눈을—무로부터 창조하시기 전에는 아무것도 보이지 않았다는 사실에는 모두 동의한다. 어떤 그리스도인들은 하나님이 말씀으로 태양계를 창조하셨다고 하고 어떤 그리스도인들은 하나님이 말씀으로 빅뱅을 일으키셨고 그것이 태양계의 형성으로 이어졌다고 말한다. 견해와 정도의 차이는 있지만 각각의 이론을 믿는 사람들 모두는 성경을 진지하게 받아들이면서 태초에 하나님 외에는 아무것도 존재하지 않았다는 사실과 존재하는 모든 것이 하나님의 창조적 능력에 의해 존재하게 되었다는 사실만은 놓치지 않고 있다.

굳이 나를 분류해야 한다면 나는 '역사적 창조론자'에 가까울 것이다. 존 세일해머John Sailhamer와 같은―『해방된 창세기』Genesis Unbound처럼 훌륭한 책을 쓰는―학자들의 연구 결과를 좇아 역사적 창조론은 창세기 1장 1절의 '태초에'라는 말이 히브리어 레쉬트를 포함한다는 사실에 주목한다. 이 단어는 확정된 기간으로서의 시간보다는 알 수 없는 기간으로서의 시간의 시작을 가리키는 말이다. 따라서 세일해머의 역사적 창조론은 "태초에 하나님이 천지를 창조하시니라"가 그 다음으로 이어진 칠 일이 시작되기 이전의 시간을 가리킨다고 본다.

'태초에'와 같은 히브리어가 욥의 초기 인생을 묘사하는 데 사용되었다욥 8:7. 이것이 가리키는 것은 분명 욥의 생애 첫날이 아니라 자세히 기록되지 않은 욥의 인생 초기 전부일 것이다. 창세기 10장 10절에서도 같은 단어 레쉬트가 사용되어 니므롯 왕의 초기 통치기간을 묘사하고 있다. 마찬가지로 단 하루의 날이 아니라 초기의 기간이다. 시드기야의 통치가 시작된 것을 묘사하기 위해 예레미야 28장 1절에서도 같은 단어가 사용된다. 따라서 세일해머는 성경이 레쉬트라는 히브리어를 사용할 때 많은 경우 확정짓기 어려운 기간으로서의 시간을 지칭한다고 주장한다. 역사적 창조론의 주장에 따르면 창세기는 하나님이 전 우주를 이레 동안 창조하셨다고 이야기하지 않는다. 따라서 모세가 창세기 1장에서 '태초에'라고 기록한 것은 '하나님이 이 모두를 하루에 창조하셨다'라는 의미가 아니다.

그러나 역사적 창조론자들은 1절과 2절 이후로는 24시간으로 이뤄진 문자적인 날이 등장하며 하나님이 혼돈하고 공허하여 사람이 살 수 없던 땅의 일부를 다듬으셔서 아담과 하와를 위한 동산을 준비하신 후 이들에게 문화적 위임을 부여하셨다고 굳게 믿는다. "가서 남은 세상을 이와 같이 만들어라. 너희는 많은 도움이 필요할 것이다. 자녀를 많이 낳아라." 역사적 창조론은 창세기의 창조 기사에 대해 그리스도인들이 느끼는 긴장을 상당 부분 완화시켜준다.

『신의 언어』The Language of God(김영사 역간, 2009)의 저자이자 인간 게놈프로젝트의 최고 설계자인 프랜시스 콜린스Francis S. Collins와 바이오로고스 포럼BioLogos Forum의 동료들은 창세기를 역사적 서술보다는 시적 서술로 읽어야 한다고 주장한다. 창세기가 역사적 산문이 아니라는 것이다. 그들은 성경이 문자적literal인 것이 아니라 문자적스럽다literalistic라고 말한다. 바이오로고스는 그리스도인들이 진화론을 기꺼이 받아들여야 한다고 믿고 있으며 그것이 우리의 기독교 신앙에 아무런 도전도 되지 않을 것이라고 주장한다.

이러한 접근에는 몇 가지 문제가 있는데 그중 가장 근본적인 문제는 이것이 성경적이지 않을뿐더러 과학적이지도 않다는 것이다. 진화는 상승과 진보를 의미하기 때문에 만일 우리가 진화하고 있다면 타락은 설명이 불가능하다. 타락은 말 그대로 떨어짐이다. 가장 간단하게 말하자면 대진화는 모든 것이 위가 아닌 아래로 움직인다는 열역

완전한
복음

학 제2법칙을 위반한다. 열역학 제2법칙은 창조를 진화적 진보가 아닌 무질서와 퇴행으로 연결시킨다.

진화의 개념은 열역학 제1법칙 역시 위반한다. 진화를 위해서는 에너지가 이 세계로 도입되어야만 하는데 제1법칙은 그것이 불가능하다고 말하기 때문이다. 이 에너지 보존의 법칙에 의하면 에너지는 창조되거나 소멸될 수 없다. 다만 형태의 전환이 있을 뿐이다. 간단히 말해 제1법칙에 의하면 자연 세계에서는 무엇도 무로부터 나올 수가 없다. 따라서 에너지가 존재하기 위해서는, 즉 대진화의 발생에 꼭 필요한 에너지가 존재하기 위해서는 열역학 제1법칙이 그 과정 속에서 여러 차례 자연적으로 위반되어야 한다. 제1법칙은 인간이 시간을 두고 종에서 종으로 임의적인 발달을 이루었다기보다는 창조주가 인간을 무로부터 임의적으로 창조했다고 알려준다. 오직 하나님만이 무로부터 무언가를 창조할 수 있다. 더글러스 켈리는 다음과 같이 기록했다.

두 개의 열역학 법칙은 근원적으로 모든 것을 존재로 이끌어내기 위해서는 현재 존재하고 이미 알려져 있는 과정 외의 어떤 힘이 필요함을 이야기한다. 공간과 시간, 에너지, 물질의 거대한 복합체 외부에, 그 이상에 있는 무엇이 시작을 위해 요구된다. 그리고 그 무엇은 그 거대한 복합체와 관련되지 않고 그것으로부터 자유로운 것이어야 한다. (절대를 뜻하는 'absolute'의 라틴어 어근은 '해방된' 혹은 '자유로운'을 뜻하는 *solutus*와

'-로부터'를 뜻하는 *ab*이다.) 즉 열역학 법칙들에 의하면 절대적 창조는 불가피하다.[7]

배후에 있는 최고 과학자들의 모든 권위에도 진화의 전제는 시계를 길가에서 발견하고 그 시계의 모든 부품과 부속, 설계가 시계공의 손이 아니라 자연적 과정을 통해 나타났다고 추정하는 것에 불과하다. 유신론적 진화론자 역시 그렇게 믿어야만 하는데 이들은 하나님이 시작하신 진화를 자연 과정이 그대로 이어받았다고 주장한다. 이들은 과학의 은혜 안에 머물기 위해 이러한 사실을 믿으려고 한다. 하지만 진화론은 무언가 말이 되지 않는다. 간단한 예로 혈액응고에 대해 생각해보자. 이 현상은 절대 진화로 나타날 수 없다. 왜냐하면 진화 사슬에서 혈액응고가 나타나기 이전의 생물은 과다출혈로 인해 죽었을 것이기 때문이다. 원시 동물은 상처를 이기고 살 수 있는 능력을 진화시킬 기회를 얻지 못했을 것이다.

교회 역사를 보면 창세기 1장에 대한 최선의 해석을 위해 다양한 견해들이[8]—때로는 견해의 완전 부재가—있어왔고 당신의 견해가 역사적 창조론이든 젊은지구 창조론이든 간격론이든 날·연대 이론이든 문예구조 이론이든 그 무엇이든 간에 창세기 1장의 분명한 계시는 인류의 진화에 대해 여지를 남기지 않는다. 우리를 호모 사피엔스가 진화한 것으로 설명하는 것은 신학적으로도 논리적으로도 말이 되지 않는다. 많은 과학자들에 따르면 이것은 과학적으로도 이치에 맞지 않

**완전한
복음**

는데 그러한 의견을 뒷받침하는 내용을 구체적으로 언급하는 것이 이 책의 범주는 아니다.[9] 하나님은 자신이 태초에 하신 일을 우리에게 말씀하셨다. 만일 우리가 창조론을 신실하게 견지하기 원한다면 경험적 자료가 아닌 계시에서 시작해야 할 것이다.

필립 존슨은 창조에 대한 신약의 기록이 구약의 기록보다 더 진화 논쟁과 관련되어 있다고 주장한다.

> 우리가 시작해야 할 곳은 창세기가 아니다. 오히려 요한복음의 첫 부분이다.
>
> > 태초에 말씀이 계시니라. 이 말씀이 하나님과 함께 계셨으니 이 말씀은 곧 하나님이시니라. 그가 태초에 하나님과 함께 계셨고 만물이 그로 말미암아 지은 바 되었으니 지은 것이 하나도 그가 없이는 된 것이 없느니라(요 1:1-3).
>
> 이 단순한 문장은 이것에 상응하는 과학적 물질주의의 시작점과 정면으로 대치하는 근본적 선언이다. 헬라어 로고스를 사용함으로써 이 본문은 태초에 지능과 지혜, 소통이 존재했음을 선언한다. 게다가 여기에서 '말씀'은 어떤 사물이나 개념이 아닌 인격적 존재다.[10]

이것이 왜 진화 논쟁에서 중요할까? 존슨이 기록했듯 "만일 실재의 근원에 인격적 존재가 있다면…지식을 추구하는 다른 길이 있기"
때문이다.[11] 이와 같은 사실은 하나님의 기록된 말씀을 높이기 원하는
그리스도인들에게 지구의 나이와 관련해 상당한 유연성을 선사한다.
그러나 이는 인류가 진화했다는 이론과는 대척점에 있는 주장이다.
왜 그럴까? 요한복음 1장 1-3절은 창조에 인격적 근원이 있다고 말하
는데 우리가 그 근원을 찾아 창세기 1장의 '태초에'로까지 거슬러 올
라가 보면 하나님이 사람을 원생액에서 종과 종으로 이어지는 수십억
년의 시간을 통해서 창조하신 것이 아니라 흙에게 말씀하심으로 단
하루에 창조하셨기 때문이다.

더욱이 삼위 하나님은 자신의 형상대로 사람을 지으셨다고 말씀
하신다. 인간 창조는 전적으로 인격적이고 실제로 즉각적인 것이었
다. 과학 이론을 초월하는 하나님의 선포가 이러한 견해를 요구한다.
기독교 신학과 사역의 일체성 또한 이러한 견해를 요구한다. 우리는
기록된 말씀을 통한 하나님의 계시와 성육신, 부활, 성령의 내주하심,
보편적인 기적을 믿고 이것은 우리가 자연주의자에 앞서 초자연주의
자임을 말해준다. 우리가
과학을 받아들여야만 한다
고 느끼는 유일한 이유는

우리는 성경이 과학에 대해 별다른 관심을
갖지 않는다는 사실을 인정해야 한다.

과학이 우리에게 그렇게 말하기 때문이다. 하지만 과학이 계시를 받
아들여야 한다. 계시가 훨씬 더 오래전부터 있었다.

또한 우리는 성경이 과학에 대해 별다른 관심을 갖지 않는다는 사

실을 인정해야 한다. 나의 절친한 친구 마크 드리스콜은 다음과 같이 표현했다.

> 결국 우리는 성경이 지구의 나이를 분명히 언급하지 않는다는 사실을 인정해야 한다. 지구는 오래되었을 수도 있고 젊을 수도 있다. 젊은지구론이나 오랜지구론이나 모두 성경이 분명히 언급하지 않는 사항을 성경으로부터 추론한 것이다. 더불어 인정해야 할 사실은 지구의 나이가 성경의 커다란 관심사가 아니라는 것이다. 아우구스티누스의 말대로 성경은 시시각각 변화하는 과학의 질문들에 답하기 위한 과학적 교과서가 아니라 하나님과 하나님이 우리를 구원하시는 수단을 계시하기 위한 신학적 교과서다.[12]

태초에 우리는 하나님의 선언으로 시작했다. 하나님의 관심은 설명보다는 선언에 있다. 창조 문제에 있어 성경은 역사적이고 계시적이다. 성경은 어떻게보다는 어떤 일이 왜 일어났는지에 더욱 관심을 갖는다. 하나님의 말씀은 이 세상이 어디로부터 왔는지(하나님의 창조 능력으로부터)와 왜 존재하는지(그분의 영광을 나타내기 위해)에 대해 하나님이 원하시는 만큼만 분명하다. 그리고 세상이 생겨난 방법은 "하나님이 이르시되"라는 말씀에 집약된다.

그런데 역사적 창조론의 견해는 성경적·역사적으로 충실하면서도 과학 수용의 여지를 적절하게 남긴다. 창세기 1장 1절은 "태초에"라고 기록한다. 이 시작이 얼마나 긴 시간이었는지 우리는 알 수 없다. 수십억 년이었을까? 그럴 수도 있다. 우리가 아는 것은 하나님이 아담과 하와를 위해 땅의 한 부분을 다듬고 빚으시면서 이레를 보내셨다는 사실이다.

하나님이 존재하는 모든 것을 창조하셨다. 게다가 창세기 1장 10, 12, 18, 21, 25, 31절에는 "좋았더라"라는 반복구가 등장한다. 맨 처음 장면, 곧 총탄과 피, 죽음, 질병, 고통, 상처, 갈망, 허무한 것에 대한 굴복이 기록되었던 로마서 8장을 잊지 말자. 그 이전에 우리는 "좋았더라"라는 반복구와 함께 기쁨이 넘치는 땅에 있었다.

로렌과 내가 우리 아이들에게 심어주고자 노력하는—내가 늘 열중하고자 애쓰는—것 중 하나는 하나님의 창조가 선하다는 교리다. 일찍이 나는 딸아이가 좋아하는 것들과 창조주 하나님의 선하심을 연결시키고 싶었다. 나는 이렇게 말하곤 했다. "핑크를 생각해내신 분은 하나님이시란다." 태초부터 핑크색이 있었던 것은 아니다. 그러나 하나님이 그 색을 생각해내셨다. 딸아이는 핑크로 된 모든 것을 좋아한다.

"아빠, 핑크는 어디에서 왔어?"

"하나님이 생각해내셨지. 멋지지 않니?"

나는 음식을 먹을 때에도 하나님이 그 음식의 맛을 창조하셨다는 사실을 생각하고 싶다. 영화 〈매트릭스〉(앤디 워쇼스키, 라나 워쇼스키 감독, 1999)를 보면 가상현실에서 깨어난 네오가 죽 같은 음식을 먹는 장면이 나온다. 그 걸쭉한 음식을 먹으면서 영화 속 인물들은 다음과 같이 묻는다. "컴퓨터가 닭고기의 맛을 어떻게 알았을까? 만일 컴퓨터가 틀렸으면 어쩌지? 원래는 닭고기의 맛이 쇠고기의 맛이고 쇠고기의 맛이 닭고기의 맛이라면?" 결국, 이것은 하나님이 결정하신 바다. "이것에서는 이런 맛이 난다. 그리고 이것을 저것과 섞으면 그 맛이 난다. 그런 맛이 아닌 모든 것은 통닭 맛이 난다."

하나님이 모든 맛을 만드셨고 모든 색을 만드셨다. 그분이 모든 것을 창조하셨고 그 창조는 그분의 완전하심으로부터 흘러나왔다. 하나님은 이렇게 생각하신 것이 아니다. "오, 이것이 파히타(야채와 고기를 토르티야에 싸서 먹는 멕시코 요리-편집자 주) 맛이지. 그래, 이 맛을 소고기와 닭고기에 한번 넣어봐야겠다." 하나님은 아보카도는 아보카도의 맛이 나도록 만드셨다. 치마살과 등심, 안심이 그 특유의 맛을 내도록 만드셨다. 하나님이 그렇게 하신 것이다. 거대한 은하계로부터 음식과 음료, 조미료에 담긴 맛의 미세한 터짐까지 피조세계의 모든 양상이 하나님의 선하심을 내뿜는다. 모든 것이 "태초에 하나님이 나를 만드셨답니다"라고 선언한다.

탁월한 하나님의 영광

만물의 다양함과 놀라움을 통해 창조가 무엇인지를 살피고 이것이 어떻게 나타나게 되었는지를 생각하면서 우리가 잊지 말아야 할 사실이 있다. 우주의 모든 복잡함과 아름다움이 그 자체에 머물지 않고 우리를 그것의 근원인 창조주께로 이끈다는 것이다. 우리는 창조가 무엇인지를 살펴보았고 어떻게의 문제 역시 조금 다루었지만 왜라는 문제가 여전히 남아 있다.

하나님이 모든 것을 창조하셨고 그분의 창조는 선했다. 그러나 하나님의 선한 창조는 그 자체가 목적이 아니라 우리로 하여금 하나님을 예배하도록 하기 위한 목적으로 주어졌다. 다른 말로 하면 당신과 내가 음식을 한입 베어 물 때 그 음식이 우리 안에서 예배를 불러일으켜야 한다는 뜻이다. 이것은 물론 음식에 대한 예배가 아니라 음식을 만드신 창조주에 대한 예배다. 우리 자녀가 우리를 안을 때 느껴지는 따뜻함은 우리 안에서 예배를 일으켜야 한다. 우리 얼굴을 내리쬐는 따뜻한 햇볕은 우리를 예배로 인도해야 한다. 풀 내음 역시 예배로 이끌어야 한다. 이것에는 한도 끝도 없다. 창조의 선은 그 자체를 선언하기 위해서가 아니라 하늘을 가리키는 표지판 역할을 하기 위해 만들어졌다. 바울이 "그런즉 너희가 먹든지 마시든지 무엇을 하든지 다 하나님의 영광을 위하여 하라"고전 10:31고 말한 것은 이 때문이다. 그는 우리가 하는 모든 것이 하나님의 영광을 위한 것일 수 있다는 가정 하에 그렇게 말했다.

우리가 예배하지 않는 순간은 단 한 순간도 없다. 당신과 내가 예배를 위하여 창조되었다는 증거는 쉽게 찾을 수 있다. 예배는 우리가 가장 간절히 원하는 것이다. 우리 문화에서 이제는 규범이 되어버린

스포츠 광신주의에서부터 연예계, 온갖 종류들의 관음증까지 우리가 우리 자신 너머의 무언가를 찾고 경탄하고 갈망하고 열정적으로 좋아하고 애틋하게 사랑하도록 창조되었다는 증거는 얼마든지 찾을 수 있다. 우리의 생각과 우리의 갈망, 우리의 행동은 언제나 무언가를 중심으로 돌아간다. 이것은 우리가 언제나 무언가를 예배한다는, 즉 무언가에 가치를 부여한다는 뜻이다. 그 대상이 하나님이 아니라면 우리는 우상을 숭배한다. 여하튼 우리 마음속에 있는 예배의 스위치를 끄는 것은 불가능하다. 팀 켈러는 다음과 같이 기록했다.

당신의 삶의 의미가 다른 사람의 삶을 교정하는 것에 있을 경우 그것을 '상호의존'이라고 부를 수도 있겠지만 실제로는 우상숭배에 불과하다. 우상은 당신이 바라보고 마음 가장 깊은 곳으로부터 다음과 같이 말하는 대상이다. "저것만 있다면 나는 내 삶이 의미 있다고, 내가 가치 있다고, 내가 중요하고 안전하다고 느낄 것이다." 이러한 관계를 묘사하기 위한 표현들이 많겠지만 가장 정확한 표현은 예배일 것이다.[13]

우리가 우리의 마음 가장 깊은 곳으로부터 무언가를 지향할 때, 우리는 바로 그것을 예배하고 있는 것이다. 성경의 목적은 우리의 예배를 바로잡아 온 우주의 유일하신 참 하나님께로 향하게 하는 것이다. 우주가 창조된 것은 우리 예배를 점령하기 위함이 아니라 우리의 마음 가장 깊은 곳을 움직여 하나님을 바라보도록 하기 위함이다. 하늘은 자신의 영광을 선포하지 않고 하나님의 영광을 선포한다.

창조세계는 우리로 하여금 우리 자신 너머의 무엇을 보고 그것에 경탄하게 한다. 모든 창조세계가 우리에게 주어진 것은 우리로 하여금 모든 것을 만드시되 선하게 만드신 놀라우신 하나님을 바라보도록 하기 위해서다. 칼뱅은 다음과 같이 기록했다.

> 주께서 우주 만물의 창조세계 속에서 그의 영광의 표지를 드러내 보이셨으므로 언제든, 어디서든 우리의 시선이 가는 곳마다 그것들을 보게 된다.…그의 권능과 지혜의 영광은 위에서 더 밝게 빛나므로, 하늘을 가리켜 그의 궁궐이라 부르기도 한다. 그러나…어느 곳을 바라보든지 하나님의 영광의 작은 불꽃이라도 눈에 띄기 마련이다. 그렇지 않은 곳은 이 세상에 단 한 곳도 없다.[14]

이런 사실이 우리에게 부여하는 책임은 우리 자신이나 창조세계를 위해서가 아니라 하나님의 영광을 위해서 이 창조세계를 잘 다스려야 한다는 것이다. 하나님이 자신의 창조를 선하다고 선언하셨기 때문에 우리에게는 이 창조세계를 잘 돌볼 책임이 있다. 단, 우리는 창조세계의 종이 아닌 하나님의 종으로서 이 일을 감당해야 한다. 따라서 우리가 '기독교 환경운동'이라 부르는 것은 하나님의 선한 선물을 맡은 책임감 있는 청지기들인 우리에게 타당한 측면이 있다. 반면 창조세계를 향한 예배는 받아들일 수 없다. 그것이 식물이든 동물이든 자연 세계를 인간보다 더 높은 가치에 두는 사람이 있다면 그는 우상을 숭배하는 사람이다. 그것을 '신', '여신' 혹은 다른 어떤 이름으로 부르든지 간에 예배의 대상을 창조세계 안에서 찾는 행위는 우상숭배에 해당한다. 이러한 역기능적 예배로부터 뉴에이지 운동을 비롯해 범신론, 불법적인 환경테러(환경 보호를 추진하기 위한 폭력 행위-편집자 주)가 나온다. 나무를 보호하기 위해 건물에 불을 지른다든지, 고래를 보호하기 위해 선원에게 작살을 휘두르는 행위는 잘못된 예배에 사로잡혔기 때문이다.

그러나 인간은 예배하도록, 인간보다 큰 무엇에 영광을 돌리도록 지음 받았다. 그래서 인간은 다양한 맛을 지으신 능력으로부터 태양의 따스함을 나누어주시는 은혜에 이르기까지, 그분이 우리에게 얼마나 선하고 아름다우며 은혜로운 하나님이신지에 대해 마음과 정신이 늘 고무될 수 있는 방식으로 창조세계와 상호작용한다. 성경이 증거하는 내용에는 변함이 없다. 하나님의 가장 큰 관심은 그분 자신의 영광이라는 사실이다. 우리가 1장에서 배웠듯 성경의 요점은 하나님의 영광스러운 자존감이다. 결과적으로 인간 존재의 요점 역시 하나님의 영광에 대한 존중이 되어야만 한다.

내 생각에 이 책을 읽는 독자들 대부분은 특별한 이유가 없다면 오늘 적어도 세 번의 식사를 하게 될 것이다. 우리 중 대부분은 이 세상의 수많은 사람이 그렇게 하지 못한다는 사실을 자주 잊어버린다. 앞에 놓인 음식을 축복하기 위해 짧고 진부하게 읊조리는 "하나님 감사합니다" 대신 정말로 집중해서 다음과 같이 기도해보는 것은 어떨까? "하나님! 이것을 위해 제가 노력하고 애쓴 것이 거의 없는데도 이 음식을 공급해주시고 또한 당장이라도 거두어갈 수 있으신데도 그렇게 하지 않아 주시니 감사합니다." 맛을 만드시고 그 모든 것을 한곳으로 모아주신 하나님께 창조의 영광에 대한 감사에 덧붙여 공급하심에 대해서도 감사해보는 것은 어떨까?

우리가 하나님의 영광을 인정하고 기뻐하는 것, 이것이 하나님의 창조의 의미, 곧 창조가 선하다는 의미다.

과거의 그림자, 현재

우리는 타락 이후의 말씀을 통해 구원을 위한 하나님의 계획이 개인을 하나님과 화목하게 하는 것 이상을 포함한다는 사실을 알게 된다. 성경의 전체적인 서술로부터 하늘에서 바라본 복음의 문맥을 잘라내버릴 때 우리에게 남는 것은 성경이 당신을 위한 러브레터라는 감상적이고 진부한 문구다. 이것은 한편으로는 맞는 말이다. 그러나 릭 워렌이 자신의 베스트셀러를 "당신에 관한 것이 아니다"[15]라는 주제로 시작하면서 부제를 '나는 왜 이 세상에 존재하는가'로 한 것에는 특별한 의도가 있다. 성경을 통해 우리는 더욱 풍성한 복음의 이야기가 우리 자신의 성취와 안전, 기쁨, 하나님과의 개인적 관계보다 더욱 큰 무엇을 조망하고 있다는 사실을 알게 된다.

땅에서 바라본 복음에 너무 오랫동안 머물 경우 발생할 수 있는 의도하지 않은 오류 중 하나는 복음의 지나친 개별화다. 하지만 복음을 하늘에서 바라볼 경우 우리가 깨닫게 되는 것은 타락으로 깨져버린, 그러나 하나님께서 회복시키실 것으로 계시된, 하나님의 선하심은 개별적 신자의 범주를 넘어선다는 사실이다. 우리는 이와 같은 보다 넓은 질서를 성경에서 타락 이후에 등장하는 표지판들을 통해서도 어렴풋이나마 볼 수 있다. 현재의 깨어짐 속에 옛 평화의 그림자가 보인다.

먼저 창세기 4장의 첫 살인사건의 기록을 통해 이러한 사실을 확인할 수 있다. 아담과 하와의 아들 가인은 자신의 동생 아벨을 죽였는데 아벨의 제사를 받으신 하나님에 대해 질투를 느꼈기 때문이다. 하나님이 그를 심판하기 위해 찾아오셔서 다음과 같이 물으셨다. "네 아우 아벨이 어디 있느냐?" 가인은 이렇게 대답했다. "내가 내 아우를 지키는 자니이까?"9절 가인의 대답에는 자기 충성에 대한 맹세가 은연 중 담겨 있다. "나는 자유의 몸이다. 다른 누구도 나의 책임이 아니다." 그런데 이 대답의 또 다른 함의는 타락의 결과를 보여준다. 하나님이 우리를 서로 책임지고 자기 자신이 아닌 하나님과 다른 사람들을 위해서 살도록 지으셨기 때문이다. 가인의 자기중심적인 대답은 타락에 내재된 철저한 개인주의를 드러내는 한편 타락 이전에 존재했었고 새 하늘과 새 땅에서 복음으로 회복될 철저한 타인중심성 또한 드러낸다.

또 다른 예를 십계명에서 볼 수 있다. 십계명의 처음 네 계명은 하나님과의 수직적 관계에 해당하고 나머지 계명들은 이웃과의 수평적 관계에 해당한다. 율법은 복음이 빛 안에서 실현하는 것—죄인과 하나님 사이의 화목과 죄인과 죄인 사이의 화목—을 그림자 속에서 추구한다. 예수님은 "네 마음을 다하고 목숨을 다하고 뜻을 다하여 주 너의 하나님을 사랑하라"와 "네 이웃을 네 자신 같이 사랑하라"를 가장 큰 계명으로 말씀하셨다마 22:37-39. 이것은 위의 내용과 일맥상통한다. 이 계명은 복음이 무엇을 회복할 것인지를 선언하고 있다. 또한 우리는 신자들에게 화목의 사역을 부여하는 복음에 대한 바울의 기록을 통해

> 복음은 개인적인 구원에서 끝나지 않는다.
> 복음의 목적은 더욱 크고 넓다.

서도 이 넓은 의미의 화목을 확인할 수 있다고후 5:11-21. 복음은 개인적인 구원에서 끝나지 않는다. 복음의 목적은 더욱 크고 넓다. 그 목적은 형제애를 포함한 '만물'을 회복하는 데 있다.

다시 구약의 율법으로 돌아가 보자. 거기에는 가축을 어떻게 먹이고 어떻게 쉬게 해주어야 하는지, 몇 번의 추수를 마치면 땅 자체를 어떻게 쉬게 해주어야 하는지 등의 조항들이 나온다. 물론 그럴 만한 상식적인 이유들이 있겠지만 어떤 면에서 이러한 요구들은 자연 질서의 깨어짐과 그 이전의 온전했던 때를 생각나게 한다. 구약을 통해 볼 수 있는 수명의 감소 역시 이전의 장구했던 삶을, 우리의 육신이 좋았던 때를 상기시킨다.

완전한
복음

예수님의 기적은 올바른 질서의 표징이다. 예수님은 세상의 질서를 뒤엎었다기보다 바로잡으셨다. 적어도 예수님을 따르던 제자들은 바로잡힌 모습을 어렴풋이나마 볼 수 있었다. 치유와 구원, 공급, 부활은 하나님이 예수님을 통해 만물을 새롭게 하시고 이전에 깨진 것을 회복시키고 있다는 사실을 보여준다. 예수님과 제자들이 설교한 내용을 요약하면 '하나님 나라의 복음'인데 이 개념은 우리로 하여금 개인의 구원 너머에 있는 더욱 큰 무엇을 바라보도록 한다. 물론 하나님 나라는 결국 우리 안에 있기에눅 17:21 복음의 정점은 개인의 구원이다. 하지만 나라라는 단어 자체의 의미는 단순히 인류를 위한 하나님의 계획이 아닌 '만물'의 회복, 즉 인류의 기쁨과 그리스도의 주되심, 삼위일체 하나님의 영광을 위한 하나님의 계획까지 포함한다.

통제 불능 상태

수년 전 약 1,200명의 사람들 앞에서 에베소서 2장의 본문을 가지고 우리가 죄인으로 태어난다는 전적 부패의 교리를 설교하고 있을 때였다. 죄는 우리가 옳고 그름을 분별해가는 중에 일어나는 것이 아니다. 반역은 우리 존재 안에 내재되어 있다. 아이들만 살펴보아도 이와 같은 사실을 믿을 수 있다. 아이들은 폭력을 학습하지 않아도 폭력을 행사한다. 아이들은 자신이 원하는 것을 얻기 위해 서로를 문다. 이것은 아이들의 내면에 있는 것이며 환경으로부터 습득하는 것이 아니다.

아이들은 배우지 않아도 끔찍할 정도로 이기적이다. 이기심은 환경을 통해 배우게 되는 행동이 아니다. 그래서 나는 다음과 같이 가르쳤다. "여러분! 우리는 죄악 가운데 태어납니다. 우리는 반역자로 태어납니다. 존재적으로 우리는 악 가운데 태어납니다."

설교 도중 한 젊은 여성이 내 시선을 끌기 위해 손을 흔들기 시작했다. 그러한 상황에 대처하는 나의 제1원칙은 일단 무시하고 진행 요원들이 상황을 정리하도록 하는 것이기에 나는 설교를 계속했다. 그러나 그 여성은 이제 양손을 들어 흔들어대기 시작했고 결국 나는 설교를 멈추고 물었다. "네, 자매님?" 그녀는 자리에서 일어났는데 열여섯 살도 되지 않아 보였다. 그녀는 다음과 같이 물었다. "목사님은 자녀가 있으세요?"

나는 대답했다. "아니요. 저는 자녀가 없습니다."

그녀가 말했다. "그러시다면 제 아이가 악하다고 말하지 말아주세요."

이보다 곤란한 순간이 있을까. 나는 몇 가지 질문을 던졌다. "자매님의 아이에 대해 좀 이야기를 해주시겠어요? 남자아이인가요, 여자아이인가요? 몇 살이나 되었지요?" 나중에 들은 바로 그녀는 열다섯 살에 임신해 아이를 낳았고 부모님께 쫓겨나 지금은 조부모와 함께 살고 있었다. 좋지 않은 상황이었다. 따라서 나는 그녀의 아들에 대해 좀더 이야기를 나누어보기로 마음을 먹었다.

"아이에 대해 이야기를 좀 해주세요. 자매님의 말을 늘 잘 듣나요?

다른 아이를 문 적이 한 번도 없었나요? 때린 적은요?" 이런 종류의 질문이었다.

그녀의 대답에 따르면 그녀의 아들은 엄마의 친절한 행동과 훈계에도 불구하고 끊임없이 다른 사람에게 해를 입히고 엄마가 정한 규칙을 따르지 않았다.

이와 같은 실재를 친절히 보여주며 나는 물었다. "어떠세요? 그런 것이 아이 안에 내재된 반역의 영입니다."

그녀는 별말 없이 자리에 앉았고 나는 모든 것이 괜찮다고 생각했다. 나는 다시 설교로 돌아갔다. 그런데 5분 정도가 지나자 이번에는 나이가 있어 보이는 한 여성이 뒷자리에서 손을 흔들었다. 믿을 수가 없었다. "네, 자매님?"

그녀는 말했다. "저는 저 자매님과 같은 생각이에요."

나는 제안했다. "그렇다면 이렇게 한번 해봅시다. 여러분 중 인간이 원래부터 순결하다는 성경 구절을 제시해주실 분이 있으시다면 이 이야기를 좀더 진행해보지요. 그렇지만 여러분이 보시기에는 바르지만 필경에는 사망에 이르는 길이 있습니다 잠 14:12; 16:25. 여러분이 성경의 가르침에 대해 이야기하고 싶으시다면 저는 온종일이라도 이 이야기를 나눌 수 있습니다. 그러나 여러분의 이야기가 '성경이 가르치는 바에 대해서는 관심이 없다'는 것이면 저와 여러분은 이 세상을 완전히 다른 렌즈로 보고 있는 것이기에 이런 대화를 나눌 필요가 없습니다. 여러분은 여러분의 생각을 기준으로 말씀하시는 것이고 저는 수

천 년을 이어져 온 신학과 하나님의 드러난 뜻을 기준으로 이야기하는 것이니까요. 하지만 여러분이 성경에 대해 말씀하고자 하신다면 저는 얼마든지 환영입니다."

나는 청중과 내기를 하고 있다고 생각했다. 나는 마음속으로 전적 부패의 교리에 관해 내가 생각해낼 수 있는 만큼의 성경 구절을 모두 떠올려 선발진을 구성했다. 방어를 준비한 것이다. 그녀는 나를 바로 아웃시킬 수 있을 것이라고 생각했다. 나의 도전에 그녀는 다음과 같이 응수했다. "그것은 쉽지요. 창세기 1장에서 하나님이 창조하시고 그것을 좋다고 말씀하셨잖아요."

공을 치라고 바로 내 앞에 가져다 대준 격이었다. 마음에 넘치는 사랑과 부드러움으로 나는 말했다. "자매님의 말씀이 옳습니다. 하나님이 이 세상을 만드셨고 좋다고 선언하셨습니다. 그러나 창세기 3장에서 일어난 사건은 이 모든 것을 변화시켰습니다."

우리는 이렇게 로마서 8장의 '인 메디아스 레스'에 이르게 되었다. 창세기 3장은 모든 것이 통제 불능 상태가 된 곳이다. 여기에서 모든 것이라 하면 정말로 모든 것이다. 죄가 세상에 들어왔고 창조세계와 인간사회의 모든 방면에 걸쳐 세워진 아름다움과 선, 평화가 모두 부서져버렸다. 나는 창세기 1장과 2장에서 살고 싶다. 거기에는 허무한 데의 굴복도, 썩어짐의 종노릇도, 죽음에의 두려움도 없다. 창세기 1장과 2장에는 이러한 것들이 전혀 없다. 꿈과 같은 아름다운 이야기다. 그러나 당신과 내가 사는 세상은 그렇지 않다. 우리 아이들이 자라고 우리가 일을 하고 우리가 사는 세상은 그렇지 않다. 하나님은 이 세상을 창조하셨고 이 세상을 선하게 만드셨다. 그러나 그 이후 끔찍한 일이 벌어졌다.

6

타락

죄는 우주적 반역이다.

_R. C. 스프롤[1]

세상은 하나님의 영광을 위해 만들어졌다. 그러나 하나님의 영광은 그분의 형상을 닮아 창조세계를 다스리고 물질세계의 면류관이 되도록 지어진 남자와 여자를 통해 나타난다. 따라서 죄가 우리에게 들어왔을 때 그 죄는 온 세상에 들어온 것이다. 원죄는 인류를 넘어 세상과 우주에 영향을 미친다. "피조물이…함께 탄식하며 함께 고통을 겪고" 있다롬 8:22. 이 말씀은 반역의 심각성을 전해줄 뿐 아니라 하나님에 대한 인간의 반역이 모든 것의 자연적 질서를 망쳐놓았다는 사실을 보여준다. 따라서 완전한 복음은 하나님의 형상을 닮은 사람의 회복뿐 아니라 하나님의 영광의 무대, 곧 전 우주의 회복으로 명확하게 드러나야만 한다.

아담의 불순종과 지구 자체의 타락 사이에 있는 연관성은 하나님이 다음과 같은 저주를 내리시는 창세기 3장의 내용에 잘 나타난다.

아담에게 이르시되 "네가 네 아내의 말을 듣고 내가 네게 먹지 말라 한 나무의 열매를 먹었은즉 땅은 너로 말미암아 저주를 받고 너는 네 평생에 수고하여야 그 소산을 먹으리라. 땅이 네게 가시덤불과 엉겅퀴를 낼 것이라. 네가 먹을 것은 밭의 채소인즉 네가 흙으로 돌아갈 때까지 얼굴에 땀을 흘려야 먹을 것을 먹으리니 네가 그것에서 취함을 입었음이라. 너는 흙이니 흙으로 돌아갈 것이니라" 하시니라(창 3:17-19).

아담과 하와가 누렸던 창조세계와의 조화, 즉 그들에게 주어졌던 평화로운 다스림의 권세가 무너졌다. "땅이 너로 말미암아 저주를 받고." 아담과 창조세계 사이의 깨어짐은 하나님과 아담 사이의 깨어짐을 반영한다. 이전에는 수고할 필요가 없었지만 이제는 수고해야 한다. 이전에는 땅이 놀랍도록 복종했지만 이제는 억지로 소산을 냈다. 이전에는 열매가 많고 풍성했지만 이제는 가시덤불과 엉겅퀴의 저항이 있다. 아담은 원래 불멸하는 육신을 얻었지만 이제는 죄가 육적 수명을 제한한다. 아담은 하나님의 축복을 거절하고 자신의 근원인 흙에 소망을 두기로 선택한 것이다.

아담과 하와는 하나님의 선한 창조세계의 면류관이었으나 면류관이 사라지자 창조세계도 사라졌다. 아담과 하와의 죄는 우리 모두에게 저주를 가져왔고 이 저주는 동쪽에서부터 서쪽 끝까지 퍼져 있다. 히브리어는 아담과 하와가 타락 이전에 누렸던 것을 샬롬으로 지칭한다. 코넬리어스 플랜팅가라는 학자는 다음과 같이 설명했다.

하나님과 인간, 모든 창조세계를 정의와 성취, 기쁨 안에서 하나로 엮는 것은 히브리 예언자들이 언급했던 샬롬이다. 우리는 이것을 평화라고 부르지만 사실 이것은 마음의 평화나 적대국 간의 휴전보다 넓은 의미에서의 평화다. 성경에서 샬롬은 우주적인 번영과 온전, 기쁨을 의미한다. 샬롬은 씨앗들의 원래 목적이 충족되고 자연적 은사가 효과적으로 사용되는 부요한 상태이자 창조주이며 구원자되신 하나님이 문을 열고 자신이 기뻐하시는 피조물을 환영해 들이실 때 기쁨의 감탄을 불러일으키는 상태다. 다른 말로 샬롬은 이 세상의 당연한 모습이다.[2]

온 세계를 창조하시고 사람을 그곳에 거하게 하신 하나님이 세우신 질서는 첫 사람에게 선악을 알게 하는 나무의 열매를 먹지 말라고 하신 말씀을 통해 분명히 드러나지만 이것은 사실 율법적 명령보다 광범위하다. 이것은 하나의 체계이며 모든 것의 상태. 샬롬은 모든 것의 상태가 하나님의 거룩하심과 조화를 이루는 때를 이르는 말이다. 샬롬이 있을 때 아담과 하와는 하나님의 영광을 정확히 반영하며 하나님이 그들에게 주신 창조세계를 다스렸다.

샬롬이 있을 때 아담과 하와는 하나님의 영광을 정확히 반영하며 하나님이 그들에게 주신 창조세계를 다스렸다.

이들은 계속해서 최선의 열매를 거두며 동산을 다스렸는데, 이것은 어떤 노력이 없이도 아담과 하와의 최선을 이끌어내신 하나님의 다스리심을 보여준다. 동산은 주님을 향한 기쁨으로 가득했고 기름칠을 잘한 기계처럼 제대로 움직였다.

그러나 그들의 죄가 모든 것을 망가뜨렸다. 인간과 하나님의 관계가 깨어졌을 때 인간과 동산의 관계는 어떻게 깨어지게 되었는지 살펴보자.

> 여호와 하나님이 에덴 동산에서 그를 내보내어 그의 근원이 된 땅을 갈게
> 하시니라. 이같이 하나님이 그 사람을 쫓아내시고 에덴 동산 동쪽에 그룹들
> 과 두루 도는 불 칼을 두어 생명 나무의 길을 지키게 하시니라(창 3:23-24).

돌아갈 수 있는 길은 막혔다. 샬롬은 산산조각이 났다. 여파는 격변적
이고 광범위했다. 팀 켈러는 다음과 같이 묘사한다.

> 직물처럼 촘촘히 짜인 사물들 가운데 인간은 너무나도 빠뜨릴 수 없는 요
> 소인지라 인간이 하나님으로부터 고개를 돌렸을 때 세상의 모든 씨실과
> 날실이 온통 와해되고 말았다.…우리는 하나님의 샬롬을 상실했다. 육체
> 적으로, 영적으로, 사회적으로, 심리적으로, 그리고 문화적으로. 이제 모든
> 것이 무너진다.[3]

우리는 구약의 전도서를 통해 이렇게 무너진 구조에 대한 최선의 통
찰과 최악의 비참함을 엿볼 수 있을 것이다.

전도서와 막혀진 동산

허먼 멜빌은 고전 소설 『모비딕』에서 솔로몬의 작품으로 알려진 전도

서를 "잘 단련된 고뇌의 강철"이라고, 또한 "모든 책 중에서 가장 진실한 책"이라고 평가했다.[4] 그에 따르면 우리가 전도서를 신뢰할 수 있는 이유는 그 안에 슬픔이 있기 때문이다. 우리는 험난한 삶을 산 사람을 신뢰할 수 있다. 그런 사람은 잃을 것이 없기에 정직하리라고 기대할 수 있는 것이다.

성공이라는 우상을 만드는 것은 세상이 아니다. 성공을 간절히 원하는 것은 우리다. 성공에 대한 동기부여를 전문으로 하는 회사들이 있다. '석세서리'Successories 사社의 제품을 본 적이 있는가? 최근 가장 잘 알려진 제품은 '협동'과 같은 제목 아래로 짧은 문구가 적힌 포스터들이다. (내가 좀더 좋아하는 상품은 석세서리의 포스터를 조롱하기 위해 나온 포스터들로 어떤 이들은 이것을 반反동기부여 용품이라고 부른다.[5] 제일 마음에 드는 포스터 중 하나에는 가라앉는 배가 그려져 있고 그 아래로 다음과 같은 글귀가 적혀 있다. "수천 킬로미터의 여정은 때로 매우 매우 매우 좋지 않게 끝난다.")

사람들은 성공에 열광한다. "저는 성공하고 싶지 않아요"라고 말하는 사람을 한 번도 만나본 적이 없다. 우리는 사업이든 인생이든 가족이든 관계든 모든 면에서 어느 정도의 성공을 원한다. 오늘날의 교회는 이것을 인지하고 사역의 방향을 사람들이 성공에 대해 느끼는 욕구에 맞추고 있다. 많은 교회가 성공의 테두리를 벗어나는 것은 비정상이고 축복이 아니라는 메시지, 참된 승리는 세속적·실질적·물질적 성공과 어느 정도 동일하다는 메시지를 전하고 있다.

물론 성경도 성공을 이야기한다. 특히 구약의 중간 부분에 나란히 자리한 다섯 권의 책을 통해 성공의 개념을 설명한다. 이 책들은 욥기, 시편, 잠언, 전도서, 아가서로 '지혜문학'이라 불리는데 각 권마다 나름의 목적을 가지고 있다.

잠언은 일종의 성공을 향한 길잡이로서 돈에서 관계, 인격까지 모든 문제를 다룬다. 내가 개인적으로 가장 좋아하는 시편에는 정신분열증 환자인 위대한 다윗 왕의 글들이 담겨 있다. (내가 그를 정신분열증 환자로 부르는 이유는 한 줄에서는 "오, 주님! 언제까지 저를 버리시려나이까?"라고 물었다가 두 줄이 지나서는 "나의 곁에 계시는 주님은 어찌 그리 광대하신지요"라고 고백하기 때문이다. 그러나 나의 영혼 역시 이러한 고백으로 가득하다.) 시편에는 승리의 노래가 상당수 기록되어 있다. 아가서는 부부간 성관계의 기쁨에 대한 책이다. 이것은 달콤한 성공이다!

이제 지혜문학 중 두 권, 욥기와 전도서가 남았다. 이 두 권의 책은 스펙트럼의 양쪽 끝에서 하나의 교훈을 형성하고 있다. 욥기는 매우 개인적인 방법으로 고통의 깊이를 보여주며 하나님의 영광의 깊이를 선언한다. 욥기는 창세기 2장이 현미경을 통해 창조를 보여주었듯, 현미경을 통해 깨어짐과 구원을 보여준다. 반면 전도서는 창세기 1장과 마찬가지로 망원경적 관점을 제공한다.

욥과 같은 경험을 하는 사람들은 다음과 같이 신음할 수 있다. "내 인생이 이렇지 않았더라면, 내게 돈이 좀더 많았더라면, 힘이 좀더 있었더라면, 친구가 좀더 많았더라면, 보다 나은 종교가 있었더라면…."

완전한
복음

아니면 이럴 수도 있다. "내 부모님이 나를 그렇게 박하게 대하지 않으셨더라면, 내가 다른 환경에서 자랐더라면…." 이들의 마음속에는 무지개 너머 어딘가에 더 나은 삶이 있을 거라는 기대가 자리 잡고 있다. 이러한 기대의 문제는 전도서다.

전도서 1장 1절은 이 책이 "전도자의 말씀"을 기록한다고 이야기한다. 전도자는 '선생'으로도 번역될 수 있다. 책의 시작부터 우리는 이 책이 단순한 가르침이 아니라 저자가 배워온 교훈들의 기록이라는 사실을 알게 된다. "다윗의 아들 예루살렘 왕 전도자의 (혹은 선생의) 말씀이라." 이 책의 저자는 솔로몬이다. 그는 번성하고 부유하고 강력한 나라의 왕이었다. 그는 우리가 평생 단 한 번이라도 가질 수 있는 만큼을 훨씬 넘어서는 부와 능력, 명성을 가진 사람이었다. 학식 또한 깊었다. 솔로몬은 길거리에서 흔히 볼 수 있는 그런 평범한 사람이 아니었다. 학식이나 부, 능력, 모든 면에서 그는 우리를 뛰어넘는 사람이었다. 그런데 2절에서 그는 다음과 같이 기록한다. "전도자가 이르되 헛되고 헛되며 헛되고 헛되니."

이 헛됨이라는 단어는 히브리어로 '의미 없음'을 뜻한다. 책을 열기에 얼마나 산뜻한 표현인가. "무의미하고 무의미하고 무의미하다." 우리는 인생을 바라볼 때 그중에는 목적이 없는 것도 있다는 사실에 동의할 수 있다. 예로 넥타이나 고양이를 생각해보라. 하지만 솔로몬은 한 걸음 더 나아가 인생의 모든 것에 의미가 없다고 이야기한다. "전도자가 이르되 헛되고 헛되며 헛되고 헛되니 모든 것이 헛되도다."

솔로몬은 "어떤 것 때문에 괴롭다"고 이야기하지 않는다. 그는 "모든 것이 무의미하다"라고 말한다.

"솔로몬! 모든 것이라고요?"

"그래, 모든 것이."

"결혼은요?"

"무의미하다."

"즐거움은요?"

"무의미하다."

"돈은요?"

"무의미하다. 해 아래 존재하는 모든 것이 무의미하다."

여기까지 읽으면 웃으며 그를 안아주고 싶다. 그를 안아주고 집으로 초대해 격려해주고 싶다. "솔로몬, 모든 것이 다 괜찮아질 거예요." 하지만 그는 장장 열두 장의 본문을 통해 인생의 모든 국면에 대해 체계적으로 이야기하며 그것의 무가치함을 확증하고 있다.

사실 전도서 열두 장 전부를 통틀어 그는 '의미 없음'을 뜻하는 히브리어 헤벨을 38번이나 사용한다. 그는 왜 이렇게 냉소적인 방식으로 문제를 다루는 것일까? 그의 비관주의는 왜 이렇게 뿌리 깊은 것일까? 전도서 1장 3절에서 그는 다음과 같이 기록했다. "해 아래에서 수고하는 모든 수고가 사람에게 무엇이 유익한가?" 솔로몬이 인생의 축적된 모든 경험이 무의미하다고 말한 이유는 바로 우리의 모든 수고에도 불구하고 우리는 죽고 이 세상은 변하지 않기 때문이다. 우리의 모든 성취에도 불구하고—당신이 5시에 일어나 열심히 달리며 운동을 하든 10시까지 늦잠을 자든 당신이 무엇을 하든—우리는 죽을 것이고 이곳은 변하지 않는다. 1장 4-7절의 기록을 보라.

> 한 세대는 가고 한 세대는 오되 땅은 영원히 있도다. 해는 뜨고 해는 지되 그 떴던 곳으로 빨리 돌아가고 바람은 남으로 불다가 북으로 돌아가며 이리 돌며 저리 돌아 바람은 그 불던 곳으로 돌아가고 모든 강물은 다 바다로 흐르되 바다를 채우지 못하며 강물은 어느 곳으로 흐르든지 그리로 연하여 흐르느니라.

그는 인생을 마치 트레드밀(벨트 위를 걷거나 달리는 운동 기구—편집자 주)인 양 묘사하고 있다. 결국 각 시대의 사람들은 바보 같은 다람쥐 쳇바퀴에 갇혀 체육관의 트레드밀 위에서 땀으로 흠뻑 젖은 사람처럼 열심히 달리고 있는 것이다. 그러나 그럼에도 불구하고 우리는 어느 곳으로도 가지 못한다.

간단한 예를 한번 들어보자. 당신이 얼마나 열심히 일하든 언제나 빨랫감은 있다. 그렇지 않은가? 옷은 몇 번을 빨아도 다시 더러워진다. 나는 어제 잔디를 깎았다. 일주일 전에 깎았지만 말이다. 그리고 다음 주면 다시 깎아야 할 것이다. 나는 한 달 전에 이발을 했지만 이번 주 다시 이발을 해야 했다. 머리칼이 다시 자랐기 때문이다. 나는 매달 똑같은 고지서를 처리해야 한다. 한 가지 주제를 찾을 수 있겠는가? 솔로몬은 우리에게 말하고 있다. "우리가 지치는 이유는 그 어느 것도 의미가 없기 때문이다." 그는 8절에서 다음과 같이 기록했다. "모든 만물이 피곤하다는 것을 사람이 말로 다 말할 수는 없나니 눈은 보아도 족함이 없고 귀는 들어도 가득 차지 아니하도다."

내일 아침 알람은 6시 반에 울릴 것이다. 당신은 일어나 샤워를 하고 옷을 입고 차에 오를 것이다. 교통 체증을 견디며 스타벅스에 들러 사무실이나 칸막이 책상, 작업장 등으로 들어갈 것인데 결국 벽장 같은 데로 들어간다는 뜻이다. 점심시간이 되면 아마도 몇몇 친구들과 함께 점심을 먹고는 다시 작업장, 칸막이 책상, 사무실, 가게, 교실 등으로 돌아가 5시에서 6시 정도까지 일을 할 것이다. 퇴근을 해서 체육관에 들를 수도 있겠지만 대부분은 들르지 않는다. 집으로 돌아와 저녁을 먹고 텔레비전을 조금 본 다음에는 잠자리에 든다. 그리고 다음 날이면 똑같은 일상이 반복될 것이다. 인정하고 싶지는 않지만 우리 인생은 영화 〈사랑의 블랙홀〉(해롤드 래미스 감독, 1993)과 매우 흡사하다. 우리는 갇혀 있다. 동산으로부터 막혀 있다. 우리는 해 아래에서 수고하며 판에 박힌 생활을 하고 있을 뿐이다.

그럼에도 이것이 사실이 아닌 양 행동하는 사람들이 있다. 이들이 어떻게 그렇게 하는지 전도서 1장 9-10절을 통해 설명해보려고 한다.

이미 있던 것이 후에 다시 있겠고 이미 한 일을 후에 다시 할지라. 해 아래에는 새 것이 없나니 무엇을 가리켜 이르기를 "보라! 이것이 새 것이

기본적으로 솔로몬이 말하는 바는 새로운 것이 없다는 사실이다. 당신은 판에 박힌 일상과는 다른 비상구를 찾았다고 생각하지만 그것은 사실이 아니다. 그것은 이미 시도되었고 부족하다고 밝혀졌다. 새롭게 반짝이는 오락거리들은 돌고 도는 어리석음의 기만적인 모습일 뿐이다. 우리는 이러한 사실을 삶 속에서 반복적으로 목격한다. 새 기계나 새 옷, 새 집, 새 보트, 새 차는 우리에게 이상한 위안과 흥분을 안겨준다. 그렇지 않은가? 당신은 이것이 얼마나 이상한지 생각해본 적 있는가? 새롭고 멋진 휴대전화는 당신의 감정을 북돋운다. 소비주의는 마약과 같아서 감정적 위로를 동반한다. 하지만 곧 효과가 사라진다. 새로운 상품은 굉장히 빨리 오래된 물건이 되고, 우리는 그 다음 새로운 상품을 필요로 한다. 성경은 이야기한다. "그만 좀 해라. 장신구는 장신구일 뿐이다."

자신을 속이지 말자. 우리가 새롭다고 생각하는 무엇도 우리를 깨어짐에서 벗어나게 하지 못한다. 이것은 모두 무의미하다. 직업을 바꾸고 월급

> 우리가 새롭다고 생각하는 무엇도 우리를 깨어짐에서 벗어나게 하지 못한다.

이 올라가고 새로운 전자 제품을 구입하고 새로운 배우자를 맞이해도 당신 내면의 상황은 더 나아질 수 없다. 이것이 솔로몬이 한탄하는 바다.

우리의 정신을 번쩍 들게 하는 이와 같은 인생관은 특별히 야망이 큰 사람들에게 의미하는 바가 크다. 자신감 넘치는 남자들은 다음과 같이 생각할 것이다. "아닙니다. 저는 우리가 알고 있는 세상을 변화시킬 겁니다. 사업에서 큰 성공을 거두고 가족 관계에서도 경이로운 성공을 거두어 뒤에 오는 여러 세대가 저를 기억하게 될 것입니다." 전도서 1장 11절을 보라. "이전 세대들이 기억됨이 없으니 장래 세대도 그 후 세대들과 함께 기억됨이 없으리라." 솔로몬의 대답은 "음, 아니오. 당신은 죽을 것이고 아무도 당신을 기억하지 않을 것이오"로 축약할 수 있다. 당신은 8대조 할아버지의 이름을 아는가? 그렇게 오래전 분은 아니시다. 현조부의 이름은 어떤가? 내 말의 의미를 알겠는가?

전도서 1장 12-13절의 말씀이다. "나 전도자는 예루살렘에서 이스라엘 왕이 되어 마음을 다하며 지혜를 써서 하늘 아래에서 행하는 모든 일을 연구하며 살핀즉." 다윗이 죽고 솔로몬이 왕이 되었을 때 하나님은 솔로몬에게 그가 원하는 것은 무엇이든지 주시겠다고 말씀하셨다. 이때 솔로몬이 무엇을 구했는가? 지혜였다. 그는 부를 요구하지도 권력을 요구하지 않았다. 솔로몬은 다음과 같이 말했다. "저는 지혜를 원합니다. 세상에서 가장 똑똑한 사람이 되기를 원합니다." 하나님은 이것을 선하게 여기셨다. 이후 솔로몬은 "하늘 아래에서 행하는 모든 일"을 알아내고자 노력했다. 그는 자신의 부와 능력, 지혜와 오감을 사용해 세상에서 일어나는 모든 일에 참여했다. 그리고 마침내 모든 것이 절대적으로 무의미하다고 결론을 내렸다.

"내가 내 마음속으로 말하여 이르기를 '보라! 내가 크게 되고 지혜를 더 많이 얻었으므로 나보다 먼저 예루살렘에 있던 모든 사람들보다 낫다' 하였나니 내 마음이 지혜와 지식을 많이 만나 보았음이로다"전 1:16.

그의 말은 기본적으로 "만일 네가 나를 거짓말쟁이로 생각한다면 네가 유념해야 할 사실이 있다. 나는 너보다 똑똑하고 너보다 능력이 많고 너보다 많은 여자들을 거느렸다"는 것이다. 솔로몬은 이미 모든 것을 다 해보았다. 우리는 이러한 내용에 있어 그를 신뢰해야 한다. 그는 자신이 무슨 이야기를 하고 있는지 잘 안다. "내가 다시 지혜를 알고자 하며 미친 것들과 미련한 것들을 알고자 하여 마음을 썼으나 이것도 바람을 잡으려는 것인 줄을 깨달았도다"전 1:17. 그는 모든 것을 다 시도해보았고 모든 것이 부족하다는 사실을 발견했다. 바람을 잡으려는 것만큼 만족이 없었다.

만족을 찾는 과정 속에서 솔로몬은 모든 돌들을 뒤집어보았지만 세상이 주는 어떤 경험과 지혜도 그의 가려움을 긁어주지는 못했다. 그는 모든 면에서 성공의 정점을 훨씬 웃돌았지만 거기에 도달하지는 못했다. 그가 거기에 도달하지 못한 이유는 거기에 도착하는 순간 거기는 여기가 되고 또 다른 거기가 그를 기다렸기 때문이다. 순환고리는 끝이 없다. 추구는 무의미하다.

우리가 해 아래에서의 인생을 정직하게 평가하기까지, 우리의 인생을 바라보며 참된 의미가 세상의 구조 바깥에 놓여 있다는 사실을 볼 준비가 되기까지 우리는 트레드밀에 갇혀 있게 될 것이다. 이곳은 깨어진 곳이다. 문제 해결을 위해 안을 들여다봐서는 안 된다.

동산에서 황무지로 추방당한 우리는 끊임없이 이 황무지를 동산으로 만들 수 있다고 생각한다. 하지만 이러한 생각은 지금도, 앞으로도 절대 이루어지지 않을 것이다. 우리는 우리 자신의 힘으로 회복하기에는 너무나도 거대한 무언가를 잃어버렸다. 우리의 미미한 노력으로 메우기에는 구렁텅이가 너무 넓다.

전도서와 샬롬의 상실

우리 마음의 구멍은 샬롬의 모양을 하고 있다. 그래서 그 안으로 얼마나 많은 것을 던져 넣든 얼마나 오랫동안 노력을 하든 상관없이 샬롬이 아니면 그 구멍을 채울 수 없다. 모든 사람이 이 세상 속 무언가가 깨어졌다는 사실을 안다. 하지만 우리는 비논리적이고 어리석게도 깨어진 장소에서 깨어진 생각을 가지고 깨어진 누군가로부터 해결책을 찾는다.

내가 가장 좋아하는 죄에 대한 정의는 철학자 키에르케고르가 『죽음에 이르는 병』*Sygdommen til døden*(치우 역간, 2011)에서 말한 "죄악이란, 절망으로 인해 하나님 앞에 자신을 고스란히 드러내고 싶지 않은 상태"다.[6] 본질적으로 키에르케고르는 죄가 자신의 가치를 하나님 아닌 다른 것 위에 세우는 것이라 말하고 있다. 이것이 죄의 핵심 유전자다. 이러한 관점은 죄의 뿌리가 얼마나 쉽게 퍼지는지, 죄의 유혹이 얼마나 위험한지를 볼 수 있게 해준다. 우리는 우리 자신의 가치를 선한 것들을 포함한 어느 것에든 둘 수 있다. 하지만 우리가 선한 어떤 것을 궁극적으로 여길 때 한 가지 확실한 사실은 그것이 우리를 무덤으로 몰고 가리라는 것이다.

예를 하나 들어보자. 당신은 돈을 인생의 궁극적인 목표로 삼을 수 있다. 돈이나 소유가 본질적으로 나쁜 것은 아니다. 그랬다면 하나님이 서로의 물건을 도둑질하지 말라고 말씀하셨을 리가 없다. 하지만 당신은 모든 시간과 에너지를 돈의 축적이라는 제단에 바치게 될 수 있다. 당신은 재산을 축적하기 위해 하루에 15시간씩 일을 하느라 거의 들어가 보지도 못할 집을 살 수 있다. 하지만 결국 당신은 광대처럼 화장을 하고 관 속에 놓여 땅에 묻히게 될 것이다. 심하게 말하고 있는 것이 아니다. 다만 정직하게 말하는 것이다. 헛되고 헛되니 모든 것이 헛되도다!

아니면 보다 영적인 것은 어떨까? 종교를 예로 들어보자. 성경은 그리스도 안에 있는 믿음을 떠난 종교적 실천을 자기 의라고 부르는데 자기 의를 완벽하게 달성한 바리새인들조차 하나님 나라의 자격에는 미치지 못했다. 믿음이 없는 종교는 헛되다. 얼마나 많은 사람을 실질적으로 돕고 있든지, 자기 자신에 대해 얼마나 좋은 감정을 느끼게 해주든지 간에 복음에 뿌리내리지 못한 종교적 노력은 자신을 의롭게 하는 자존감을 그 뿌리로 할 뿐이다. 그리고 이것은 무의미하다.

자존감을 위한 이 모든 우상숭배적 노력을 통해 우리는 무엇을 찾고 있는 것일까? 샬롬이다. 비록 그런 사실을 인식하지 못한다고 해도 우리는 하나님이 정하신 조화를 다시 한 번 경험하고 싶어한다. 톨킨은 우리가 동산을 그리워하도록 만들어졌다고 말한다. "매우 불행한 이 땅에 동산이 있었던 것은 분명하다. 우리 모두는 그것을 갈망하고 지속적으로 그것을 엿본다. 가장 덜 타락한 최선의 상태, 가장 온유하고 인도적인 상태에서의 우리 본질에는 '추방'의 감각이 여전히 스미어 있다."[7]

이러한 추방의 감각으로 인한 절망과 갈망 모두를 솔로몬의 전도서만큼 잘 표현한 다른 책은 성경에도 없다. 평화의 상실이 느껴질 때 우리는 가장 먼저 무엇을 하고 싶어하는가? 쾌락을 찾는다. 솔로몬 역시 그렇게 했다.

> 나는 내 마음에 이르기를 "자, 내가 시험삼아 너를 즐겁게 하리니 너는 낙을 누리라" 하였으나 보라! 이것도 헛되도다. 내가 웃음에 관하여 말하여 이르기를 "그것은 미친 것이라" 하였고 희락에 대하여 이르기를 "이것이 무슨 소용이 있는가?" 하였노라. 내가 내 마음으로 깊이 생각하기를 '내가 어떻게 하여야 내 마음을 지혜로 다스리면서 술로 내 육신을 즐겁게 할까? 또 내가 어떻게 하여야 천하의 인생들이 그들의 인생을 살아가는 동안 어떤 것이 선한 일인지를 알아볼 때까지 내 어리석음을 꼭 붙잡아 둘까?' 하여(전 2:1-3).

"나는 나 자신을 쾌락에 바칠 것이다"라고 이야기하며 솔로몬은 지상 최대 규모의 파티를 계획적으로 벌이기 시작한다. 그는 요즘 큰 인기를 누리고 있는 유재석과 신동엽 같은 연예인들을 초청할 것이다. 가장 재미있다는 사람들을 부르고 최고의 음식과 와인으로 손님들을 대접하고 최고의 파티플래너들이 그의 궁정을 장식했다. 솔로몬은 장기간에 걸쳐 매일같이 파티를 벌였다. 그의 파티는 굉장했다.

당신은 다음과 같이 생각할 수도 있다. "파티는 했겠지만 그렇게 대단했겠어요?" 열왕기상 4장 22-23절을 한번 보라. "솔로몬의 하루의 음식물은 가는 밀가루가 삼십 고르요(미터법을 선호하는 사람들을 위해 변환하자면 이것은 220리터다) 굵은 밀가루가 육십 고르요 살진 소가 열 마리요 초장의 소가 스무 마리요 양이 백 마리이며 그 외에 수사슴과 노루와 암사슴과 살진 새들이었더라." 내가 읽은 모든 주석은 솔로몬이 같은 수치, 즉 15,000명에서 20,000명 사이의 사람들을 위해 파티를 열었다고 입을 모은다. 우리가 아는 바비큐 파티나 뒷마당의 생맥주 파티는 유치원 수준이다.

그러나 그는 멕시코로 가는 마차 짐칸에서 잠을 깨 새로 해 넣은 문신을 발견하는 것 같은 일에 싫증을 느꼈고 다음과 같이 생각하기 시작했다. "내 인생을 통해 무언가를 이뤄내야겠어. 지금 내가 하고 있는 거라고는 파티에서 좋은 음식을 먹고 와인을 마시고 사람들과 어울리는 것뿐이잖아. 이런 식으로 늘 11시까지 잘 수는 없어. 나 자신의 무언가를 성취하자!"

그가 다음에 무슨 일을 했는지를 보라. "나의 사업을 크게 하였노라. 내가 나를 위하여 집들을 짓고 포도원을 일구며 여러 동산과 과원을 만들고 그 가운데에 각종 과목을 심었으며 나를 위하여 수목을 기르는 삼림에 물을 주기 위하여 못들을 팠으며"전 2:4-6. 그는 파티를 줄이고 좀더 건설적인 노력을 하기로 결심했다.

여기에서 말하고 있는 활동의 예로는 솔로몬의 성전이 있다. 이 성전은 건축하는 데만 7년이 걸렸다. 황금과 보석으로 덮어 화려하게 장식한 솔로몬 성전은 고대 세계의 불가사의 중 하나로 손꼽힌다. 반면 솔로몬의 궁전을 짓는 데에는 14년의 시간이 걸렸다. 그뿐 아니라 아내들을 위한 집들도 지었는데, 이것은 그 자체만으로도 위업이었다.

이 모든 일의 목적은 무엇이었을까? 마침내 자신의 집을 갖게 될 때 우리는 자부심과 영속성을 느낀다. 전세를 벗어나 마침내 내 집을 소유하게 될 때 이제 도달했다는 영속성의 감정이 일어나는 것이다. 무언가를 짓기 위해 온종일 밖에서 일하는 사람의 영혼에 일어나는 일도 있다. 아담에게 주신 하나님의 원래 명령이 땅을 정복하고 다스리는 것이었기에 우리 영혼은 이런 종류의 일과 공명한다. 보기 좋게 마당을 조경하고 정원을 가꾸고 흙과 풀을 만지며 일하고 난 후 한 걸음 뒤로 물러서 "오! 너무나도 아름답군!" 하며 감탄할 때 당신은 추방 이전의 감정에 한 발짝 가까이 다가가는 것이다.

그러나 솔로몬은 지지 않고 이야기한다. "나는 정원을 가꾼 것이 아니다. 숲을 가꾸었다. 팬지나 제라늄을 가지고 네가 한 일도 좋지만 내가 가꾼 것은 숲이었다." 그는 우리 대부분의 예상을 훨씬 넘어선다. 솔로몬은 홈디포(미국의 대형 건축 자재 가게—역자 주)의 주말 애용자가 아니었다. 사실 예루살렘의 남서부에 가보면 오늘날까지도 큰 구멍들이 남아 있는데 그것들은 솔로몬의 연못이라 불린다. 솔로몬이 여러 국립공원을 비롯해 그가 건설한 모든 것에 물을 공급할 목적으로 땅에 동굴과 같은 구멍들을 파고 물로 채운 것이다. 하지만 그는 이토록 거대한 미화작업조차도 무의미했다고 이야기한다. (그런데 우리는 정원의 호수나 인공폭포가 우리에게 평온을 줄 것이라 기대한다.) 자, 이제 다음은 뭘까?

> 남녀 노비들을 사기도 하였고 나를 위하여 집에서 종들을 낳기도 하였으며 나보다 먼저 예루살렘에 있던 모든 자들보다도 내가 소와 양 떼의 소유를 더 많이 가졌으며 은 금과 왕들이 소유한 보배와 여러 지방의 보배를 나를 위하여 쌓고 또 노래하는 남녀들과 인생들이 기뻐하는 처첩들을 많이 두었노라(전 2:7-8).

솔로몬은 말하자면 영화 〈백만장자 빌리〉(탐라 데이비스 감독, 1995)에 나오는 빌리 매디슨이 된 것이다. "나는 아무것도 할 필요가 없어요. 11시에 일어나면 누군가 나를 위해 아침을 준비해주고 씻어주고 먹여주기까지 하죠. 그러고 나서는 마사지를 받고 그 다음으로는 피부 관리, 발 관리…." 그는 파티를 시도해보았고 건축을 시도해보았으며 이제는 쉬엄쉬엄 사는 것을 시도하고 있었다. 영화 〈리치리치〉(도날드 페트리 감독, 1994)에 나오는 장면을 흉내내며 폴로 클럽에 가고 음악을 즐기는 장면에 도전했다. 어떤 노래가 좋아졌다면 그는 음원 파일을 내려받는 것이 아니라 밴드를 사들였다. 또 이 모든 것 위에 그가 탐닉하며 이름을 떨친 것은 바로 여자였다. 솔로몬에게는 700명의 아내가 있었다. 7명의 여자도 행복하게 만들기가 불가능한데 700명의 여자라니! 하지만 그에게는 그의 말이라면 죽는 시늉이라도 할 아내가 700명에 첩이 300명이었다. 이것은 큰 사랑이 아니라 큰 정욕이었다. 솔로몬은 아무런 제약을 받지 않고 성을 경험했다. 그에 비하면 휴 헤프너(도색잡지를 만드는 플레이보이 사의 창업주—편집자 주)는 아마 추어였다.

솔로몬은 자신이 그 누구보다 위대하고 탁월하게 모든 일을 이루고 있다는 사실을 인식하고 있었다. 전도서 2장 9절이다. "내가 이같이 창성하여 나보다 먼저 예루살렘에 있던 모든 자들보다 더 창성하니." 그가 무슨 말을 하는지 알겠는가? "나는 유명하다"는 것이다. 이것이 놀랄 만한 일일까? 그토록 큰 규모의 파티와 거대한 조경 사업, 막대한 부, 성적 기량을 감안할 때 그가 당시 가장 유명한 인물이었다는 사실은 전혀 놀랍지 않다. 페이스북을 하는 5억 명의 모든 사람이 그에게 '좋아요'를 눌러줄 것이다. 그는 모든 잡지의 표지 모델이 되었을 것이다. 그는 아인슈타인과 케네디 대통령, 저스틴 비버를 한데 합쳐놓은 인물이었다.

그러나 정말로 흥미로운 것은 전도서 2장 9절의 후반부다. "내 지혜도 내게 여전하도다." 이것이 무슨 뜻일까? 나는 그가 자신이 무엇을 하고 있는지 한 번도 잊은 적이 없다고 믿는다. 즐거움을 추구하는 데 지나치게 몰두한 나머지 처음부터 자신이 목적한 바, 즉 이 세상에 가치 있는 것이 있는지 알아내고자 했던 자신의 목적을 잊어버리는 실수를 하지 않았다는 말이다. 처음부터 그는 이것이 실험이라는 사실을 기억했다. 다음과 같이 말하기는 쉽다. "통제를 벗어날 정도로 무언가를 탐닉한다면 당연히 만족을 얻을 수 없다." 그러나 솔로몬은 이 모든 것을 심하게 탐닉하는 중에도 자신의 지혜를 지켰다. 그는 탐닉을 통해 자신이 의도적으로 찾고 있는 것이 의미라는 사실을 잊지 않았다. 그는 양쪽 세계의 최선을 모두 누리고 있었다. 그는 중독자처럼 되지 않았고 그것이 어떠한 방법이었든지 간에 자신에 대한 지혜를 유지할 수 있었다.

당신과 내가 그렇게 할 수 없는 주요한 이유는 하나님이 솔로몬에게 주셨던 비할 데 없는 지혜가 우리에게는 없기 때문이다. 여하튼 중요한 것은 솔로몬이 즐거움을 추구했으나 찾지 못한 것이 아니라는 사실이다. 그는 찾았다. "무엇이든지 내 눈이 원하는 것을 내가 금하지 아니하며 무엇이든지 내 마음이 즐거워하는 것을 내가 막지 아니하였으니 이는 나의 모든 수고를 내 마음이 기뻐하였음이라. 이것이 나의 모든 수고로 말미암아 얻은 몫이로다"전 2:10.

솔로몬은 이렇게 말하고 있다. "파티의 현장…거짓말을 하지는 않겠다. 나는 좋은 시간을 보냈다." 궁전과 연못들, 정원의 조경, 좋은 음식과 와인, 호화로운 파티, 최고의 밴드, 많은 여자, 돈과 재산까지 솔로몬은 정말 좋은 시간을 보냈다. 이후 11절은 다음과 같이 기록한다. "그 후에 내가 생각해본즉 내 손으로 한 모든 일과 내가 수고한 모든 것이 다 헛되어 바람을 잡는 것이며 해 아래에서 무익한 것이로다."

요점을 놓치지 마라! 우리의 마음속에 샬롬의 모양으로 난 구멍은 하나님의 샬롬으로만 채워질 수 있다.

솔로몬에겐 더 이상의 환상이 없었다. 그는 머릿속으로 생각한 모든 것을 경험했다. 솔로몬은 할 수 있는 모든 것을 해보았지만 결국 이와

> 우리의 마음속에 샬롬의 모양으로 난 구멍은 하나님의 샬롬으로만 채워질 수 있다.

같은 추구를 시작하기 이전과 똑같은 자리였고 인생은 지루하고 뻔했으며 그 때문에 약간 실망했고 몹시 초조했다.

이와 같은 실망의 강력한 역설이라면 하나님이 좋은 모든 것을 만드셨다는 점이다. 즐거움과 파티, 정원, 일, 돈, 물질, 섹스는 그분으로부터 나왔다. 아담과 하와는 창조되었고 벌거벗은 채 동산에서 살았다. 이것은 굉장한 일이다. 나는 하나님이 모든 것을 시작하신 방법, 즉 한 남자와 한 여자, 거대한 면적의 땅, 벌거벗음을 사랑한다. "가서 즐겨라, 뛰놀아라, 좋은 시간을 보내라." 이것이 샬롬의 모습이다! 무슨 이유에서인지 우리는 하나님을 다른 사람의 기쁨을 깨뜨리시는 우주적 존재로 생각하지만 성경에 따르면 행복과 기쁨을 부르짖는 우리

존재의 중심에 자리한 이 깊은 갈망은 하나님이 주신 것이고 하나님 은 우리가 만족하기를 원하신다.

우리는 처음부터 이 만족을 추구한다. 이 타락한 세상에 샬롬을 간절히 원하는 상태로 모태에서 나오는 것이다. 태어나는 그 순간부터 우리는 우리 자신의 행복을 추구한다. 그렇지 않은가? 새벽 4시든 한밤중이든 한낮이든 예배 중이든 할머니의 장례식장이든 개의치 않는다. "젖병을 달라. 젖꼭지를 달라. 음식을 달라. 나를 즐겁게 해달라. 나를 위해 춤을 춰달라. 우스운 그 표정을 지어달라." 태어나는 순간부터 우리는 만족을 요구하며 한 번도 쉬지 않는다.

추구는 변할 수 있지만 필요는 절대로 변하지 않는다. 나이가 들어가면서 다르게 보일 뿐 갈망은 늘 똑같다. 우리는 자신의 행복과 즐거움을 추구한다. 이것이 우리가 하는 모든 행동의 배후에 자리한 동기다. 그러나 이와 같은 필요가 잘못된 것은 아니다. 단지 우리가 그것을 충족시키기 위해 예수님을 떠나 시도하는 여러 가지 방식들이 잘못된 것이다. 솔로몬의 말은 우리에게 우리의 공허가 얼마나 깊고 깊고 또 깊은지를 선명하게 상기시켜준다. 또한 샬롬이 우리와 얼마나 멀리 떨어져 있는지를 분명하게 보여준다. 그러나 솔로몬이 우리에게 끼친 유익은 너무나 크다. 전도서가 성경에 포함되어 있는 이유는 예수님 외에 그 무엇도 우리 마음에 자리 잡지 못하도록 하기 위함이다.

감각을 통한 추구

모든 사람은 의미와 중요성, 행복을 찾는다. 그것에 어떤 꼬리표를 붙이든, 그것을 무엇으로 정의하든 우리 모두는 충족을 갈망한다. 그리고 충족을 향한 추구는 그 자체로 우리에게 실제로 충족될 수 있는 무엇이 있다는 사실을 알려주고 있는 것 같다.

17세기에 파스칼이라고 하는 기괴한 천재 수학자 겸 철학자 겸 신학자가 있었는데 그는 다음과 같이 이야기했다.

> 모든 사람은 행복을 추구한다. 여기에는 예외가 없다. 어떤 다른 수단을 사용하든 모든 사람은 이 목적을 향하여 움직인다. 어떤 사람은 전쟁에 참여하고 다른 사람은 전쟁을 회피하는데 그 원인은 다른 견해가 수반된 같은 욕구다. 이 목표를 향하지 않는다면 의지는 한 걸음도 내딛지 않는다. 이것이 모든 사람의 모든 행동의 동기다. 자신의 목을 스스로 매다는 사람도 예외가 아니다.[8]

행복은 우리가 하는 모든 일의 배후에 위치한 원동력이다. 당신이 하는 모든 행동의 중심에는 행복을 향한 열망이 놓여 있다. 달갑지 않은 일을 하는 것도 행복을 포기한 것이 아니라 그 일이 궁극적으로 행복에 더 좋고 도움이 되는 것으로 보기 때문이다. 단언컨대 부모로서 가장 끔찍한 일은 아이들에게 주사를 맞히는 것이다. (술과 관련된 주사가 아니라 예방 접종을 말하고 있는 것이다.) 표면적으로만 보자면 나는 내 아이들이 주사의 고통에 굴복하는 것을 원하지도 않고 아이들의 고통이 나를 행복하게 만들지도 않는다. 하지만 예방 접종을 하고자 하는 결정의 근원에는 내 아이들이 병에 걸리지 않기를 바라는 갈망이 있다. 병은 아이들도 우리도 행복하지 않게 한다. 질병이 없다는 말은 행복하다는 말과 같다. 우리는 늘 무언가를 선택하는데 궁극적으로는 그것이 우리의 행복을 위함이라고 생각하기 때문이다.

하지만 이미 말했듯이 문제는 행복 그 자체도 행복의 추구도 아니다. 모든 힘을 다해 즐거움을 좇다가 되돌아와 "네가 원한다면 그것을 좇을 수 있겠지만 무의미한 일이다. 바람을 잡으려는 것과 같다"고 말한 솔로몬에 대해선 어찌할 것인가? C. S. 루이스가 여기에서 도움이 될 수 있다. 그는 다음과 같이 기록했다. "저는 행복해지기 위해 종교를 찾지 않았습니다. 행복의 비결은 늘 알고 있었으니까요. 그건 포트 와인 한 병이면 충분합니다."[9] 또한 그는 그의 명작 『영광의 무게』에서 다음과 같이 기록했다.

자신의 행복을 갈망하고 간절히 누리고 싶어하는 것은 나쁘다는 생각이 현대인의 사고에 도사리고 있다면, 그것은 칸트와 스토아 학파의 사상에서 스며든 것이지 기독교 신앙의 일부가 아니라는 점을 말씀드립니다.[10]

칸트는 철학자로 우리가 무엇을 더욱 사랑할수록 그 사랑이 덜 도덕적이게 된다고 가르쳤다. (맞다. 이것은 말이 되지 않는다.) 칸트에 따르면 내가 나의 아내를 미워하면서도 그녀와 맺은 언약 때문에 함께 사는 것이 아내를 정말로 사랑하고 그녀와 함께 있는 것을 기뻐하는 것보다 더 도덕적이다. 아내의 존재 자체를 개탄하면서도 내가 맺은 서약 때문에 그녀와 함께 사는 것이 내 온 마음을 다해 그녀를 사랑하는 것보다 더 도덕적이다. 칸트는 정말 누군가의 포옹이 필요했다.

그런데 이런 생각이 기독교에도 침투하지 않았는가? 그러고 싶지 않을 때라도 사람들을 사랑해야 한다는 생각이 팽배하지 않은가? 실상은 혐오감을 느끼는 사람들을 위해 사랑의 행위를 하는 것이 도덕적이라고 가르치지 않는가? 하지만 예수님은 무리를 보시고 혐오감을 느끼지 않으셨다. 예수님은 무리를 불쌍히 여기셨다마 9:36. "사랑은 움직이는 거야"라는 말은 맞는 말이다. 또 바울은 고린도전서 13장에서 사랑을 정의할 때 감정의 틀 안에서 하지 않았다. 하지만 하나님은 우리가 울상을 짓고서 사랑을 경험하도록 만드시지 않으셨다. 하나님이 우리에게 애정을 주신 것은 특별한 목적이 있기 때문이다. 루이스는 이 점을 정확하게 짚어냈다.

그것은 칸트와 스토아 학파의 사상에서 스며든 것이지 기독교 신앙의 일부가 아니라는 점을 말씀드립니다. 사실 복음서가 당당하게 약속하는 보상, 그 엄청난 보상들을 생각하면, 우리 주님은 우리의 갈망이 너무 강하기는커녕 오히려 너무 약하다고 말씀하실 듯합니다.[11]

완전한
복음

루이스에 따르면 하나님은 우리를 보시고 "이들이 자신의 즐거움을 찾고 있다니 믿을 수가 없구나"라고 말씀하는 것이 아니라 오히려 "너희는 최선을 다해 찾고 있지 않구나"라고 말씀하신다. 루이스의 다음 주장은 이 점을 더욱 분명히 한다.

> 우리는 무한한 기쁨을 준다고 해도 술과 섹스와 야망에만 집착하는 냉담한 피조물입니다. 마치 바닷가에서 휴일을 보내자고 말해도 그게 무슨 뜻인지 상상하지 못해서 그저 빈민가 한구석에서 진흙 파이나 만들며 놀고 싶어하는 철없는 아이와 같습니다. 우리는 너무 쉽게 만족합니다.[12]

로마서 1장 23절은 죄가 세상에 들어와 세상을 부서뜨렸을 때 당신과 내가 무한하신 창조주 하나님을 그분의 창조세계와 맞바꾸었다고 이야기한다. 우리는 영원하고 영혼을 만족시키는 것 대신 일시적이고 잠깐뿐인 즐거움에 만족하기 시작한 것이다.

10년 전에 당신은 10년 후 인생이 어떠하면 좋겠다는 그림을 그렸을 것이다. 당신은 그것을 성취할 수만 있다면 행복하고 만족할 것이라고 생각했을 것이다. 지난 10년 동안 당신은 의식적으로나 무의식적으로나 그 목표에 도달하기 위해 힘써왔다. 대부분의 독자들은 다음과 같은 생각을 한다. "졸업만 한다면, 좋은 직장에 들어간다면, 좋은 남편 혹은 아내를 만난다면, 아이가 생긴다면, 휴가를 즐길 만큼 돈을 번다면, 지금 주행거리의 반만 되는 차가 있다면, 이것을 할 수 있다면, 저것을 가질 수 있다면." 그러나 이러한 목표들을 모두 달성했다고 해도 실상은 끝이 아니다. 왜냐하면 지난 10년의 계획은 새로운 10년의 계획으로 이미 대체되었기 때문이다. 인정하든 안 하든 우리는 대부분 궁극적으로 자신을 행복하게 만들기 위해서는 이미 가진 것보다 더 가져야 한다는 철학을 받아들였다. 그러나 이런 생각은 광기일 뿐이다. 그 모든 것이 무의미하다.

전도서 3장 11절은 하나님이 사람들에게 영원을 사모하는 마음을 주셨다고 말한다. 어떻게 보면 우리 영혼은 가장 깊은 곳에 타락 이전의 삶을 기억하고 있다. 좀더 깊게 보면 죄가 이 세상에 들어오기 전의 모습에 대한 기억은 엘피판에

> 우리 영혼은 가장 깊은 곳에 타락 이전의 삶을 기억하고 있다.

패인 홈처럼 하나님의 손가락으로 우리 영혼에 새겨져 있다. 우리의 마음 깊은 곳에는 한 가지 기억이 있다. 한때 우리가 충만했고 행복했으며 아무것도 우리를 짓누르지 않았었다는 사실이다. 우리의 영혼은 분명히 그곳으로 돌아가고자 신음하고 있다. 하지만 그 빈 공간은 하나님의 모양을 띤다. 파스칼은 말한다.

한때 사람 안에는 참된 행복이 있었으나 지금은 흔적과 빈 자취로만 남아 있다. 사람들은 만족되지 않는 것을 해결하고자 보이는 것에서 보이지 않는 것을 추구하면서 자신의 환경으로부터 그 행복을 채우려고 헛된 노력을 한다.…하지만 이 모두는 불충분한데 이 무한한 심연은 오로지 무한하

완전한
복음

고 불변하는 대상, 즉 하나님 자신으로만 채울 수 있기 때문이다.[13]

판의 홈은 영원한데 그것을 채우기 위해 우리가 스스로 할 수 있는 모든 것은 일시적이다. 자신의 목표를 달성한 솔로몬은 모든 것이 헛되고 무의미했다고 말한다. 이것은 인간 역사상 가장 부유하고 가장 지혜롭고 가장 많은 경험을 한 사람에게조차 그곳에 도달할 자원이 없었다는 뜻이다. 그렇다면 당신의 확률은 얼마나 된다고 생각하는가?

성경에서 내가 가장 좋아하는 이야기는 요한복음 4장에 기록되어 있다. 성경은 예수님이 아무도, 아니 적어도 유대인이라면 지나가지 않을 사마리아를 지나가기로 결심하셨다고 이야기한다. 예수님은 우물가에 앉으셨는데 월세를 위해 몸을 팔던 한 여인이 한낮에 나타났다. 그녀가 아침에 왔더라면 사람들로부터 뭇매를 맞았을 것이다. 그녀는 사회적으로 완벽한 왕따였다.

예수님은 그녀에게 말씀하신다. "내게 물을 한 컵 주겠느냐?" 그녀는 누군가 자신에게 말을 걸어왔다는 사실에 놀라면서도 물을 퍼 올렸다. 그녀가 물을 건네자 예수님은 물을 받으신 후 물에 대해 말씀하기 시작하셨다. "나는 이 물을 마실 것이나 다시 목마를 것이다." 그녀가 물었다. "물을 한 잔 더 드릴까요?" (이것은 다른 말로 바꾸어 표현한 것이다.)

예수님은 계속해서 물에 대하여 이야기하셨다. "사람들은 종일 우물을 찾는다. 오늘 마실 물을 위해 아침부터 우물을 찾았던 여인들도 내일이면 다시 목마를 것이고 다시 우물을 찾을 것이다." 예수님은 말씀을 이어가셨다. "잘 들어라. 내가 주는 물을 마시는 사람은 영원히 목마르지 않을 것이다." 그러나 그녀는 말씀의 의미를 완전히 놓쳤다.

이 이야기를 알고 있는가? 그녀는 다음과 같이 말했다. "당신은 컵도 없지 않으십니까? 물을 가지고 계시다니 그게 무슨 말씀이신가요?"

예수님의 말씀은 무엇인가? "나는 영원하다. 내가 그 빈 공간을 메운다. 내가 그 홈을 채운다."

내가 말하는 바와 말하지 않는 바가 각각 무엇인지를 설명해야 할 듯싶다. 나는 예수님을 떠나서는 좋은 결혼 생활을 할 수 없다고 말하는 것이 아니다. 로렌과 나의 이웃 중에는 그리스도도 모르고 교회에 나올 생각도 전혀 없는 좋은 친구들이 있다. 우리는 이들을 우리 집으로 초대하기를 즐긴다. 우리 안에서 예수님을 볼 수 있도록 애쓰는 것이다. 하지만 우리 이웃은 훌륭한 남편이고 그의 아내 역시 훌륭한 아내이며 좋은 부모이기도 하다. 이들은 자신의 의무를 잘 수행하기 위해 필요한 창의력과 능숙함을 가지고 있으며 심지어 웬만한 그리스도인들보다 낫다. 그러나 그 모든 사실에도 불구하고 이들은 하나님이 창조하신 결혼의 충만한 의미를 절대로 알 수 없는데 오로지 그리스도에게 복종한 사람만이 궁극적 행복이라는 영혼의 만족을 경험할 수 있기 때문이다.

결국 우리에게 영원한 만족을 가져다주는 것은 해 아래 아무것도 없다. 우리 마음에 패인 홈은 일시적인 것으로 메울 수 없다. 영원을 필요로 한다. 따라서 더욱더 많은 것과 더욱더 큰 것, 더욱더 나은 것을 향한 우리의 추구는 그 자체로 무언가 벗어나 있고 잘못되어 있고 망가져 있고 깨어져 있다는 사실에 대한 우리의 감각이다. 마찬가지로 죽음과 고통, 괴로움은 이 세상의 무언가가 깨어져 있다는 사실을, 만족을 모르는 우리의 추구는 지구보다 큰 무엇이 우리 영혼으로부터 떨어져 나갔다는 사실을 우리에게 말해준다.

참된 만족을 향한 아픔

죄는 단순히 개인적인 문제가 아니라 우주적인 문제다. 땅에서 바라본 복음은 부패가 매우 개인적이고 여기 안에 있다고 가르친다. 반면 하늘에서 바라본 복음은 부패가 세상의 사회적 구조와 제도 자체에 영향을 미치며 저기 밖에도 있다고 가르친다. 물론 부패가 여기 안에 있기 때문에 저기 밖에도 있는 것이다. 전도서에 기록된 솔로몬의 경험을 볼 때 만족이 필요한 것은 우리뿐이 아니다. 이 세상의 모든 선한 것들은 하나님을 떠나서 만족할 수 없을 만큼 깨어져 있다.

솔로몬은 이와 같은 깨어짐이 얼마나 불만족스러웠을까?

이러므로 내가 사는 것을 미워하였노니 이는 해 아래에서 하는 일이 내게 괴로움이요 모두 다 헛되어 바람을 잡으려는 것이기 때문이로다. 내가 해 아래에서 내가 한 모든 수고를 미워하였노니 이는 내 뒤를 이을 이에게 남겨 주게 됨이라. 그 사람이 지혜자일지, 우매자일지야 누가 알랴마는 내가 해 아래에서 내 지혜를 다하여 수고한 모든 결과를 그가 다 관리하리니 이것도 헛되도다. 이러므로 내가 해 아래에서 한 모든 수고에 대하여 내가 내 마음에 실망하였도다. 어떤 사람은 그 지혜와 지식과 재주를 다하여 수고하였어도 그가 얻은 것을 수고하지 아니한 자에게 그의 몫으로 넘겨주리니 이것도 헛된 것이며 큰 악이로다(전 2:17-21).

솔로몬이 추구하던 즐거움에는 점감효과가 있어 그는 인생을 미워하기 시작했다. 인생의 정점을 경험했을 때 그는 겨우 삼십대였다. 그는 슬픔에서 절망으로 옮겨갔다. 그가 다음에 올 것에 대해서도 좌절을 느끼고 있다는 사실에 주목하라. 역사가 말해주듯 솔로몬 이후 이스라엘이라는 나라는 완전히 소멸되었다. 이 본문 속에서 솔로몬은 자신의 아들들을 바라보고 있다. 그는 지혜로웠다. 이스라엘을 부유하고 강력한 나라로 세웠지만 아들들을 보며 다음과 같이 생각했다. "우리가 곤경에 빠졌구나. 나는 이것을 지혜롭게 경영해왔으나 내 뒤를 이을 이들이 다 파괴할 것이구나." 그는 자신이 축적한 부에 어떠한 일이 생길지 알 수 없다는 사실을 깨달았다. 그것을 가져갈 수도 없고 자신이 떠난 후 그것이 낭비되지 않도록 할 수도 없다. 공허함이 찾아들기 시작했다. 솔로몬은 절망에 빠졌다.

다음 예화는 본의 아니게 내 나이를 드러내겠지만, 나는 록 밴드

〈너바나〉의 대단한 팬이었다. (팬이다.) 나는 커트 코베인(1967-1994, 너바나의 보컬이자 기타리스트—편집자 주)에게 생긴 일과 커트 코베인이 자신에게 한 일을 주의 깊게 살펴왔다. 역사를 보면 매우 어린 나이에 모든 꿈을 이루어 더 이상 아무 꿈도 꿀 수 없게 된 유명인들이 있다. 그런 때에 절망이 찾아온다. 영혼을 갉아먹는 낭비감이 그의 영혼으로 퍼졌을 때 그는 무엇을 해야 했을까? 플래티넘 음반을 하나 더 제작해야 했을까? 집을 한 채 더, 장신구를 하나 더 사야 했을까? 새로운 휴대전화가 그에게 힘을 주었을까? 사랑하는 가족과 음악도 절망에 빠진 그를 일으켜주지는 못했다. 그는 스스로 목숨을 끊었는데 자신의 모든 성취와 달성, 축적에도 불구하고 인생이 정말 싫었기 때문이다.

이것은 솔로몬에게도 일어난 일이었다. "나는 성취하고 경험하고 이루었지만 이 모든 것을 바보 같은 아들들에게 남겨주어야만 한다. 모든 것이 헛되다. 오! 나는 인생이 정말 싫다." 하지만 이어지는 그의 이야기에 집중해보라. 자신의 인생을 싫어한 것이 이야기의 끝이 아니다. 그는 영원에 대해 묻기 시작했다. "사람이 해 아래에서 행하는 모든 수고와 마음에 애쓰는 것이 무슨 소득이 있으랴"전 2:22.

솔로몬은 원하는 모든 것을 가진 사람에 대해 이야기하고 있다. 욥기가 모든 것을 잃은 사람에 관한 책이라면 전도서는 모든 것을 얻은 사람에 관한 책이다. 모든 것을 가진 이 사람은 세상이 슬픔으로 가득하다고 느낀다. 얻을 수 있는 모든 것을 얻었지만 그것이 슬픔만을 더

했기 때문이다. "사람이 해 아래에서 행하는 모든 수고와 마음에 애쓰는 것이 무슨 소득이 있으랴. 일평생에 근심하며 수고하는 것이 슬픔뿐이라. 그의 마음이 밤에도 쉬지 못하나니 이것도 헛되도다"전 2:22-23. 세상에서 가장 지혜로운 사람이 내린 모든 처방에도 효과가 없었다면 우리 혹은 이 세상이 문제인 것만은 분명하다. 해답은 없는 걸까? 모든 것이 절망적이기만 한 걸까?

솔로몬은 해답을 발견했다. "사람이 먹고 마시며 수고하는 것보다 그의 마음을 더 기쁘게 하는 것은 없나니 내가 이것도 본즉 하나님의 손에서 나오는 것이로다. 아, 먹고 즐기는 일을 누가 나보다 더 해 보았으랴"전 2:24-25. 영혼이 경험하는 지속적인 즐거움은 예수님으로부터 오는 선물이라는 말이다.

하나님은 모든 사람에게 선물을 주신다. 하나님을 믿든지 믿지 않든지 우리는 그분의 것으로 살고, 걷고, 입는다. 하나님은 모두에게 음식과 음료, 직장, 친구, 가족 같은 선물을 주신다. 그런데 모든 사람이 선물을 받지만 오직 하나님의 자녀, 즉 예수님을 믿는 사람만이 지속적인 즐거움을 받는다. 왜일까? 우리가 예수님을 중심으로 삼는다면 우리의 만족이 그분 외에는 무엇에도 매이지 않기 때문이다. 그럴 때 우리는 실제로 하나님이 주신 선한 선물을 하나님의 의도대로 즐길 수 있게 된다. 그것은 선한 선물들이 올바른 태양, 즉 우리 자신이 아닌 우리의 구세주를 중심으로 돌기 때문이다.

대부분의 사람들은 다른 사람들과 환경이 자신의 행복을 위해 존

완전한
복음

재한다고 믿는다. 내면의 깨어짐이 외부의 것으로 만족될 수 있다고 믿는 것이다. 불행하다면 누구를 원망해야 할까? 다른 사람들과 환경이다. 이것이 왜 말이 되지 않는지 생각해보라. 깨어진 사람들은 다른 깨어진 사람들이 자신을 고쳐줄 것이라고, 선한 것들이 하나님을 대신할 수 있다고 쉽게 생각한다. 하지만 잘 생각해보면 이것은 터무니없는 이야기다.

모든 것이 엉망이다. 구조 전체와 각 부분이 모두 결핍되어 있다. 전도서가 보여주는 사실이 이것 아닌가? 우리 마음에도 샬롬이 없고, 세상에도 샬롬이 없다. 우리는 저주를 받았다. 창조세계 역시 저주를 받았다. 우리는 탄식한다. 창조세계 역시 탄식한다. 이 아픔은 우리 모두보다 더 큰 아픔이다.

그래서 우리에게는 우리 모두보다 더 큰 구원이 필요하다.

7

화목

하나님은 타락하여 엉망이 된 인류를 살펴보셨을 때 노아의 의로움에 주목하셨다. 하지만 성경은 죄의 충만함과 그것의 영향에 대해서는 다음과 같이 묘사한다.

> 그때에 온 땅이 하나님 앞에 부패하여 포악함이 땅에 가득한지라. 하나님
> 이 보신즉 땅이 부패하였으니 이는 땅에서 모든 혈육 있는 자의 행위가
> 부패함이었더라. 하나님이 노아에게 이르시되 "모든 혈육 있는 자의 포악
> 함이 땅에 가득하므로 그 끝 날이 내 앞에 이르렀으니 내가 그들을 땅과
> 함께 멸하리라"(창 6:11-13).

하나님은 왜 온 지구를 홍수로 멸하셨을까? 지구가 하나님께 무슨 잘못을 한 것일까?

물론 아무 잘못도 없다. 그러나—방주에 탄 것을 제외한—모든 생물의 멸망은 하나님에 대한 우리의 우주적 반역의 심각성을 보여준다. 청지기가 타락했기 때문에 전 지구가 타락한 것이다. 미다스 왕과는 반대로 우리가 만지는 모든 것은 황금이 아닌 재로 변한다. 아담과 하와의, 그리고 우리의 죄로 인해 온 땅이 저주를 받았는데 그것은 죄

의 결과가 하나님의 영광의 범주를 반영해야 하기 때문이다.

하나님의 영광은 영원하다. 따라서 죄 또한 영원한 범죄다. 이 때문에 우리는 영원한 생명과 영원한 지옥, 일부가 아닌 만물의 새로워짐을 믿는다. 좋은 소식은 구원에 대한 하나님의 계획이 그분의 영광의 크기에 맞게 모든 창조물을 포함한다는 사실이다. 타락했던 것이 다시 '좋다'고 선언될 것이다. 노아와 방주 이야기의 마지막 부분에서 마침내 마른 땅에 발을 디딘 노아는 주님께 번제를 드렸고 하나님은 다음과 같이 약속하셨다. "내가 다시는 사람으로 말미암아 땅을 저주하지 아니하리니 이는 사람의 마음이 계획하는 바가 어려서부터 악함이라. 내가 전에 행한 것 같이 모든 생물을 다시 멸하지 아니하리니"창 8:21.

이와 같은 하나님의 약속은 북쪽 끝에서 남쪽 끝, 동에서 서까지 이 땅의 모든 저주가 마침내 뿌리 뽑힐 앞으로의 그날을 예시한다. 하나님의 구속 계획은 거대하다. 세상을 향한 하나님의 비전은 일부 그리스도인들이 예상하는 대로 파괴가 아니라 구속과 회복이다. 하박국 2장 14절은 다음과 같이 말한다. "이는 물이 바다를 덮음같이 여호와의 영광을 인정하는 것이 세상에 가득함이니라." 우리는 다시금 홍수를 맞이할 텐데 이번에는 생명의 물이 넘쳐날 것이다.

하나님이 생각하시는 예수 그리스도의 속죄 사역을 통한 화목은 분명 개인적인 동시에 초개인적이다. 이 땅의 만물이 인간의 타락으로 인해 부패했기 때문에 하나님은 세상을 자기와 화목하게 하실 것이며 고후 5:19 만물을 그의 발 아래에 두실 것이다고전 15:27.

완전한
복음

그리스도의 광범위한 사역

예수님이 제자들에게 기도를 가르치셨을 때 보여주신 예에는 아버지를 향한 다음과 같은 간구가 포함되어 있다. "나라가 임하시오며 뜻이 하늘에서 이루어진 것 같이 땅에서도 이루어지이다"마 6:10. 이것, 즉 하나님 나라가 임하도록 하여 이 땅과 연관 짓는 것이 본질적으로 예수님 사역의 목적이었다. 하늘에서는 모든 것이 하나님을 향한 예배를 지향한다. 삼위일체 하나님은 하늘나라의 중심이다. 그러나 땅에서는 모든 것이 타락으로 인해 궤도에서 벗어났다. 우리는 자신을 신으로 삼고자 하는 경향성의 반영으로 갖가지 우상을 중심으로 삼는다.

그런데 지금까지 살펴본 대로 모든 창조세계가 함께 망가져 버렸다. 죄의 얼룩이 창조세계에 영향을 미쳤다. 우리가 밟고 있는 이 땅은 우리 때문에 저주를 받았다. 왕으로서 이 땅에 하나님 나라가 임했다고 선포하신 예수님은 비록 백성을 불러 모으는 것을 가장 우선적이고 주된 사역으로 삼았지만, 이것은 또한 저주를 되돌리는 것과 관련되어 있었다. 복음서는 예수님과 제자들이 '천국 복음'을 전파했다고 기록하는데, 이것은 하나님이 만물을 바로잡기 시작하셨고 하나님의 영광이 하늘에서와 같이 이 땅 곳곳에도 비춰지고 있다는 증거였다. 예수님의 사명은 개인적 변화와 세계적 변화 모두를 포함했다. 그분의 사역은 광범위했다.

우리는 그리스도의 사역을 통해 하늘에서 바라본 복음을 엿볼 수 있다. 예를 들어 복음서에서 예수님이 사람의 영혼뿐 아니라 그들의 역사까지 구원하셨다는 사실에 주목하라. 구약에서 하나님의 자녀들은 분명히 개인의 구원을 소망하지만 그것을 넘어서는 국가적 구속과 언약의

예수님이 사람의 영혼뿐 아니라 그들의 역사까지 구원하셨다는 사실에 주목하라.

회복, 그리고 '참 세상'의 화목도 소망한다.

구약을 중시하는 평범한 유대인들의 기대는 예수님 안에서 실현된 것들과는 거리가 멀었다. 하지만 그렇다고 하나님이 구약의 율법서와 선지서에 기록된 소망과 갈망을 간과하신 것은 아니다. 예수님 시대의 유대인들은 그들이 오랫동안 기다려온 메시아가 로마를 정치적·군사적으로 타도해주기를 기대했다. 그러나 예수님이 그와 같은 방법을 사용하지 않았다고 해서 실제 그렇게 하지 않으신 것은 아니다. 예수님은 산상 설교를 통해 율법의 초점을 성취하셨고, 유월절의 지속적인 성취로서 성찬을 시작하셨으며, 격렬하게 성전을 깨끗하게 하시고, 예루살렘과 종교 지도자들을 향해 화를 선포하셨다. 이것은 예수님이 나라의 회복, 즉 개인적 변화와 그 이상을 포함한 회복을 선언하신 것이다. 이와 같은 활동들과 또 다른 활동들을 통해서 예수님은 복음이 모든 나라의 정치적·종교적·문화적·역사적 갈망의 성취임을 선언하셨다.

예수님의 복음은 광범위하다. 사탄이 하늘에서 번개처럼 떨어지는 것을 보았다고 예수님이 말씀하셨을 때 그것은 복음이 우리의 죄악된

행동뿐 아니라 악 자체를 타도한다는 말씀이었다. 예수님이 귀신을 내쫓으셨을 때 그것은 복음이 예수님 자신의 권위와 하나님의 주권에 대한 것임을 드러내신 것이다. 예수님이 병들고 다리 저는 자를 고치셨을 때 그것은 복음이 육체적인 깨어짐의 근절임을 선포하신 것이다. 예수님이 오천 명을 먹이셨을 때 그것은 굶주린 세상이 그리스도를 통해 하나님의 충만한 공급을 경험하게 될 것이라는 말씀이었다. 예수님이 물 위를 걸으시고 풍랑을 잠잠하게 하셨을 때 그것은 복음이 타락한 창조세계의 혼돈을 다스림에 대한 것이라고 말씀하신 것이다. 예수님이 종교 지도자들의 잘못을 지적하시고, 성전에서 장사하던 자들을 내쫓으시고, 부자들에게 구원받기 어려우리라 말씀하시고, 가이사의 것은 가이사에게 바치라고 대답하시고, 나귀를 타고 입성하시고, 성전의 멸망을 예언하시고, 정치 지도자 앞에서 침묵하셨을 때 그것은 복음이 우리의 제도에 상당한 영향을 끼칠 것을 보여주신 것이다. 예수님이 죄를 용서하시고 죽은 자를 살리셨을 때 그것은 복음이 거듭남일 뿐 아니라 죄와 죽음에 대한 정복임을 선언하신 것이다.

예수님의 사명은 너무나 거대했기에 마태복음 3장 3절에서 세례 요한은 우리가 이사야 40장 3-4절의 다음과 같은 말씀을 기억하기를 바랐다.

너희는 광야에서 여호와의 길을 예비하라. 사막에서 우리 하나님의 대로를 평탄하게 하라. 골짜기마다 돋우어지며 산마다, 언덕마다 낮아지며 고르지 아니한 곳이 평탄하게 되며 험한 곳이 평지가 될 것이요.

광범위한 예수님의 사역이 보이는가? 땅이 흔들릴 정도다. 물론 이 사역은 아들이 보내심을 받은 목적에서 그 정점을 맞이한다. 바로 십자가에서 죽으시고 다시 살아나시는 것이다.

우주적인 십자가

앞에서 다루었던 로마서 8장으로 돌아가 이번에는 조금 다른 시각으로 본문을 바라보자.

생각하건대 현재의 고난은 장차 우리에게 나타날 영광과 비교할 수 없도다. 피조물이 고대하는 바는 하나님의 아들들이 나타나는 것이니 피조물이 허무한 데 굴복하는 것은 자기 뜻이 아니요 오직 굴복하게 하시는 이로 말미암음이라. 그 바라는 것은 피조물도 썩어짐의 종노릇한 데서 해방되어 하나님의 자녀들의 영광의 자유에 이르는 것이니라. 피조물이 다 이제까지 함께 탄식하며 함께 고통을 겪고 있는 것을 우리가 아느니라. 그뿐 아니라 또한 우리 곧 성령의 처음 익은 열매를 받은 우리까지도 속으로 탄식하여 양자 될 것 곧 우리 몸의 속량을 기다리느니라(18-23절).

창조를 다룬 제5장에서 우리는 로마서 8장을 액션 영화에서 모든 것이 혼돈 속에 무너져가는 가운데 주인공이 어떻게 이 모든 것이 시작되었을까를 생각하는 장면, 즉 '인 메디아스 레스'로 설명했다. 이 세상의 상태를 바라보며 '무언가 잘못되었어'라고 생각하거나 "우리는 어쩌다 여기까지 오게 된 걸까?"라고 묻기 위해 당신이 꼭 종교적이어야 할 필요는 없다. 영화가 과거로 돌아가 위기 상황까지 이르는 장면을 하나하나 보여주고 난 후에야 현재의 상황은 이해가 된다. 이야기의 절정이 다가오고 새로운 질문이 떠오른다. "우리는 이 엉망인 상태에서 어떻게 벗어날 수 있을까?"

모든 사람이 이 질문에 대한 답을 가지고 있다. 거의 모든 사람이 폭력으로부터 벗어날 계획을 가지고 있다. 모든 종교가 이미 탈출 경로를 제안했다. 정치 후보자들에게는 수많은 아이디어가 있고, 오프라 윈프리 역시 우리를 위해 많은 제안을 한다. 서점에 가보면 절반에 달하는 책들이 자기 구원에 대한 책이다. 치유에 대한 필요는 어느 때보다 시급하고 자칭 치유 매뉴얼은 찾기 어렵지 않다.

이번에 살피게 될 로마서 8장을 통해 당신은 바울이 깨어짐과 동시에 해결책을 제시하고 있다는 사실을 보게 될 것이다. 바울은 "피조물이 고대하는 바니"라고 이야기했는데 이것은 피조물 안에 무언가가 나타나 잘못된 것을 끝내고 모든 것을 제자리로 회복시키리라는 갈망과 기대가 있다는 뜻이다. 깨어진 것이 화목을 간절히 바라고 있다. 바울은 데살로니가전서 5장 3절과 갈라디아서 4장 19절에서 출산의 고통을 예로 들고 있다. 대단한 고통이 있지만 아름다운 것이 목전에 있다. 사이언톨로지(1950년대 미국에서 발흥했으며 과학기술을 사용한 정신치료를 강조한다—편집자 주) 교도들은 출산을 할 때 침묵해야 한다는 이야기를 들어본 적이 있는가? 로렌과 나는 전혀 다른 방법을 사용했다. 그녀도 소리를 질렀고 나도 소리를 질렀으며 우리에게 소리를 지르지 말라는 의사도 소리를 질렀다. 하지만 아기가 태어났을 때 기쁨이 찾아왔다. 바울은 진통의 선명한 이미지를 사용해 이 깨어짐 속에서 무언가가 태어나고 있음을 말해준다. 우리의 몸은 깨어짐으로 인해 구속을 갈구하며 신음한다. 마찬가지로 모든 피조물 역시 잘못된 것이 올바르게 될 것을 기대하며 울부짖는다. 해결책은 무엇일까? 자유함을 입고, 양자가 되고, 구속을 경험하는 것이다. 로마서 8장에 따르면 이러한 해결을 위해 우는 것은 우리뿐만이 아니다. 이 세상도 마찬가지다.

예수님의 십자가 처형의 우주적 전망은 그 주변에서 일어났던 사건들에 잘 나타난다. 마태복음 27장 45-54절의 자세한 내용을 기억해 보라.

제육시로부터 온 땅에 어둠이 임하여 제구시까지 계속되더니 제구시쯤에 예수께서 크게 소리 질러 이르시되 "엘리 엘리 라마 사박다니" 하시니 이는 곧 "나의 하나님, 나의 하나님, 어찌하여 나를 버리셨나이까?" 하는 뜻이라 거기 섰던 자 중 어떤 이들이 듣고 이르되 "이 사람이 엘리야를 부른다" 하고 그중의 한 사람이 곧 달려가서 해면을 가져다가 신 포도주에 적

시어 갈대에 꿰어 마시게 하거늘 그 남은 사람들이 이르되 "가만 두라. 엘리야가 와서 그를 구원하나 보자" 하더라. 예수께서 다시 크게 소리 지르시고 영혼이 떠나시니라. 이에 성소 휘장이 위로부터 아래까지 찢어져 둘이 되고 땅이 진동하며 바위가 터지고 무덤들이 열리며 자던 성도의 몸이 많이 일어나되 예수의 부활 후에 그들이 무덤에서 나와서 거룩한 성에 들어가 많은 사람에게 보이니라. 백부장과 및 함께 예수를 지키던 자들이 지진과 그 일어난 일들을 보고 심히 두려워하여 이르되 "이는 진실로 하나님의 아들이었도다" 하더라.

하늘이 어두워졌고 땅이 흔들렸다. 성전의 휘장은 둘로 나뉘어졌다. 무덤이 열렸고 부활한 사람들이 예루살렘 거리에서 수의를 입은 채 활보하고 있었다. 확실히 예수님이 십자가 위에서 이루신 일은 우리의 작고 연약한 생각보다 거대하다. 자연 질서가 보인 반응은 그리스도의 죽으심을 창조세계의 구조적 균열과 연결시킨다.

타락의 결과에 대한 이중적 관점, 즉 땅에서의 신음과 하늘에서의 신음을 보여주는 로마서 8장은 십자가가 자유를 주어 영광의 자유에 이르게 한다고 이야기한다. 이러한 이중적 비전은 골로새서 1장에서도 나타난다. 이 본문에서 바울은 복음의 본질을 개인과 관련지어 이야기한다. 당신과 나는 한 개인으로서 우리 자신의 어떤 행위도 아닌 예수 그리스도로 말미암아, 특별히 예수 그리스도의 십자가와 부활로 말미암아 하나님과 화목되었다.

전에 악한 행실로 멀리 떠나 마음으로 원수가 되었던 너희를 이제는 그의 육체의 죽음으로 말미암아 화목하게 하사 너희를 거룩하고 흠 없고 책망할 것이 없는 자로 그 앞에 세우고자 하셨으니(골 1:21-22).

우리는 예수 그리스도의 십자가와 부활로 하나님과 화목되었다. 골로새서는 이러한 사실을 자주 언급한다. "그가 우리를 흑암의 권세에서 건져내사 그의 사랑의 아들의 나라로 옮기셨으니"골 1:13. 그리스도로 화목된 우리는 더 이상 하나님의 원수가 아니다. 아담과 하와가 누렸던 개인적 관계는 이미 회복되었다. 골로새서 1장은 또한 우리로 하여금 이러한 회복을 높은 곳에서, 즉 광각적 관점으로 바라보게 한다. 그것은 마치 우리가 구글어스GoogleEarth를 사용해 자신이 살고 있는 동네를 확대해서 본 후 다시 서반구를 보기 위해 화면을 축소하는 것과 같다.

그리스도에 관하여 바울은 다음과 같이 기록했다.

그는 보이지 아니하는 하나님의 형상이시요 모든 피조물보다 먼저 나신 이시니 만물이 그에게서 창조되되 하늘과 땅에서 보이는 것들과 보이지 않는 것들과 혹은 왕권들이나 주권들이나 통치자들이나 권세들이나 만물이 다 그로 말미암고 그를 위하여 창조되었고 또한 그가 만물보다 먼저 계시고 만물이 그 안에 함께 섰느니라(골 1:15-17).

이것은 우주적이다. 그렇지 않은가? 이것은 당신이 예수님의 무릎에 앉는 그런 개인적인 수준이 아니다. 믿기 어려울 정도로 우주적이다. 그분은 모든 것의 창조주로서 모든 것을 지탱하신다. "만물이 그 안에 함께 섰느니라." 모든 것은 그리스도에 의하여, 그리스도를 통하여, 그리스도를 위하여 존재한다. 인간과 코끼리, 누구도 발견한 적 없는 남아메리카의 어느 깜깜한 동굴 속 발광 물고기에서, 누구도 발견할 수 없는 어떤 먼 행성의 빙하 아래에 있는 미생물까지도 모두 그렇다. 그리스도는 이 모든 것의 주인이시다. 골로새서 1장은 우리가 그리스도의 주되심을 매우 거대한 것으로 보기를 원한다. 그분은 우리 개인의 주님과 구주이신 것에 머물지 않으며 그 너비와 길이와 높이와 깊이에 있어 그보다 훨씬 더 크시다.

바울은 계속해서 말했다.

그는 몸인 교회의 머리시라. 그가 근본이시요 죽은 자들 가운데서 먼저 나신 이시니 이는 친히 만물의 으뜸이 되려 하심이요. 아버지께서는 모든 충만으로 예수 안에 거하게 하시고 그의 십자가의 피로 화평을 이루사 만물 곧 땅에 있는 것들이나 하늘에 있는 것들이 그로 말미암아 자기와 화목하게 되기를 기뻐하심이라(골 1:18-20).

복음이 이 땅 위에 너무 오래 머물 경우 나타나는 위험 중 하나는 인간 중심성이다. "성경은 당신을 향한 하나님의 러브레터다"라는 주장에는 진리가 담겨 있기는 하지만 이것은 우리가 하나님의 영광을 우리의 필요와 얼마나 쉽게 맞바꾸는지를 보여주는 좋은 예다. 골로새서 1장 18절은 인간 중심적인 복음의 심장에 꽂히는 단검과 같다. 그리스도가 머리이시다. 그리스도가 근본이시다. 그리스도가 먼저 나신 이시다. 그리스도가 으뜸이셔야 한다. 완전한 복음은 아들의 으뜸되심을 선포함으로 하나님의 영광을 확대한다. 골로새서 1장의 복음은 광범위하며 십자가를 우주적인 것으로 상정한다. 우리는 십자가의 피로 가능해진 화평이 '만물'을 덮는다는 사실을 발견한다.[1] 십자가 위에서 화목하게 하시는 그리스도의 사역의 범주는 사람과 하나님 사이는 물론 땅과 하늘 사이의 깨어짐까지 아우른다.

　　그리스도의 십자가는 죄 많은 사람들을 죄 없으신 자신과 화목하게 하시는 하나님의 우선적·중심적 방법이다. 땅에서 바라볼 때 십자가는 하나님께로 이르는 다리다. 그러나 그 이상이기도 하다. 하늘에서 바라볼 때 십자가는 만물의 회복에 이르는 다리다. 매를 맞아 상한 성자가 지신 십자가는 에덴의 봉쇄된 문을 부수는 공성퇴다. 십자가는 이전의

매를 맞아 상한 성자가 지신 십자가는 에덴의 봉쇄된 문을 부수는 공성퇴다.

것을 그림자에 불과한 것으로 만드는 더 나은 에덴, 놀라운 새 언약의 나라로 들어가는 열쇠다. 십자가는 모든 창조를 회복하기 위한 하나님의 계획의 핵심이다. 빈 무덤이 동산을 향해 열린 것에는 어떤 의미가 있지 않을까?

화목을 위해 화목된

십자가에서 일어난 화목이 우주적인 것이 되기 위해서는 하나님과 우리의 개인적인 관계 이상이 포함되어야 한다. 우리 각자는 개인적으로 구원을 받지만 개인의 삶을 위해 구원받는 것은 아니다. 우리는 만물을 회복하시는 하나님의 계획의 일부로서 하나님의 회복시키는 복음과 그리스도의 몸을 선교적으로 증언하도록 부름받는다.

당신과 내가 예수 그리스도로 말미암아 하나님과 화목되었을 때 우리는 믿음의 언약 공동체로, 보편 교회로 들어왔다. 우리는 성경이 일컫는 대로 '그리스도의 몸'의 지체가 되었다. 보편적 관점에서 나는 온 세계에 형제와 자매를 두었다. 나는 인도의 자이푸르에 가본 적이 있는데 그곳 사람들은 힌디어로 예수님을 예배한다. 나는 중국과 아프리카, 멕시코도 가보았는데 그곳 사람들은 미국에 있는 우리와는 모습도 다르고 사용하는 언어도 다르다. 그러나 그들과 우리는 그리스도 안에서 한 가족이다. 보편적 수준에서 우리는 하나님의 가족이 되도록 구원받았기에 세상 곳곳에는 우리의 형제자매들이 있다. 지구상 거의 모든 족속과 방언, 나라에는 예수를 주님으로 고백하는 사람들이 있다.

그리스도 안에서 우리는 보편 교회로 부름받았을 뿐 아니라 지역 교회로도 부름을 받았다. 나는 댈러스에 위치한 빌리지 교회의 담임 목사로서 빌리지 교회의 지체들과 언약적 관계에 있다. 나는 그들에게로, 그들은 나에게로 부름을 받았다. 나는 그들의 일부이고 그들은 나의 일부다. 그들의 은사와 나의 은사는 믿음의 공동체 안에서 충돌하는데 이것은 우리 모두가 그리스도 안에서 하나님이 우리에게 원하시는 모습을 갖추기 위함이다.

이 모든 것은 당신이나 내가 혼자서 '그리스도의 몸'을 이루기에는 역부족이라는 뜻이다. 우리에게 언약의 공동체가 주어진 것은 서로가 필요하기 때문이다. 또한 우리는 서로를 떠났을 때보다 함께 있을 때 더욱 성숙해가고, 더한 생명을 경험하고, 더 나은 기쁨을 알아갈 것이기 때문이다.

신약 성경은 이러한 사실을 끊임없이 외친다. 우리는 존경하기를 서로 먼저하고롬 12:10, 서로 종노릇하고갈 5:13; 벧전 4:10, 몸의 각 마디를 통하여 도움을 받아 자라가야 한다엡 4:15-16. 하나님은 본질적으로 당신을 한 개인으로 지으셨고 은사를 주셨다. 하지만 그 지으심과 은사 주심은 단순히 당신 개인의 목적을 위한 것이 아니라 그리스도의 몸으로 성숙하게 자라가도록 하기 위한 것이다.

복음을 통한 화목을 동심원으로 생각해볼 때 가장 먼저 우리는 그리스도 안에서 하나님과 화목되고 그 다음으로는 언약의 공동체를 통해 서로에게 화목되고 마지막으로는 만물을 회복하시는 하나님의 역사와 화목된다.[2] 혹은 복음을 연못에 떨어진 돌맹이로 생각해보라. 이 세상에서 예수님의 삶과 죽으심, 부활은 하나님의 역사가 시작되는 진원震源으로서 많은 물결을 일으킨다. 첫 번째 물결은 하나님에 대한

완전한
복음

우리 개인의 화목이다. 두 번째 물결은 우리가 서로에게 화목됨으로 그리스도의 몸을 세우는 것이다. 세 번째 물결은 우리가 복음을 통한 화목의 충만함을 선포하기 위해 모일 때 나타나는 교회의 선교적 자세다. 본질적으로 우리는 화목하게 하기 위해 화목되었다.

바울은 이러한 선교적 사역을 '화목하게 하는 직분'으로 불렀는데 고린도후서 5장 17-20절에서 자세히 찾아볼 수 있다.

> 그런즉 누구든지 그리스도 안에 있으면 새로운 피조물이라. 이전 것은 지나갔으니, 보라! 새 것이 되었도다. 모든 것이 하나님께로서 났으며 그가 그리스도로 말미암아 우리를 자기와 화목하게 하시고 또 우리에게 화목하게 하는 직분을 주셨으니 곧 하나님께서 그리스도 안에 계시사 세상을 자기와 화목하게 하시며 그들의 죄를 그들에게 돌리지 아니하시고 화목하게 하는 말씀을 우리에게 부탁하셨느니라. 그러므로 우리가 그리스도를 대신하여 사신이 되어 하나님이 우리를 통하여 너희를 권면하시는 것 같이 그리스도를 대신하여 간청하노니 너희는 하나님과 화목하라.

바울이 어떻게 땅에서 바라본 복음의 역사를 강조하며 개인적인 변화로 그의 이야기를 시작하는지에 주목하라. "누구든지 그리스도 안에 있으면 새로운 피조물이라." 이제 바울은 단수에서 복수로 옮겨간다. "그가 그리스도로 말미암아 우리를 자기와 화목하게 하시고." 그 다음으로 바울은 하나님에 대한 우리 모두의 화목에서 복음의 전파라는 외향적 사역으로 옮겨간다. 하나님이 "우리에게 화목하게 하는 직분을 주셨으니." 이 한 가지 본문을 통해 우리는 우리가 개인적으로 화목되었지만 그것이 복음의 내용이나 의미의 마지막이 아니라는 사실을 알 수 있다. 우리는 그리스도를 믿는 믿음을 선물로 받았다. 덧붙여 그 선물의 메시지를 전파하는 임무를 받았다.

선교적 사고방식

완전한 복음은 교회의 선교 개념을 바꾼다. 만일 복음이 개인적인 동시에 우주적이라면, 지상명령은 만물을 회복하시는 하나님의 선교에 우리를 동참시킨다. 이것은 화목하게 하는 직분이 많은 이들이 마음에 그리는 것보다 더욱 크고 다면적이라는 뜻이다.

그렇다고 해도 교회의 선교는 매우 단순하게 설명할 수 있다. 교회의 선교란 근본적으로 전도와 제자 훈련이다. 하지만 이와 같은 노력을 어떻게 수행하느냐가 정말로 중요하다. 우리는 어떻게 제자를 훈련시키고 어떻게 전도하는가? 일반적으로 선교 사역을 하는 데에는 두 가지 주요한 방식이 있다. 그중 하나는 유인적 방식으로 부를 수 있고 다른 하나는 성육신적·선교적 방식으로 부를 수 있다.[3]

전도에 관해 생각해보자. 어떤 사람들은 교회에 와야만 복음을 접한다. 이들의 이웃이 이들과 개인적으로 복음을 나누지 않고 "저와 함께 저희 교회에 한번 가요. 우리 목사님 설교는 꼭 한번 들어보셔야 해요"라고 이야기한 것이다. 아니면 "우리 소그룹 모임에 한번 와보세요. 오셔서 꼭 한번 들어보세요"라거나. 우리는 복음을 가르치고 제시하는 곳으로 사람들을 데리고 온다. 이러한 전도 방식은 '유인적'이다. 사람들에게 복음을 직접 제시하기보다 복음이 제시되는 곳으로 사람들을 데려오는 방식이다. "가서 전하라"를 "와서 들어보라"로 재구성한 방식이라고 볼 수 있다.

이와 같은 경우 믿음이 뿌리를 내리고 하나님이 눈과 마음을 열어주셔서 그들이 "나는 그리스도를 믿습니다"라고 고백하게 되면 제자 훈련의 과정이 시작된다. 뭐니뭐니해도 지상명령은 결국 "가서 제자를 삼아라"이지 "가서 회심을 시켜라"가 아니다. (이것은 꼭 이해해야 하는 중요한 문제다. 어떤 교회들은 훈련에 관심을 두지 않고 회심으로 치부되는 결심의 축적에만 관심을 가졌기 때문에 대형교회가 되었다. 이것은 바람을 잡는 것이다. 썩어짐의 종노릇으로부터 놓이기를 갈망하는 세상 속에서 화목의 대리자로 부름받은 우리의 부르심을 생각할 때 이것은 누구에게도 도움이 되지 않고 무엇에도 의미가 없는 일종의 어리석음이다.) 결론적으로 제자 훈련은 유기적으로든 기계적으로든 교회 안에서 이루어지게 된다.

유기적 제자 훈련과 기계적 제자 훈련의 차이점을 설명해보려고 한다. 수년 전 나는 어떤 목회자 모임의 일원이었고 그 산하에는 창의 그룹이라고 하는 지도자 네트워크가 형성되어 있었다. 그들은 35세 이하의 목회자들 중 2,000명 이하의 교회에서 사역하는 약 15명의 목회자들을 한 방에 모아놓고 서로 이야기를 나누게 했다. 그러고는 연륜이 있으신 목회자를 멘토로 모셔 그분들이 교회에서 어떻게 하셨는지, 어떤 시스템을 만드셨고 어떻게 목양을 하셨는지 등을 청해 듣도록 했다. 우리 모두가 다루고 싶어했던 첫 번째 문제는 제자 훈련에 대한 것이었다. "사람들이 믿음 안에서 성숙해가는 방법과 이것을 위한 교회의 역할은 무엇일까요? 당신의 생각은 어떤가요?" 창의 그룹은 극과 극인 두 분의 목회자를 모셨다. 첫 번째 목회자는 다음과 같이 말했다. "우리는 사람들을 성경과 다른 사람들에게 접착시킵니다." 처음에 나는 그분의 말씀을 정확히 이해하지 못했다. 또한 나는 약간 실용주의자이기 때문에 다음과 같은 질문을 했다. "그게 효과가 있나요?"

그는 말했다. "음, 이 그룹에 들어가 있는 사람들은 전체 X명이고 저 그룹에는 X명이 있습니다. 다른 프로그램에는…."

여기에는 문제가 있는데 사람들을 그룹으로 집어넣는 것이 꼭 제자 훈련을 의미하는 것은 아니기 때문이다. 이들이 반드시 믿음 안에서 성숙한다는 보장은 없다. 나의 경험으로 볼 때 사람들을 많은 그룹으로 집어넣을 수는 있지만 그렇다고 그 사람들이 모두 믿음 안에서 성숙해가는 것은 아니다.

또 다른 목회자는 정반대였다. 첫 번째 목회자가 제자 훈련에 대한 보다 유기적이고 가정 기초적인 접근법을 추구하는 동시에 자연적으로 일어나는 성숙에 의존했다면, 두 번째 목회자는 사람들을 제자 훈련 시스템으로 흡수하기 위한 보다 기계적이고 획일화된 접근법을 제시했다. 그는 우리에게 세 덩어리의 자료를 나누어주었다. 그의 교회는 리더십과 신학, 철학, 그 외 여러 가지를 배우기 위해 거쳐야만 하는 2년짜리 프로그램을 운영하고 있었다. 평신도를 위한 신학교 같은 느낌이었다. 내 질문은 똑같았다. "그게 효과가 있나요?"

"네 아주 훌륭했습니다." 그는 대답했다.

나는 두 번째 질문을 했다. "지금까지 몇 명이나 그 프로그램을 마쳤나요?"

"13명입니다." 그의 대답이었다.

이것은 4,000명 중 13명이었다. 사실 이렇게 훈련받은 13명은 정말로 귀하다. 예수님의 사역을 생각해보면 예수님은 11명만을 남기셨기 때문이다. 어떤 면에서 13명이라는 숫자는 대단하다. 하지만 평신도 수준의 제자 훈련으로 볼 때 이것은 기대만큼 효과적이지는 않은 듯하다. 그의 접근을 보며 나는 헬라어 수업을 떠올렸다. 헬라어 수업을 들어본 적이 없다면 나의 설명을 한번 들어보라. 첫날에는 많은 학생들이 있지만 학기가 끝날 즈음에는 소수만이 남는다. 거기에는 어떤 형제애가 존재한다. 헬라어 과정을 실제로 마친 사람들이 대단한 존경을 받아야 하는 이유가 여기에 있다. 전쟁에서 함께 싸운 사람들은 그들이 나눈 고초와 위험을 통해 깊은 동지애를 갖는다. 이들은 서로를 위해 기꺼이 위험을 감수한다. 이것은 코이네 헬라어를 배우며 생존한 사람들도 비슷하다. 학급은 크게 시작하지만 점점 생존자의 작은 형제단으로 줄어든다.

이 모든 것은 기계적 제자 훈련에 확실한 약점이 있다는 사실을 말하기 위함이었다. 많은 사람을 현관 안으로 들일 수는 있지만 마지막에는 몇 사람만 남을 것이다. 나는 우리 교회에서 다음과 같이 쉽게 말할 수 있다. "저희는 이제 제자 훈련을 실행할 겁니다. 열릴 과정들은 다음과 같고요. 여러분은 이 과정을 듣기 위해 신청을 하셔야 합니다. 1단계를 마치면 2단계, 그 다음으로 3단계를 들으시면 되고 그러면 제자가 되시는 겁니다." 그러면 모든 사람이 신청을 할 것이고 첫 두 주는 출석률이 굉장히 좋을 것이다. 하지만 출석률은 떨어지고 떨어지고 또 떨어질 것이다. 이것이 기계적 모형의 약점 중 하나다.

하지만 유기적인 모형에도 약점은 있다. 관계들 속에서 일어나는 사건을 파악하거나 성숙의 유무를 정확히 가늠하기가 어렵다는 것이다. 기계적 접근이 지나치게 흑백적이라면 유기적 접근은 지나치게 회색적이다.

우리 빌리지 교회에서 시도해온 것 중 하나는 우리가 '온실'이라고 부르는 접근법이다. 우리는 기계적인 방법과 유기적인 방법을 동시에 사용하고자 노력하고 있다. 우리는 사람들이 교리와 신학을 배우고 알고 이해하기 원하지만 관계의 맥락 속에서 그렇게 되기를 바란다. 뿌리내린 관계를 벗어나 정보를 얻는 것은 미성숙한 그리스도인을 신학 감시자로 만들 뿐이다. 그리고 신학 감시자를 좋아하는 사람은 아무도 없다. 교리적 교만에 사로잡힐 때 사람들은 결국 교리를 경멸하게 된다. 왜냐하면 교리의 아름다움을 회복된 관계의 아름다움으로 바라볼 수 없기 때문이다. 이것이 고린도전서 13장 1절에서 바울이 말한 '울리는 꽹과리'다. 우리는 유기적이고 관계적인 연결이 일어나기를 바란다. 그러나 제도 또한 필요하다. 사람들이 어떻게 참여하고 무엇을 배워야 할지 알아야 하기 때문이다.

하지만 이 모든 것은 유인적 방식의 선교에 근거를 두고 있다. 사람들이 교회로 와서 회심을 하면 우리는 이들을 제자로 훈련시킨다. 성경적으로 적절히 사용되는 유인적 접근법에는 본질적인 잘못이 없다. 사람들을 교회나 소그룹으로 초청하는 것에는 문제가 없다. 우리는 그렇게 해야 한다. 유인적 방식이 선교를 망쳐놓는 경우는 그것이 유일한 사역 방식일 경우다.

반면 성육신적 사역 방식은 제자 훈련과 전도가 교회의 담장 안에서뿐 아니라 담장 밖에서도 이루어져야 한다는 사실을 상기시킨다. 성육신적 접근법은 교회와 세상을 나누는 벽을 무너뜨려서 우리가 모든 것을 거룩하게 보면서 세상적인 것에 대해 지나치게 두려워하지 않게 한다.

사회학자들에 따르면 사회에는 아홉 개의 영역이 있는데 바로 경제, 농업, 교육, 의료, 과학과 기술, 방송과 통신, 예술과 오락, 정치와 정의, 그리고 가정이다. 성육신적 사역 방식으로 보자면 전도와 제자 훈련이라는 교회의 사명은 우리로 하여금 화목하게 하는 복음의 대리인으로서 이 아홉 개의 영역 속에서 목적을 가지고 살도록 하는 것이다. 우리가 직장을 대할 때 우리는 그것을 우리 인생의 목적이 아닌 하나님이 주권적으로 우리를 보내셔서 그리스도를 드러내시고 그분의 이름을 높이시는 곳으로 보아야 한다. 당신이 교사라면, 정치인이라면, 사업가라면, 농업에 종사한다면, 건축업에 종사한다면, 기술직에 종사한다면, 예술 분야에 종사한다면, 당신은 "나는 이 일을 통해 내 인생의 목적을 찾아야 해"가

선교적 그리스도인은 모든 것을 복음의 눈으로 바라보아야 한다.

아니라 "나는 이 일에 하나님의 뜻이 임하도록 해야 해"라고 고백해야 한다. 선교적 그리스도인은 모든 것을 복음의 눈으로 바라보아야 한다. 복음의 목표가 '만물'이기 때문이다.

이것으로부터 추론해볼 때 선교적 사고방식은 우리가 '구제 사역' 혹은 '사회 참여'라고 부르는 것의 의미를 포함한다. '만물'을 향한 하나님의 마음을 갖기 시작할 때 우리의 삶은 관대해진다. 우리보다 적게 가진 자들을 돕기 위해 우리는 검소해진다. 세계 여러 곳을 찾아가 "지극히 작은 자"들을 돌보기도 한다마 25:34-40. 우리가 공무원을 만나 다음과 같이 묻는 것도 이 때문이다. "이 지역을 돕기 위해서 우리가 무엇을 할 수 있을까요? 우리 예배당이 어떻게 하면 이 지역에 유익한 장소가 될 수 있을까요?" 하나님과 화목하고 서로 화목한 뒤 화목의 대리자들로서 주변의 세상을 품는 것은 자연스러운 결과다.

이런 노력 중에 생길 수 있는 두 가지 오류가 있다. 우리가 밟지 않도록 주의해야 할 지뢰 같은 이 두 가지는 목회자들 사이에서도 많은 논란을 불러일으킨다. 첫 번째 지뢰는 구제 활동과 모든 사회정의 운동을 조건적 전도를 위해 사용하는 것이다. 물론 전도는 꼭 필요하지

224   완전한
                                                              복음

만 내가 말하는 '조건적 전도'란, 교회들이 "저희가 준비한 음식은 신자들만 드실 수 있습니다"라는 식으로 말하는 경우다. "여러분은 예수님을 믿어야만 이 지원을 받으실 수 있습니다" 혹은 "그리스도를 믿기로 결정하신 분에 한해서만 저희는 도움을 드릴 것입니다"라고 말하는 것이다. 이러한 조건들이 타당한 경우들도 간혹 있겠지만 대부분의 경우 이것은 조작이다. 율법적인 유인술에 불과하며 사람을 향한 하나님의 마음이 반영되는 것과는 거리가 멀다.

우리는 외국인과 나그네를 값없이 사랑해야 하는데 그것은 우리가 외국인과 나그네였을 때 하나님이 우리를 사랑하셨기 때문이다. 우리는 소망이 없었지만 하나님이 우리에게 소망을 주셨다. 부른 배보다는 화목된 영혼이 더 낫기에 교회의 사회적 행위의 선두에는 언제나 화목하게 하는 복음이 있어야 한다. 부른 배는 일시적이지만 화목한 영혼은 영원하다. 우리에게 은과 금은 없지만 우리에게 있는 것은 참조. 행 3:6 영원토록 귀중한 것이다. 그러나 이는 배를 채우지 않는다는 뜻이 아니다. 우리는 배도 채워준다. 우리는 우리 삶을 통해 그리스도 안에서 화목하게 하시는 하나님의 사랑, 긍휼, 아름다움이 드러나서 이것을 깨어진 세상이 보고 하나님께 찬송을 돌릴 것이라는 소망 가운데 아낌없이 주며 주변의 불의와 절망을 찾고자 노력하고 슬픔과 고통으로 발을 내딛는다.

결론적으로 야고보는 복음을 제대로 이해한다는 것은, 우리의 삶의 방식이 병든 자들과 굶주린 자들, 가난한 자들, 소외된 자들을 향한 정의와 긍휼의 영역에서 변화되는 것이라고 분명히 밝힌다. 우리는 복음이 정말로 '만물'에 깊은 영향을 미친다면 우리의 선교 역시 문화와 제도, 구조에 영향을 미칠 것이라고 기대해야 한다. 선교적 노력에 있어서 첫 번째 오류의 지뢰는 사랑과 긍휼의 행위가 전도에 대한 반응에 따라 달라져야 한다고 잘못 생각하는 것이다.

첫 번째 지뢰가 전도에 부적절한 조건을 내세우는 것이었다면, 두 번째 지뢰는 선교 행위로부터 예수 그리스도의 구속 사역을 완전히 제거해버리는 것이다. 모든 인류의 근본적인 문제는 자원의 부족이 아니라 거룩의 부족이다. 어떤 그리스도인들은 죄를 용서하시는 그리스도의 십자가가 기독교 선교에서 선택적인 요소라고 생각하는 것 같다. 그러나 십자가를 버리면 우리는 선교를 잃어버릴 뿐 아니라 우리가 하고 있는 것을 '기독교적'이라고 확실하게 말할 수 있는 능력을 잃어버리게 된다.

대부분 상위 중산층으로 이루어진 교회를 담임하는 사람으로서 나는 좋은 집과 깨끗한 물도 인류 문제의 근원을 고칠 수는 없다고 자신 있게 말할 수 있다. 실내 화장실이 있고, 무척이나 훌륭한 의료 시설이 있는 곳에도 그러한 것들이 없는 곳만큼의 어둠과 절망이 있다. 이와 같은 말에 어떤 사람들은 대단히 분노할 것이다. 하지만 나는 양쪽 모두를 다녀보았다. 아프리카의 남南수단에는 포장된 도로가 약 5킬로미터밖에 없다. 깨끗한 물은 펌프가 있어야만 볼 수 있다. 그곳에도 상실이 있을까? 물론이다. 절망이 있을까? 물론이다. 소망이 있을까? 이상하게도 나는 이곳 텍사스 주 댈러스에서보다 그곳에서 더욱 자주 소망을 본다. 그러나 고전적 자유주의는 결국 다음과 같이 주장할 것이다. "이 모든 '죄악된' 것을 없애버리고 예수 그리스도의 속죄 사역에 대해서는 언급을 자제합시다. 그래야 더욱 많은 사람이 주린 사람들을 먹이고, 가난한 사람들을 돌보고, 소외된 사람들에게 다가가고, 불의에 반대하는 일에 참여할 것이 아닙니까? 사람들은 이 일을 더욱 응원하게 될 것입니다." 이런 경향은 우리를 기독교 선교사에서 다른 이단들도 표방할 수 있는 자선 사업가로 탈바꿈시킨다.

우리가 할 수 있는 가장 큰 사랑의 행위는 예수 그리스도의 복음, 즉 하나님이 죄인들을 구원하신다는 좋은 소식을 나누는 것이다. 인류의 유일한 문제는 물질의 부족도 육체의 결함도 아닌 거룩하신 하나님에 대한 인격적인 죄다. 사실 이 문제로 말미암아 애초부터 물질의 부족과 육체의 결함과 같은 문제들이 수반되어 나타난 것이다. 우리는 너무나도 근시안적이어서 단순한 복음으로부터 나오는 파급력을 간과한다. 하늘에서 보게 되는 문제의 해결은 바로 땅에서 바라본 복음에서 시작된다. 하나님이 마음과 영혼을 여시면 복음은 사람들을 가난하게 하고 나라들을 산산조각내는 복잡한 구조적인 문제들을 모두 해결하기 시작한다.

제3세계에서 설사로 목숨을 잃어가고 있는 수많은 아이들을 생각하면 늘 괴롭다. 당신과 나는 바로 지금 편의점에 가서 비행기로 닿을 수 있는 거리에 살고 있는 수십만의 아이들의 목숨을 살릴 의약품을 구입할 수 있다. 하지만 왜 그 아이들의 손에 그것을 쥐어줄 수 없는 걸까? 우리가 그렇게 할 수 없는 이유는 사람들의 욕심과 권력에 대한 욕망, 정치적인 야망 때문이다. 단순한 복음이 우리 안으로 들어와 풀어내는 구조적인 문제가 바로 이런 것들이다. 복음만이 의약품의 접근권을 쥐고 놓지 않는 사람들의 마음을 바꿀 수 있다. 르완다나 수단에서 일어나는 폭력의 순환 역시 자선이라는 평범한 행위가 아닌 복음으로만 끊을 수 있다. 선교사들은 그런 현장으로 들어가 다음과 같이 이야기한다. "당신은 복수할 필요가 없습니다. 당신은 당신의 형제를 용서해야 합니다. 복수는 하나님께 맡기고 하나님이 은혜 주실 것을 신뢰해야 합니다. 당신은 문제를 당신의 손으로 해결하지 않아도 됩니다. 하나님이 당신을 구원하셨다면 당신을 상하게 한 사람들에게 친절로 반응하십시오."

선교적 능력은 우리의 선한 의도가 아니라 복음 그 자체로부터 나온다. 이러한 인식은 우리에게 선교적 겸손을 요구한다. 우리는 변화시키지 못한다. 오직 하나님만이 하신다. 새롭게 하는 것은 우리가 아니다. 도시를 새롭게 하

> 선교적 능력은 우리의 선한 의도가 아니라 복음 그 자체로부터 나온다.

는 것은 우리의 행위가 아니다. 회복을 일으키는 것은 십자가다. 우리는 단지 하나님께 순종하도록 부름받았다. 만일 복음이 '만물'을 그 목적으로 한다면 어떤 영역에 저지선을 치고 '복음금지지역'으로 취급하는 것은 선교적 사고방식에 반하는 것이다. 아브라함 카이퍼에 따

완전한
복음

르면 "인간 존재의 전 영역 중에 만물의 주권자이신 그리스도께서 '내 것이라' 주장하지 않으시는 곳은 단 한 뼘도 없다."[4] 따라서 인간 존재의 전 영역에서 우리가 '그분의 것'으로 주장하지 않는 곳은 단 한 뼘도 없어야 한다. 하늘에서 바라본 복음은 이 '전 영역'을 우리 시야에서 놓치지 않도록 도와준다. 선교적 사고방식은 화목하게 하시는 하나님의 역사가 우리가 처한 모든 공간에서 참되다고 믿고 또 그렇게 사는 것이다.

완전한 복음은 그리스도인을 밖으로 향하게 한다. 곧 교회를 밖으로 향하게 한다는 의미다. 우리가 화목된 것은 화목하게 하는 직분을 위함이고 교회의 모든 행위는 복음의 선포, 즉 선교를 위한 것이어야 한다. 그리고 그 모든 것이 우리의 영광이 아닌 하나님의 영광을 위함이다. 예수님의 복음을 그 중심으로 한다면, 선교적 교회는 전도와 제자 훈련에 있어 유인적 접근과 성육신적 접근을 적절히 함께 사용할 수 있다. 골로새서 1장 6절에서 바울은 "이 복음이 이미 너희에게 이르매…온 천하에서도 열매를 맺어 자라는도다"라고 이야기했다. 우리 마음의 채널이 완전한 복음에 맞춰져 있다면 우리는 이와 같은 하나님의 우주적 역사에 동참하고 있을 것이다.

승리의 공격

화목의 우주적인 측면의 또 다른 예로 베드로를 한번 살펴보자. 나는 베드로가 제자였다는 사실이 감사하다. 베드로가 제자가 될 수 있다면 누구라도 제자가 될 수 있기 때문이다. 그는 지속적인 혼돈을 경험했고 정황을 이해하려 애쓰고 있었으며 늘 생각보다 말이 앞섰다. 그는 나에게 큰 희망이 되는 사람이다.

성경을 보면 작지만 위대한 장면이 기록되어 있다. 바로 예수님이 제자들에게 다음과 같이 물으신 장면이다. "소문이 어떠하냐? 사람들이 나를 누구라 하느냐?"참조, 마 16:13-20 제자들은 다음과 같이 대답했다. "들리는 소문이 이러합니다. 누구는 당신을 엘리야라고 하고 누구는 당신을 세례 요한이라고 합니다. 어떤 이들은 이렇게 또 다른 이들은 저렇게 이야기합니다." 예수님은 이어 물으셨다. "너희는 나를 누구라 하느냐?"

물론 우리의 자랑스러운 베드로를 제외한 모든 제자들은 침묵했다. 베드로가 입을 열었다. "당신은 하나님의 아들이십니다. 메시아이십니다. 거룩하신 분이십니다."

예수님은 다음과 같이 대답했다. "시몬아, 네가 복이 있으니 이를 네게 알게 한 이가 사람이 아니라 하나님이시기 때문이다. 내가 이 반석 위에 내 교회를 세우리라."

예수님이 반석으로 지칭하신 것이 예수님 자신인지 아니면 베드로인지에 대해 학자들은 여러 다른 의견을 제시한다. 내 생각에 이런 논의에서 가장 중요한 것은 다음의 구절이다. 예수님은 "죽음의 문들이 그것을 이기지 못할 것이다"라고 말씀하셨다마 16:18, 새번역. 이것은 기독교의 선교적 태도에 있어 의미하는 바가 크다. 문은 공격을 위한 무기가 아니다. 그렇지 않은가? "공격을 개시한다! 문을 들어라!" 이렇게 말하는 사람은 아무도 없다. 문은 원래가 방어적이다. 따라서 "나는 교회를 세울 것이다. 죽음의 문들이 그것을 이기지 못할 것이다"라는 예수님의 말씀은 전도, 제자 훈련, 정의, 사회 지원 등 창조세계를 새롭게 하는 하나님의 계획에 하나님의 백성이 참여하는 것, 그리고 그 외에도 복음의 능력으로 행하는 모든 일들이 지옥의 문을 부순다는 뜻이다. 로마서 8장에서 보았던 잘못된 모든 것들이 하나님의 복음으로 공격을 받는 것이다. 하나님의 계획은 새롭게 다시 만드는 것이고 하나님은 패배하지 않으신다. 죽음의 문들은 이기지 못할 것이다. 선교적 공격은 승리의 공격이다. 승리가 보장된 공격이다.

따라서 기독교의 근본적 자세는 방어적일 수 없다. 성벽에 파수꾼을 두어야 할까? 당연하다. 교회를 이단으로부터 보호하는 사람들이 필요할까? 물론이다. 기독교 신앙을 위해 강력한 변증적 방어를 제공해줄 설득력 있는 목소리를 가진 지성인들이 필요할까? 의심의 여지가 없다. 하지만 근본적인 입장, 그리스도의 교회와 복음에 사로잡힌 우리 삶의 필수적인 단 하나의 자세는 공격적·선교적 자세다.

따라서 우리는 서로에게 다음과 같이 말하기를 두려워해선 안 된다. "이 도시를 자세히 살펴보고 이 도시의 복지를 위해 노력하고 이 도시의 주요 지역들을 찾아 그 속에서 하나님의 화목의 대리자들이 됩시다." 하늘에서 바라본 복음의 정확한 이해는 우리로 하여금 이 일을 잘 감당하도록 도와준다.

내 말을 오해하지 말기 바란다. 나는 우리가 하늘로 올라가는 사다리를 만들 수 있다고 생각하지는 않는다. 여기에서 말하는 것은 사회 진보나 영적 진화 따위를 통해 도달 가능한 유토피아가 아니다. 사실 우리에게 필요한 사다리는 이미 세워졌다. 이것은 야곱의 사다리인데 하나님은 그것을 타고 지금도 내려오고 계신다. 우리가 올라가는 것이 아니다. 결국 우리의 책임은 우리의 문화나 도시, 마을, 환경을 기독교 문화의 작은 요새로 만드는 것이 아니라, 하나님이 우리를 본향으로 부르시거나 혹은 하늘 문을 여시고 한순간에 만물을 새롭게 하실 때까지 참여하고, 참여하고, 또 참여하는 것이다. 그가 오실 때까지 우리는 같은 목적을 가지고 일해야 한다. 잠을 자다가 그분을 맞이하지 않도록 하자.

우리는 복음의 충만한 자신감으로 공격을 계속할 수 있다. 왜냐하면 우리는 하나님이 그리스도 안에서 시작하신 것을 그리스도 안에서 마치실 날이 다가오고 있다는 사실을 알기 때문이다. 완성의 날이 곧 다가올 것이기에 우리는 믿음과 소망, 사랑 안에서 앞으로 나아간다.

완전한
복음

8

완성

고백할 것이 있다. 최근까지 나는 세상 마지막 날의 일, 즉 종말론으로부터 거리를 유지해왔고 만물의 완성에 대한 노골적인 메시지를 한 번도 전해본 적이 없었다. 이와 같은 방관에는 두 가지 이유가 있다. 물론 이 두 가지 이유 모두 합당한 평계가 될 수는 없겠지만 나는 독자 여러분도 이와 같은 이유에 대해 이해하고 공감해줄 것이라 생각한다. 첫 번째 이유는 종말론에 관한 한 사람들이 정말로 이상해진다는 것이다. 종말론이라는 주제는 추측에 기초한 대단한 열정을 불러일으킨다.

나는 주님을 만나고 얼마 되지 않았을 때부터 그런 열정 때문에 불쾌한 경험을 몇 번 하면서 종말론에 대해 나쁜 인상을 갖게 되었다. 목회자로 부임한 첫 주, 자신의 창고에서 만들었다며 내게 두루마리를 건네었던 사람부터 길 한 모퉁이에서 광기 어린 눈으로 "종말이 가까왔다"고 적힌 광고판을 앞뒤로 맨 사람, 그리고 성경의 암호를 풀어 주님이 재림하실 날짜를 정확히 알아낼 수 있다고 자신하는 몇몇 설교자들까지. 종말이라는 주제는 마치 자석처럼 초점을 벗어난 에너지와 불완전한 열정을 끌어당기는 듯했고 나는 이 주제 자체를 멀리하게 되었다. 거듭 강조하건데 이것이 종말론에 관하여 설교하지 않는 것에 대한 합당한 이유는 아니겠지만 독자 여러분은 나의 심정을 십분 이해할 수 있을 것이다.

두 번째 이유는 종말이라는 주제에 대해 약간은 혼란스러웠다는 점이다. 종말론적·예언적 본문을 다루는 해석학은 이상했다. 정규 교육의 부족 때문일 수도 있겠지만 나는 성경을 연구하고 종말론에 관한 책을 읽으면서 확신보다는 불확신이 커져갔다. 나는 이사야서의 예언을 이사야 시대에 의미 있는 것으로, 혹은 다니엘서의 예언을 다니엘에게 의미 있는 것으로 읽기가 어려웠다. 이것은 요한계시록에서 더욱 심해졌다. 요한계시록에는 용과 순결한 자가 등장하고 어린아이가 용에게 잡아먹히는가 하면 이 땅의 삼분의 일이 없어지고 하늘에서 별이 떨어지는 등 많은 혼란이 등장하는데 똑똑한 사람들의 추측도 전혀 도움이 되지 않았다. 또, 나는 요한계시록 9장에 등장하는 황충이 공격용 아파치 헬리콥터인지, 요한계시록 20장에 등장하는 곡과 마곡이 러시아를 포함하는지에 대한 추측 게임에 약간의 싫증이 나기도 했다.

나는 종종 해석적 닻을 내리지 못하고 종말론적 본문을 대했던 것 같다. 어떤 해석적 기준을 적용한 견해를 보며 나는 "음, 이러한 견해가 어떻게 작용하는지 알 것 같아"라고 생각했다. 반면 또 다른 견해를 읽으면서는 "그래, 이 견해도 말이 되는 것 같은데"라고 생각했다. 따라서 종말론을 대할 때 나는 상당한 불편함을 느꼈다. 이것은 하나님이 나의 죄를 드러내실 때의 좋은 불편함이 아니라 실제 설교를 할 만큼 무엇을 충분히 이해하지 못했을 때 자신감의 부족에서 오는 불편함이었다.

그러던 중 종말이라는 주제에 대해 좀더 굳센 태도를 갖도록 나를 몰아붙인 두 가지 사건이 일어났고, 이 사건들은 나로 하여금 만물의 완성에 대해 성경이 가르치는 바를 진지하게 파고들도록 했다. 첫 번째 사건은 뇌암 판정이었다. 이십대에서 삽십대 초반까지 나는 건강했고 아파본 적도 없었기 때문에 천국이나 천국 이후에 다가올 일들에 대해서는 그다지 많은 생각을 해보지 않았다. 나는 어느 때라도 그리스도가 다시 오시고 죽음이 찾아올 수 있다는 사실을 알았고, 따라서 복음과 복음을 선포하고 설교하는 일에 대해서는 많은 생각을 했다. 이것들에 대한 나의 생각은 여느 사람과 별반 다르지 않았다. 나는 내가 죽을 것이고 사람들이 암에 걸릴 것이라는 사실은 알았지만 그것이 설마 내가 되리라고는 생각하지 않았다. 암은 다른 사람들이 걸리는 것이었고, 나는 아니었다.

그것은 교만한 태도였지만 당시 내 태도가 그러했다. "악성 뇌종양 3기입니다"라는 말을 듣게 될 때, 우리의 관심이 얼마나 빨리 영원한 것을 향해 고조될 수 있는지 놀라울 뿐이다. 이것이 미래에 대해 성경이 가르치는 바를 진지하게 연구하도록 나를 몰아붙인 첫 번째 자극이었다.

종말론에 대한 나의 관심을 증가시킨 두 번째 계기는 한 친구가 나를 따로 불러내 종말론에 대한 나의 문제가 주변적인 세부 사항에 지나치게 몰두해 있기 때문이라고 지적해준 사건이었다. 부드럽지만 강력했던 그의 꾸지람을 통해 나는 내가 마지막 때를 연구하는 요점을 놓치고 있다는 사실을 깨닫게 되었다. 그는 다음과 같은 단순한 질문을 했다. "하나님이 성경에서 약속하신 대로 만물을 새롭게 하실 때 만물은 어떤 모습일까? 우리는 어디에 있게 될까?" 그는 먼저 큰 질문들에 대답을 해서 하나님의 계획을 우주적인 수준에서 이해하고 난 후 시간, 공간, 천년왕국을 비롯한 나머지 내용들에 대한 세부적인 연구를 이어가라고 충고했다.

그는 옳았다. 내가 숲에 흥미를 잃게 된 것은 서로 다른 나무 두어 종의 세포학을 공부하는 동안 거듭된 실망 때문이었다. 이것은 오늘날 종말론적 추측 대부분의 주요 역기능이기도 하다. 성경은 우리가 우리의 목적지를 기대하고 다가올 도성의 경이를 생각하게 하지만 너무나 많은 설교자가 입구 표지 뒤에 자란 풀의 종류를 생각하는 일에 우리를 가두어놓는다.

우리는 하늘에서 바라본 복음이 제시하는 큰 그림을 통해 종말이라는 주제에 기쁨과 놀라움, 그리고 커다란 기대와 소망을 가지고 접근할 수 있다. 이는 리비아와 같은 몇몇 지역을 향한 하나님의 계획을 추측하기보다 전 우주를 향한 하나님의 거대한 계획을 엿볼 수 있기 때문이다. 이제까지 우리는 하나님이 어떻게 우주를 창조하셨고, 우주가 어떻게 인간의 타락으로 깨어졌으며, 하나님이 어떻게 그리스도의 속죄 사역을 통해 만물을 자신에게로 화목하게 하시는지를 살펴보았다. 이제 그리스도가 자신이 시작하신 것을 완성하실 때에는 어떤 일이 일어날지 살펴보도록 하자. 하나님이 만물을 새롭게 하실 때에 는 어떤 일이 일어날까?

완성의 중요성

안토니 후크마는 자신의 책 『개혁주의 종말론』에서 만물의 완성이 세 가지 이유로 중요하다고 기록했다. 후크마의 말에 따르면 완성의 이 해가 중요한 첫 번째 이유는 다가올 삶에 대한 적절한 이해가 필요하 기 때문이다. 내가 목회자이자 상당히 많은 사람을 찾아다니며 설교 하는 사람으로서 살펴본바 많은 그리스도인이 죽으면 〈톰과 제리〉의 천국에 간다고 믿고 있다. 〈톰과 제리〉라는 만화를 본 적이 있다면 내 말이 잘 이해될 것이다. 고양이 톰은 죽어서 구름 속에 있는 천상의 공간으로 떠올라 하프를 연주한다. 우습고 지루하게 느껴지는 이러한 이미지가 불행히도 대부분의 사람이 생각하는 천국이다. 이들은 우리 가 흰옷을 입고 구름에 누워 말 그대로 황금으로 된 길과 유리로 된 바다를 바라보며 실내악을 연주하기 위해 천국에 간다고 생각한다. 이렇게 믿는 이유는 성경의 상징들이 그렇게 가르친다고 배워왔기 때 문이다. 우리는 천국에 대한 예술적 표현들을 많이 들어왔다. 심지어 천국이 찬송을 부르기 위한 장소라는 가사의 찬송을 부르기도 한다. 다음은 역사 속에서 사람들에게 가장 많이 알려진 찬송가의 일부다.

거기서 우리 영원히 주님의 은혜로

해처럼 밝게 살면서 주 찬양 하리라[1]

이 위대한 찬송가가 보여주는 그림은 영원의 기간 동안 이어지게 될 찬양 연주회다. 회심 이후 나는 이와 같은 천국의 이미지에 약간 당황했다. 주님을 사랑하지만 1조 년의 시간 동안 다른 아무것도 하지 않고 노래만 부른다는 것은 잘 이해가 되지 않았다. '분명 지루함을 느끼게 될 거야'라는 생각이 들었다. 이 땅에서 가장 흥미로운 일도 얼마의 시간이 지나면 지루해지기 마련이다. 그러니 지금으로부터 10의 7승 년의 시간이 지나기까지 어떻게 내가 여전히 온전한 만족 가운데 구름 위에 앉아 하프를 튕길 수 있겠는가? 이와 같은 미래는 다른 찬송가에도 예견되어 있다. "그 영광의 나라 나 들어가서 그 풍성한 은혜 늘 감사하리 금 면류관 쓰고 나 찬송할 말 이전보다 더욱 사랑합니다."[2] 다시 한 번 말하지만 여기에서의 이미지는 의복을 갖추어 입고 하프를 연주하고 영원히 노래를 부르는 〈톰과 제리〉의 천국이다. 천국이 정말로 이러한 모습일까? 후크마는 실제 앞으로 일어날 일을 이해하기 위해서는 죽음 이후 우리의 삶이 어떠한 모습일지를 파헤쳐 찾아내는 것이 필요하다고 이야기한다.

후크마가 말하는 만물의 완성을 이해하는 것이 중요한 두 번째 이유는 하나님의 구속적 계획의 전체 크기를 이해할 필요가 있기 때문이다. 후크마는 다음과 같이 기록했다.

240

그리스도의 완전한 사역이란 이 모든 창조세계를 죄의 영향력으로부터 구속해내는 것을 의미한다. 이러한 원대한 목적은 하나님이 새로운 땅에 도래하실 때, 즉 잃어버렸던 낙원이 회복될 때 비로소 성취된다. 그러므로 하나님의 구속계획을 우주적 차원에서 보기 위해서는 새 땅에 관한 분명한 가르침과 교리를 정립해야 한다. 우리는 온 우주가 인간의 타락의 결과로부터 완전히 벗어나 정화될 때까지 하나님이 결단코 만족하지 않으실 것이라는 사실을 인식해야 한다.[3]

만물의 완성을 이해해야 하는 세 번째 이유는 구약의 예언을 올바로 이해하기 위해서다. 구약의 예언은 이 땅의 영광스러운 미래를 말한다. 구약의 예언들은 미래의 어느 시점에 이 땅이 지금보다 훨씬 더 생산적이고 훨씬 더 멋진 장관을 이룰 것이라고 이야기한다.

구약의 예언들은 미래의 어느 시점에 이 땅이 지금보다 훨씬 더 생산적이고 훨씬 더 멋진 장관을 이룰 것이라고 이야기한다.

이러한 이유들로 인해 나는 성경이 드러내는 우주의 미래를 향한 하나님의 계획을 더욱 깊이 연구하는 일에 매진할 수 있었다. 우리를 위해 하나님의 말씀이 그려주는 하늘의 그림이 어떠한지를 한번 살펴보자.

새 하늘과 새 땅

내가 대학교 1학년이던 어느 날, 막 잠에 빠져들려는 찰나 룸메이트 지미가 질문을 던졌다. 한밤중이었다. 우리는 기숙사 침대에 누워 있었고 나는 잠으로 넘어가는 문턱에서 점차 의식을 잃어가고 있었다. 그때 지미가 물은 것이다. "매트, 성경 어디에서 우리가 죽으면 천국에 간다고 이야기하지?" 나는 깜짝 놀라 잠에서 깼다. 당시 몇몇 성경 구절을 알고 있기는 했지만 대체적인 나의 지식은 우리가 죽으면 천국에 간다는 것과 어느 날 하나님이 이 땅을 멸하시면 그때까지 살아 있는 모든 사람을 천국으로 불러 모으신다는 것에 불과했다. 이러한 믿음은 당시 상당한 인기를 누린 소설 『레프트 비하인드』Left Behind(팀 라헤이, 제리 젠킨스 공저, 홍성사 역간)의 영향과 내가 이와 같은 문제에 대해 성경이 말하는 여러 다른 견해에 대해 전반적으로 무지한 탓이었다. 지미의 질문에 놀라 잠에서 깼던 그날 밤 나는 사후 세계에 대한 나의 견해에 성경이 더욱 필요하다는 사실을 깨달았다. 또한 내가 이러한 연구에 그동안 게을렀다는 사실을 회개한 이래로 나는 내가 일찍이 배워왔던 견해가 성경의 이야기와 온전히 일치하지 않는다는 사실을 알게 되었다.

하나님이 이 땅을 멸하시고 우리 모두를 자신과 함께 거하도록 〈톰과 제리〉의 천국으로 불러 올리신다는 생각에서 돌이키도록 도와준 네 가지 성경적 사실이 있다.

우리가 알아야 할 첫 번째 사실은 구약이 미래의 구속을 창조세계 안에서의 삶의 회복으로 설명한다는 것이다. 하나님이 자신을 위하여 한 백성을 선택하시고 이들뿐만이 아니라 온 창조세계를 위해 이들을 가르치시고 이들에게 자신의 계획을 맡기신 성경의 이야기는 우리를 놀라게 한다. 하나님은 이스라엘을 주변 이방 족속과 나라에서 불러 내셨고, 이들을 통해 자신이 의도하셨던 세상의 역할을 보여주기 원하셨다. 하나님이 이스라엘 백성에게 주셨던 율법이 삶의 전 영역을 빚어갔다는 사실은 매우 중요하다. 율법의 의도는 이들의 환경과 경제, 가정, 사회, 정치, 개인적인 삶을 비롯해 언급되지 않은 모든 영역까지 다스리는 것이었다. 이스라엘이 하나님의 율법에 복종할 때, 이들은 자신을 둘러싼 나라들에 하나님이 의도하신 세상의 기능은 물론 창조세계와 그 안의 모든 요소가 지닌 참 역할을 보여줄 수 있었다. 이스라엘은 하나님의 형상대로 지어진 사람이 하나님의 주권과 위대하심을 분명하게 인식하고 하나님의 설계대로 완벽한 호흡을 맞추어 걷는 것이 어떤 것인지를 보여주어야 했다.

성경을 아는 사람이라면 다음 질문에 답할 수 있을 것이다. 이스라엘 민족은 어떠했는가? 자신의 역할을 얼마나 제대로 수행했는가? 독자 여러분이 알고 있듯이 이들은 매우 부족했다. 구약은 그들이 완성해간 실패의 연대기다. 그들이 거듭해서 실패할 때마다 선지자들은 하나님이 선택하신 이스라엘이 그들의 땅으로 돌아와 죄를 회개하고 하나님의 뜻을 따라 살게 될 날을 내다보았다. 이런 방식으로 이스라엘은 세상 나라들의 빛이 되어야 했다. 선지자들은 때로 장황하게 모든 나라들이 하나님 나라로 이끌릴 것이라고 이야기했는데 그것은 온 땅을 포함하기 위해서였다. 이 땅에서의 탈출은 그다지 큰 관심거리가 아닌 것처럼 보인다.

구약 성경 전체를 읽으면 인류의 운명이 이 땅에서의 삶과 불가분 연결되어 있다는 사실을 볼 수 있다. 예수님 역시 이와 같은 구약의 구원관을 긍정하셨다. 하나님 나라의 도래에 대한 예수님의 선언은 이와 같은 문맥에서 이해되어야 한다. 예수님이 천국 복음을 전파하실 때 1세기 유대인들은 만물의 회복이 가까웠고, 자신과 자신보다 앞서 의롭게 죽은 자들이 이와 같은 회복과 부활에 참여하게 될 것이라 이해하고 있었다.

예수님은 하나님이 만물을 자신에게로 다시 화목하게 하심으로 완성되는 새 하늘과 새 땅에 대한 그들의 이해를 바꾸려 하지 않으셨다. 예수님과 제자들의 복음 사역은 예수님이 구약에 제시된 새로운 창조를 향한 기대의 틀 안에서 움직이셨음을 시사한다. 예수님의 기적적 행동은 천국 복음이 질병의 제거와 죽음의 축출, 새로운 질서의 도래를 포함한다는 것을 드러내면서 깨어진 세상에 대한 그분의 치유를 보여준다.

여기에서 나는 성경을 넘어서는 약속을 하려는 것이 아니다. 예수님이 초림하셨을 때, 예수님은 천국을 시작하셨지만 그것을 완성하지는 않으셨다. 오늘날 당신과 나는 예수님이 우리를 위해 화목의 값을 지불하셨지만 그 완성은 여전히 오지 않은 상태, 즉 '이미 그러나 아직'의 긴장된 세상 속에서 살고 있다. 마태복음 19장 28절에서 예수님은 새로운 세상을 있게 하는 자신의 재림에 대해 말씀하신다. 예수님의 죽으심과 부활, 승천의 이쪽 편에서 우리는 예수님이 이미 계산은 하셨으나 출시되지는 않은 새 세상을 기다리면서 살고 있다.

구약의 이해와 예수님의 말씀뿐만 아니라 바울의 이해 역시 새 창조에 대한 구약의 전망과 그에 대한 예수님의 확정에 연결되어 있다. 이미 여러 번 로마서 8장을 살펴보았지만 과용의 위험은 없으니 다시 한 번 살펴보자. 19-22절에서 바울은 인간 이외의 다른 피조물조차 하나님이 선택하신 백성의 운명을 공유한다고 주장한다. 땅은 우리 때문에 저주를 받고 탄식하며 허무한 데 굴복한다. 이 땅이 범신론적·이교적 의미로 살아 있다는 뜻은 아니다. 하지만 여기 나타난 바울의 은유적 언어는 이 땅의 깨어짐이 우리의 죄와 밀접한 관련이 있고, 따라서 이 땅의 문제에 대한 해결 역시 우리의 구속과 밀접한 관련이 있다는 실재를 가리킨다.

내가 이 글을 쓰고 있는 지금 세계의 시선은 리히터 규모 8.9의 지진과 뒤이은 해일로 수백 제곱킬로미터의 땅이 훼손되고 수천 명의 사람이 죽은 일본에 쏠려 있다. 일본의 비극은 무언가가 매우 잘못되어 있다는 사실을 가장 최근에 우리에게 상기시켜준 사건이다. 자연 재해로 인해 무방비 상태에서 사망하는 많은 사람, 말라리아에 걸려 죽어가는 어린아이들, 환자들에게 암 진단을 내리는 의사들, 반복해서 발생하는 헛되고 헛된 일들을 비롯해 일본에서 일어난 이 사건은 우리로 하여금 구원을 바라며 탄식하도록 한다. 모든 피조물이 해방을 애타게 기다린다. 당신과 내가 새로운 육체 안에서 누리게 될 그 자유가 회복될 때 인간을 제외한 다른 피조물들도 함께 그 자유를 누리게 될 것이다.

구속사의 목표는 새 땅에서의 부활한 몸이다. 한 선지자는 다음과 같이 기록했다. "보라! 내가 새 하늘과 새 땅을 창조하나니 이전 것은 기억되거나 마음에 생각나지 아니할 것이라"사 65:17. 목회자로서 나는 이 성경 구절을 좋아하는데 사람들의 삶에서 일어나는 끔찍한 일들을 직접적으로 보기 때문이다. 사역을 하면서 나는 많은 어린아이들과 젊은 형제자매들을 땅에 묻어야 했다. 암이 강한 육체를 유린하는 것을 보았다. 외도와 냉담함으로 결혼 생활이 깨지는 것을 보았다. 극악무도한 죄의 고백을 들어보았다. 하지만 이사야는 나로 하여금 하나님이 새 하늘과 새 땅을 창조하셔서 모든 고통과 슬픔, 어려움, 반역과 같은 이전 것들이 더 이상 기억되지 않을 그날을 생각하고 그리도록 한다. 요한은 우리에게 다음과 같이 말한다.

또 내가 새 하늘과 새 땅을 보니 처음 하늘과 처음 땅이 없어졌고 바다도 다시 있지 않더라. 또 내가 보매 거룩한 성 새 예루살렘이 하나님께로부터 하늘에서 내려오니 그 준비한 것이 신부가 남편을 위하여 단장한 것 같더라(계 21:1-2).

**완전한
복음**

이와 같은 본문에 나타나는 구속사의 목표는 새 하늘과 새 땅의 도래를 통한 타락한 창조세계의 회복이다. 하지만 여기에는 짚고 넘어가야 할 사실이 하나 있다. 요한계시록 21장과 뒤에서 살피게 될 베드로후서 3장에 나오는 '새로운'을 뜻하는 헬라어는 네오스가 아니라 카이노스다. 네오스는 '시간과 근원'에서 새롭다는 뜻인 반면 카이노스는 '본성과 자질'에서 새롭다는 뜻이다. 다른 말로 "새 하늘과 새 땅"을 언급하는 본문들이 의미하는 바는 이전의 것이 새로워진 세계이지 처음부터 새로 만들어지는 세계가 아니라는 뜻이다. 따라서 구속사의 마지막에 대한 성경의 예견을 통해 우리가 깨닫는 것은 이 땅이 쓰레기통에 처박히는 동시에 의로운 백성은 육체로부터 이탈하여 구름 속 환희로 탈출하는 것이 아니라 창조세계가 하나님께로 화목되어 이 땅이 회복된다는 사실이다. 요한계시록 21장을 주의 깊게 살펴보면 우리는 새 하늘과 새 땅이 서로 만난다는, 즉 하늘과 땅이 서로 충돌하여 새로운 (혹은 새로워진) 무엇이 되고 만물이 그 새로운 땅에서 새로워진다는 사실을 발견할 수 있다. 그렇다면 그것은 어떤 모습일까?

로렌과 나는 여러 번 남부 캘리포니아를 다녀왔다. 우리는 라호이아에 있는 '조지스 온 더 코브'라는 식당에서 식사를 한다. 해가 질 즈음 그곳에 가본다면 태양이 태평양으로 떨어지는 일몰의 장관을 볼수 있을 것이다. 숨이 턱 막힐 정도의 장대한 풍경이지만 성경에 따르면 그것 역시 깨어진 것이다. 하나님이 의도하신 대로가 아니며 그만 큰 아름답지도 않은 깨어진 세상의 일부로서 한때 있었고 앞으로 있을 일몰의 흐릿한 모조품일 뿐이다. 회복된 땅에서의 일몰이 얼마나 놀라울지 상상이 되는가? 우리 누구도 상상하지 못할 정도일 것이다. 천국의 이쪽 편 우리의 사고 범위를 넘어서는 장면이다.

성경은 우리에게 이 새로운 땅에 대한 경이로운 사실들을 말해준다. 이사야 35장 1절은 사막이 백합화같이 필 것이라고 말한다. 사막하면 우리는 죽어버린 황무지를 떠올리지만 성경에 따르면 새 땅에서의 사막은 백합화같이 필 것이다. 아모스 9장 13절은 파종하는 자가 곡식 추수하는 자의 뒤를 이으며 산들이 단 포도주를 흘릴 것이라고 이야기한다. 완성 이전의 산들 역시 장관을 이루고 경이로움을 자아내지만 우리는 열매를 맺지 못하던 돌밭과 차가운 눈밭이 좋은 땅이 되고 단 포도주를 생산할 새 땅의 산맥을 기대한다. 이사야 65장은 그 땅에서 더 이상 우는 소리가 들리지 아니할 것이고 하나님의 백성의 수한이 나무의 수한 같을 것이며 이리와 어린 양이 함께 먹을 것이라고 이야기한다. 이사야 11장은 하나님의 거룩한 산 모든 곳에서는 해 됨도 없고 상함도 없으리라고 말한다. 하박국 2장 14절에 따르면 이것은 사실인데, 모든 악이 불 못에 빠지고 이 땅은 물이 바다를 덮음 같이 여호와의 영광을 인정하는 것으로 가득할 것이기 때문이다.

이것을 생각해보라. 천천히 숙고해보라. 이 세상에서 아무리 장관인 경치로 유명세를 얻은 곳이라고 해도 우리가 보는 것은 망가진 것에 불과하다. 새 땅에서 이루어질 것은 우리의 이해와 상상을 훨씬 넘어선다. 하나님이 예수님의 구속 사역이라는 복음의 능력을 통해 우리 안에서 행하시는 일은 영광스러운 비밀로서 천사들도 살펴보기를 원하는 것이다 벧전 1:12. 이 구원의 놀라움

새 땅에서 이루어질 것은 우리의 이해와 상상을 훨씬 넘어선다.

과 짝을 이룰 만한 세상이 있다는 것이 그렇게 놀라운 일일까? 베드로후서 3장 11-13절을 살펴보라.

> 이 모든 것이 이렇게 풀어지리니 너희가 어떠한 사람이 되어야 마땅하냐? 거룩한 행실과 경건함으로 하나님의 날이 임하기를 바라보고 간절히 사모하라. 그날에 하늘이 불에 타서 풀어지고 물질이 뜨거운 불에 녹아지려니와 우리는 그의 약속대로 의가 있는 곳인 새 하늘과 새 땅을 바라보도다.

예수님은 만물을 새롭게 하실 것이고 계 21:5, 베드로후서 3장도 우리가 새 하늘과 새 땅을 기다리고 있다고 말하기 때문에 베드로가 말하는 불과 풀어짐을 창조세계의 소멸이라기보다는 정제하고 새롭게 만드는 것으로 이해해야 한다. 대장장이가 금속 덩이를 망치로 두들겨 그 모양을 빚기 전에 그것을 어떻게 부드럽게 하는지 생각해보라.

그리스도를 믿는 우리는 그리스도 안에서 의롭다 여김—칭의—을 받고 우리 안에서 일어나는 성령의 거룩하게 하시는 역사를 통해서 의롭게 되어가고 있다. 그렇게 우리는 '성화된' 창조세계를 차지하기

에 합당하게 된다. 그리스도가 우리의 의가 되심으로고후 5:21, 우리는 하나님의 의로 선포되었고 이것은 우리가 "의가 있는 곳"에 적합한 자들이 되기 위해서다.

이것이 바로 복음 선교의 궁극적인 열매다. 또한 이것은 의심할 바 없이 하나님의 뜻이 하늘에서 이루어진 것같이 땅에서도 온전히 이루어지고 그와 같이 하나님 나라가 임하기를 기도하셨을 때 예수님이 바라셨던 것이었다. 그런데 사실 이와 같은 기도의 응답은 다름 아닌 예수님 자신이셨다. 왜냐하면 예수님은 자신의 지상 사역을 통해 하나님 나라를 시작하셨고, 모든 굽은 것이 마침내 곧아질 때 오직 자신 안에 믿음을 둔 사람들이 다가올 그 나라의 완성의 축복을 누리게 될 것이라 선언하셨기 때문이다.

부활의 육체

완성된 나라에서의 삶은 어떤 모습일까? 하나님이 새 하늘과 새 땅에서 타락으로 깨어졌던 것을 회복하실 때 그리스도를 믿는 신자들의 역할은 무엇일까? 하프를 연주하는 것일까? 추측해볼 수 있는 가능성들은 많지만 성경으로부터 우리가 확신할 수 있는 한 가지는 하나님의 자녀라 여김 받는 자들이 부활한 육체를 입고 새로운 창조세계에서 하나님과 함께 통치하고 다스리게 된다는 사실이다.

창조세계를 다시 만드는 것이 구속의 완성에서 가장 중요한 것은

완전한
복음

아니다. 가장 중요한 것은 우리다. 아담에게 자신의 영광을 나타내도록 창조질서를 다스리게 하셨던 것과 같이 하나님은 두 번째 아담이 되시는 그리스도 안에서 자신의 자녀들을 새롭게 만드시고 회복된 창조세계를 다스리게 하실 것이다. 성경은 분명 창조세계만 새로워지는 것이 아니라 당신과 나 역시 새로워져서 새로운 육체를 얻게 될 것이라고 이야기한다. 로마서 8장 23절은 우리가 몸의 속량을 기다린다고 기록한다.

우리 아이들은 대부분의 경우 자신의 몸이 구속을 필요로 한다는 사실을 알지 못한다. 아프거나 다치지 않는 한, 자신이 자라 어른이 되면 모든 힘과 활력이 사라지게 되리라는 사실을 인지하지 못한다. 그런 사실은 나이를 먹어가면서 깨닫게 된다. 사실 전도서 마지막 장의 요점은 우리 육체의 소진이다. 우리의 영혼이 얼마나 강한지는 문제가 되지 않는다. 전도서 12장은 살아 있는 것이 곤고해지는 날이 올 것이라고 이야기한다. 죽음은 타락의 일부이며 우리는 모두 죽음으로 향하고 있다. 시금치를 얼마나 먹든, 필라테스 강좌를 몇 번이나 듣든, 일상에서 얼마나 신중한 선택을 하든 우리는 죽어가고 있으며 우리의 육체는 쇠잔할 것이다. 레이 올트룬드Ray Ortlund의 말대로 사실 우리는 기력을 회복하기 위해 인생의 삼분의 일을 침대에서 잠으로 보내고도 결국에는 죽어버린다. 이와 같은 사실은 오직 그리스도만이 강하다고 분명하게 말해준다.

그리스도인들은 우리가 소진되지 않는 육체를 기다리고 있기 때문에 우리의 육체가 소진된다는 사실을 이해해야 한다. 이 새로운 육체는 영적인, 천상의 것이 아니다. 우리는 육체적으로 새로운 몸을 기다리고 있다. (어떤 사람들은 이렇게 생각할 것이다. "맞아요. 우리가 영원토록 하프를 연주하고 노래를 부르기 위해서는 그러한 육체가 필요하지요." 그렇다면 당신은 여전히 이해를 못하는 것이다.) 고린도전서 15장 35-45절에서 바울이 말하는 이 새로운 육체의 거대한 이상을 참고하라.

누가 묻기를 "죽은 자들이 어떻게 다시 살아나며 어떠한 몸으로 오느냐?" 하리니 어리석은 자여! 네가 뿌리는 씨가 죽지 않으면 살아나지 못하겠고 또 네가 뿌리는 것은 장래의 형체를 뿌리는 것이 아니요 다만 밀이나 다른 것의 알맹이뿐이로되 하나님이 그 뜻대로 그에게 형체를 주시되 각 종자에게 그 형체를 주시느니라. 육체는 다 같은 육체가 아니니 하나는 사람의 육체요 하나는 짐승의 육체요 하나는 새의 육체요 하나는 물고기의 육체라. 하늘에 속한 형체도 있고 땅에 속한 형체도 있으나 하늘에 속한 것의 영광이 따로 있고 땅에 속한 것의 영광이 따로 있으니 해의 영광이 다르고 달의 영광이 다르며 별의 영광도 다른데 별과 별의 영광이 다르도다. 죽은 자의 부활도 그와 같으니 썩을 것으로 심고 썩지 아니할 것으로 다시 살아나며 욕된 것으로 심고 영광스러운 것으로 다시 살아나며 약한 것으로 심고 강한 것으로 다시 살아나며 육의 몸으로 심고 신령한 몸으로 다시 살아나나니 육의 몸이 있은즉 또 영의 몸도 있느니라. 기록된 바 첫 사람 아담은 생령이 되었다 함과 같이 마지막 아담은 살려주는

35-45절이 말하는 바는 우리가 건강한 식단, 올바른 운동, 충분한 수면, 훌륭한 스트레스 관리, 자기 계발 서적의 조언 등을 이용해 우리의 육체를 놀라울 만큼 잘 가꾼다고 해도 그것이 다만 씨앗에 지나지 않는다는 사실이다. 나무나 풀이 아닌 단순한 씨앗이다. 당신의 몸을 얼마나 강하게 가꾸든 그 몸은 일시적이다.

나는 암 진단을 통해 이러한 어려운 진리를 깨달았는데, 병이 발견되었을 때 내가 내 인생에서 가장 건장한 체격과 가장 건강한 식단, 그리고 최상의 건강을 유지하고 있을 때였기 때문이다. 건강을 잃어버리는 것은 말 그대로 한순간이었다. 성경은 이 책을 읽고 있는 당신의 눈을 포함해 당신의 몸이 지금도 쇠약해지고 있다고 가르친다. 당신의 몸은 죽어 다시 살아나야 하는 씨앗이다.

고린도전서 15장 47-49절에서 바울은 흙에 속한 사람(아담)과 하늘에 속한 사람(예수 그리스도)을 비교·대조한다. 여자로부터 태어난 우리 모두는 우리의 첫 조상 아담의 형상으로 태어났다. 때문에 우리 모두는 창조주보다 창조세계를 더 선호하고 스스로 하나님보다 똑똑하다고 생각하며 하나님을 인정하지 않았다. 만일 그리스도께서 지체하신다면 우리 모두는 아담의 운명대로 죽게 될 것이다.

죄가 우주로 들어오기 이전에는 죽음이 없었다는 사실을 기억해야 한다. 타락했을 때 죽음이 다스리기 시작했다. 당신과 나는 육체적인 죽음을 맞이할 것이다. 만일 우리가 육체적인 죽음을 맞이하기 전에 그리스도가 재림하신다고 해도 우리는 여전히 이 썩을 육체의 대체물이 필요할 것이다. 우리는 하늘에 속한 분이 우리를 위하여 친히 값을 지불하신 썩지 아니할 육체를 입어야 한다. 우리는 그리스도의 부활하신 몸과 같은 육체를 얻을 것이고, 한때 깨어진 모습으로 살았던 곳에서 보이지 아니하는 하나님의 형상이신 그리스도의 모습으로 살게 될 것이다. 우리 각자에게 있는 깨어짐은 영원히 고침을 받고 우리의 노화해가는 육체는 영원한, 영광스러운 육체로 대체될 것이다. 우리는 아프거나 다치지도, 피곤하지도 않을 것이다. 나는 아우구스티누스의 『하나님의 도성』에 등장하는 다음 부분을 오랫동안 사랑해 왔다.

> (하나님의 도성 안에는) 어떤 악도 없으며, 어떤 선도 부족하지 않으며, 만유의 주로 만유 안에 계시는 하나님을 찬양할 시간이 있을 것이므로 그 행복이 얼마나 커다란 것일까!…몸의 모든 지체와 기관이 지금은 여러 가지 필요한 기능을 배당받았지만, 그때에는 하나님을 찬양하는 데 이바지할 것이다.…이런 몸의 운동력이 어떠할는지를 나는 상상할 수 없으므로 감히 경솔한 판정을 할 수 없다. 그런 그때의 몸은 운동하거나 정지하거나 간에, 그 외형과 같이, 언제나 품위가 있으리라. 품위 없는 것은 내세에서 허락되지 않을 것이기 때문이다.…덕성의 근원이신 하나님 자신이 덕성에 대한 상이 되실 것이다. 하나님보다 더 선한 상이 있을 수 없으므

로, 하나님은 자기를 상으로 주시겠다고 약속하셨다.… 하나님은 우리 소원의 목표가 되실 것이니, 우리는 그를 끊임없이 보며, 싫증 없이 사랑하며, 피로함 없이 찬양할 것이다. 이 넘치는 애정과 이와 같은 활동은 영생 자체와 같이, 확실히 모든 사람에게 공통될 것이다.[4]

새 하늘과 새 땅에서는 지치지 않고 하나님을 높이는 것이 영생을 소유한 모든 자들의 공통된 의무이자 기쁨, 활동이 될 것이다. 아우구스티누스의 이야기는 실상 다음과 같다. "당신의 육체가 그것의 기능을 위해 지금 사용하고 있는 모든 에너지, 모든 활력은 더 이상 필요하지 않게 될 것이다. 간이 혈액을 깨끗하게 할 필요가 없을 것이다. 신장 역시 깨끗하게 하는 기능을 수행할 필요가 없을 것이다. 그러한 것들은 더 이상 필요하지 않을 것이다. 지금 사용되고 있는 모든 에너지는 하나님을 찬송하고 하나님과 함께 다스리고 통치하는 데에 사용될 것이다."

바울은 고린도전서 15장 54-57절에서 사망을 성층권 밖으로 날려버린다.

이 썩을 것이 썩지 아니함을 입고 이 죽을 것이 죽지 아니함을 입을 때에는 사망을 삼키고 이기리라고 기록된 말씀이 이루어지리라. 사망아! 너의 승리가 어디 있느냐? 사망아! 네가 쏘는 것이 어디 있느냐? 사망이 쏘는 것은 죄요 죄의 권능은 율법이라. 우리 주 예수 그리스도로 말미암아 우나는 이 본문이 장례식장에서 조악하게 사용되는 것을 들어본 적이 있다. 설교자는 다음과 같이 소리친다. "사망아! 네가 쏘는 것이 어디 있느냐?" 사망한 이가 들어 있는 관에서 불과 몇 미터 떨어진 곳에서 말이다. 그럴 때면 나는 소리쳐 대답하고 싶어진다. "바로 거기요. 지금 쏘고 있네요."

고린도전서 15장은 언제 사망이 그것의 쏘는 것을 잃어버릴 것이라 말하는가? 언제 그것이 승리를 통해 삼켜지고 더 이상 슬픔을 불러오지 않을 것인가? 우리가 썩지 아니함을 입을 때다. 따라서 장례식장에서 우리는 애도하고 아파한다. 사망은 우리를 쏘고 거기에는 참된 상실이 있다. 앞의 본문이 장례식에 걸맞게 사용되려면 사망이 더 이상 우리를 쏘지 않을 소망의 그날을 가리켜야 한다.

그날, 사망을 이기신 그리스도의 승리는 실제적이고 뚜렷하고 자연스러울 것이다. 우리는 현재의 탁한 마음 때문에 상상조차 불가능한 많은 일들을 실제로 이룰 수 있는, 성령의 능력을 덧입은 새로운 육체를 얻게 될 것이다. 우리는 온 땅에 가득한 하나님의 영광 속에서 헤엄칠 수

> 사망을 이기신 그리스도의 승리는 실제적이고 뚜렷하고 자연스러울 것이다.

있게 될 것이다. 우리의 몸은 부활하신 예수님의 몸과 같을 것이다. 그분의 영화된 몸은 우리가 입을 몸의 예시다. 그분이 우리를 의롭다

하셨으니 또한 영화롭게 하실 것이다롬 8:30.

새로운 피조물로서의 삶

천국의 완성이라는 이 거대한 이상의 빛 아래 바울은 우리에게 다음과 같이 권고했다. "그러므로 내 사랑하는 형제들아! 견실하며 흔들리지 말고 항상 주의 일에 더욱 힘쓰는 자들이 되라. 이는 너희 수고가 주 안에서 헛되지 않은 줄 앎이라"고전 15:58.

지금의 삶은 사라질 것이고 이 몸은 씨앗인 것을 알기에 우리는 세상을 다르게 보고 다르게 산다. 더욱 기꺼이 섬기고 더욱 기꺼이 희생하고 더욱 기꺼이 불편을 참는 것은 이 깨어진 삶이 잠깐임을 알기 때문이다. 바울 서신은 그런 깨달음으로 가득 차 있다. 이는 바울이 현재의 고난을 잠시 받는 가벼운 환난으로 묘사할 때고후 4:17, 그리고 이어서 별로 가벼워 보이지 않지만 여전히 잠깐인 고난들을 나열할 때 잘 드러난다. 우리가 지금 이곳에서의 삶을 잠깐의 것으로, 우리 육체의 몸을 부활하신 그리스도와 함께 부활하기 전에 땅에 심겨져야 할 씨앗으로 볼 때 예수님을 위한 담대함이 생겨난다. 물론 이것은 인생을 다음과 같이 볼 경우에는 불가능한 이야기다. "지금 이 생이 전부야. 따라서 나는 나의 즐거움과 편안함, 기쁨을 바로 지금 극대화시키면서 할 수 있는 한 인생을 즐겨야 해."

성경은 분명하게 목숨을 잃는 가장 빠른 방법은 그것을 구원하고

자 하는 것이며, 목숨을 구원하는 방법은 그것을 잃는 것이라고 말한다막 8:35. 고린도전서 15장 58절은 어떻게 이 진리를 역사의 완성에서 이루어질 만물의 회복에 대한 지식으로 적용해야 할지를 설명해준다.

이번 장을 마무리하면서 성경의 마지막 장면을 찾아가 보면 좋을 듯하다. 요한계시록의 마지막 부분을 톰 라이트만큼 매혹적이고 날카롭게 묘사한 사람은 드물다. 다음은 그의 책『마침내 드러난 하나님 나라』에서 인용했다.

> 이제 드디어…어쩌면 성경에 나오는 새 창조의 이미지, 우주적 회복의 이미지 중에서 가장 위대한 이미지라고 할 수 있는 것에 도달했다. 요한계시록 21-22장에 제시되어 있는 이 장면은 충분히 알려지지도 않았고 그것에 대해 사람들이 깊이 생각하지도 않는다. (그 부분을 읽기 위해서는 사실 앞에 나오는 요한계시록의 나머지 부분을 다 읽어야 하기 때문인지도 모른다. 그 과정이 너무 엄청나게 느껴져서 많은 사람이 그 앞에서 주춤하게 된다.) 이번에 사용되는 이미지는 결혼 이미지다. 새 예루살렘이 신랑을 위해 치장한 신부처럼 하늘에서 내려온다.
>
> 우리는 이것이 소위 기독교의 시나리오라고 하는 모든 이야기들, 예를 들어 그리스도인들이 아무런 치장도 없이 벌거벗은 영혼으로 천국으로 가서 두려움과 떨림 가운데 자신의 창조주를 만나게 되는 것으로 이야기를 마무리하는 시나리오들과 얼마나 극명하게 대조되는지 바로 알아채게 된다. 빌립보서 3장에서처럼, 우리가 천국으로 가는 것이 아니라 천국

이 이 땅으로 내려온다. 실제로 교회 자체가, 천국의 예루살렘이 이 땅으로 내려온다. 이러한 관점은 온갖 종류의 영지주의, 즉 이 세상이 하나님으로부터 분리되는 것, 육체와 영혼이 분리되는 것, 하늘과 땅이 분리되는 것을 최종적 목표로 보는 모든 세계관을 궁극적으로 거절한다. 이것은 하나님 나라가 임하고 하나님의 뜻이 하늘에서와 같이 땅에서도 이루어지기를 기도하는 주기도문에 대한 최종적 응답이다. 이것이 바로 바울이 에베소서 1장 10절에서 이야기하는 것이다. 즉 하나님의 의도와 약속은 하늘에 있는 것과 땅에 있는 모든 것이 그리스도 안에서 총합을 이루는 것이었다. 이것은 피조물인 남자와 여자가 함께 하나님의 형상을 이 세상에 반영할 것이라는 창세기 1장의 약속이 최종적으로 성취되는 것을 풍부한 상징의 이미지로 그린 것이다. 그리고 이것은 죽음을 영원히 패배시키고 없애버리고자 하는 하나님의 위대한 계획의 최종적 성취다. 이것은 창조세계가 현재 처한 부패의 곤경으로부터 구출된다는 것을 의미할 수밖에 없다.[5]

톰 라이트는 이어 어떻게 새 창조가 창조 명령에서 하나님이 생각하셨던 열매 맺음의 성취인지에 대해 설명한다.

결국 하늘과 땅은 극과 극으로 멀리 떨어져 있는 것이 아니며 천국의 자녀들이 이 악한 세상으로부터 구출되고 난 후에 서로 영원히 분리되어야 하는 것도 아니다. 또한 하늘과 땅은 범신론이 암시하는 것처럼 같은 것

을 다르게 바라본 방식도 아니다. 그와는 근본적으로 다르다. 대신 하늘
과 땅은 (요한계시록의 주장대로) 남자와 여자처럼 서로를 위해 만들어
졌다. 그것이 최종적으로 합쳐지고 나면, 결혼식과 마찬가지로 축하하고
즐거워할 일이 될 것이다. 그것은 하나님의 계획이 앞으로 나아가고 있
다는 징표로서 창조세계 안의 양극은 경쟁이 아니라 연합을 위해서 만들
어졌다는 사실을 알려준다. 뿐만 아니라 이 세상에서 최종적 발언을 하는
것은 미움이 아닌 사랑이며, 창조세계를 향한 하나님의 뜻은 불모의 상태
가 아니라 풍성한 열매 맺음이라고 말해준다.

그렇다면 그 본문에서 약속된 것은 이사야가 미리 내다본 것이다. 즉
새 하늘과 새 땅이 부패할 수밖에 없는 옛 하늘과 옛 땅을 대체한다. 이것
은…하나님이 모든 것을 쓸어버리고 다시 시작하신다는 뜻이 아니다. 만
약 그렇다면 축하는 물론이고 죽음을 정복하는 일도 없을 것이며 드디어
완성에 도달하게 되는 오랜 준비도 없을 것이다. 본문의 내용이 전개되면
서 어린 양의 아내인 신부가 아름답게 묘사된다. 그녀는 유배 시절의 선
지자 에스겔이 약속한 새 예루살렘이다. 그러나 재건된 성전이 무대의 중
심을 차지하게 되는 에스겔의 환상과는 달리 이 도시에는 성전이 없다
(계 21:22). 예루살렘 성전은 언제나 하나님 자신의 임재를 가리키는 것
으로 그리고 미래에 있을 그 임재를 앞서 상징하는 것으로 고안된 것이었
다. 실재가 오게 되면 이정표는 더 이상 필요 없다. 로마서와 고린도전서
에서처럼 살아계신 하나님이 자신의 백성과 함께 그들 사이에 거하시면
서 그 도시를 자신의 생명과 사랑으로 가득 채우고 그 도시로부터 흘러나

와 전 세계로 퍼져가는 생명의 강에 은혜와 치유를 부어주실 것이다. 구속받은 자들이 하나님의 최종적인 새 세상에서 맞이하게 될 미래에 대한 징표가 여기에 있다. 하나님의 구속받은 백성은 사람들이 종종 생각하는 것처럼 구름 위에 앉아서 하프를 연주하는 모습이 아니라 새로운 세상에서 새로운 방식으로 뻗어나가는 하나님의 사랑의 대리자가 되어 새로운 창조의 임무를 성취하고, 하나님의 사랑의 영광을 축하하고 확장시킬 것이다.[6]

따라서 당신과 나는 톰과 제리와 같이 되어 하프를 연주하는 것이 아니라 우리의 위대하신 왕 하나님의 영광을 위해 부패와 죄, 반역의 무게로부터 방해받지 않는 새로운 몸을 입고 새로운 창조 속에서 살게 될 것이다. 예배를 드릴까? 물론이다. 하지만 이것은 단순한 찬양을 뛰어넘는 예배가 될 것이다.

이것이 바로 우리가 이 깨어진 세상 속에서 피곤해질 때 소망 가운데 바라보고 위해서 기도하고 갈망하는 것이다. 우리가 금식하며 그의 오심을 갈망하는 이유다. 요한이 그 계시를 "주 예수여! 오시옵소서!"계 22:20라고 마무리 지은 이유이기도 하다. 이 고백을 통해 우리는 깨어진 그의 가쁜 숨소리를 들을 수 있다.

성경의 거대한 서술을 통해 복음을 하늘에서 바라볼 때 우리는 복음이 단지 우리의 죄를 용서하시고 영원한 생명을 주시는 하나님에 대한 것이 아니라 우리가 왜 용서받았는지와 영원한 생명은 어때야 하는지를 말해준다는 사실을 알게 된다. 다음 장에서 살펴보겠지만 만물을 회복하시려는 하나님의 계획이 복음이라는 사실을 부인할 수 없는 이유는 성경이 그리스도의 구속 사역을 타락한 창조세계를 위한 기쁜 소식으로 표현하기 때문이다. 예수님의 삶과 죽으심, 부활의 기쁜 소식을 통해 우리는 하나님과 화목되었다. 그것은 또한 하나님이 화목하게 하시는 모든 것의 상속을 의미한다롬 8:32. 다른 말로 하자면 복음을 하늘에서 바라볼 때 우리는 전체적인 이야기를 볼 수 있게 되고, 이것이 먼저 전해져야 할 뿐 아니라참조. 고전 15:3 가장 중요하게 전해져야 할 소식임을 알게 된다. 우리의 복음은 하나님의 구속 계획에 대한 성경의 거대한 이상과 걸맞은 것이어야 한다. 우리는 복음을 받아들일 때 하나님의 영광의 크기에 맞는 복음을 받아들여야 한다.

3

의미와
적용

9

땅에 매인 복음

완전한 복음은 땅에서 바라본 복음과 하늘에서 바라본 복음, 즉 하나님이 자기 아들의 사역 안에서 이 세상을 향하여 가지고 계신 하나의 구속 계획을 바라보는 두 가지 상호보완적인 견해를 하나로 묶는다. 이 두 가지 견해를 한데 묶음으로써 우리는 복음을 선포하는 성경의 다면적 방식들을 가장 공정하게 다루게 된다. 그중 하나를 놓칠 때, 예를 들어 한 견해를 지나치게 긍정한다든지 다른 한 견해를 간과 혹은 아예 거부한다든지 할 때 우리는 온갖 종류의 성경적 잘못으로 이어질 수 있는 불균형을 자초한다.

땅이나 하늘에 너무 오래 머문 복음에는 위험이 따른다. 복음이 이 땅에 너무 오래 머물 경우 나타나는 몇 가지 위험을 살펴보기에 앞서 비탈길이라는 개념에 대해 언급하려고 한다. 비탈길이란 당신으로 하여금 원래 의도했던 것보다 더 많이 나아가도록, 혹은 원래 믿었던 바를 넘어서도록 사고와 행위에서 움직임을 유발하는 어떤 생각이나 행동이다. 땅에서 바라본 복음을 선호하고 하늘에서 바라본 복음을 비판하는 사람은 다음과 같이 말하는 경향이 있다. "이러한 접근은 더 많은 잘못을 불러올 겁니다. 역사를 보면 이러한 관점은 사회복음이나 온갖 종류의 자유주의로 이어졌습니다."

이것에 대한 반응으로 첫 번째 짚고 넘어가야 하는 사실은 비록 이와 같은 비탈길이 역사 속에 분명히 있었다 해도 그 경사도가 직각은 아니었다는 점이다. 다른 말로 하면 이 비탈길이 절벽은 아니다. 반면 두 번째로 짚어야 하는 것은 우리 모두가 죄인이고 과민 반응의 경향이 있기 때문에 비탈길이 우리 모두에게 영향을 미친다는 사실이다. 이것이 미치지 않는 신학이나 교리는 하나도 없다. 비탈길을 독점하는 무언가가 있는 것은 아니다.

성경은 은혜와 행위 사이의 긴장을 통해 비탈길 효과를 경계하라고 권면한다. 은혜의 개념으로 너무 들어간 나머지 기독교적 순종의 필요를 배제하는 사람들이 있다. 그러나 바울은 로마서 6장 1-2절에서 분명히 말한다. "은혜를 더하게 하려고 죄에 거하겠느냐? 그럴 수 없느니라!" 바울은 참으로 중생한 사람의 은혜는 새롭게 하시는 성령의 증거인 행위로 나타날 것이라 말한다. 이는 야고보도 동의하는 바다약 2:14-26.

반면 행위를 지나치게 강조하여 또 다른 극단을 향하는 사람들도 있다. 이들은 하나님의 분명하고 선하신 명령과 이들에 순종하라는 무수한 권면을 예로 들어 우리가 칭의를 위해 어떻게든 하나님과 협력한다고 주장한다. 믿음과 행위, 율법과 복음 사이의 긴장은 언제나 우리 마음속에 있고, 바울을 비롯한 많은 이들이 성경 속에서 반복적으로 이와 같은 긴장에 대하여 말하고 있다.

비탈길의 위험이 기록된 또 다른 곳은 고린도전서 10장이다. 바울은 그곳에서 우리에게는 율법이 더 이상 필요하지 않고, 우리가 하나님의 명령에 더 이상 순종하지 않아도 된다는 율법폐기론과 그리스도인의 자유, 거룩과 율법주의 사이의 긴장을 다루고 있다. 고린도전서 10장 23절에서 바울은 다음과 같이 기록한다. "모든 것이 가하나 모든 것이 유익한 것은 아니요 모든 것이 가하나 모든 것이 덕을 세우는 것은 아니니." 젊은 교회를 담임하는 목사로서 내가 깨달은 것은 율법에 속박을 느껴온 사람들은 자유의 문이 열릴 때 시속 백만 킬로미터로 뛰쳐나가 새로이 찾은 자유를 허가증처럼 사용하기에 이른다는 사실이다. 따라서 우리는 이들을 그리스도 안에서의 자유와 율법으로부터의 자유가 우리의 형제자매들의 유익을 위해 주어졌다는 실재로 끊임없이 데려와야 한다.

이단을 상대한 초대 교회의 투쟁을 통해서도 이와 같은 비탈길을 확인할 수 있다. 비탈길의 진짜 문제는 진리적 요소가 비탈길 아래로 미끄러져 내리기 시작할 때다. 제대로 된 그리스도인이 은혜의 실재나 솔라 그라티아*sola gratia*, 즉 오직 은혜의 교리를 부인할까? 하지만 거기에서부터 잘못된 '쉬운 복음'이 시작되지 않았던가. 율법폐기론 역시 솔라 그라티아라는 근본적 진리로부터 시작했다. 따라서 비탈길로 미끄러지는 것은 어떤 진리를 긍정하기 때문이 아니라 그것과 상보적인 다른 진리를 부인하기 때문이다. 다른 말로 하면 진리인 무엇을 성경의 경계 밖으로 가지고 나가는 것이다. 교회사에서 보면 아리우스주의, 양태론, 펠라기우스주의, 양자론, 네스토리우스주의, 삼신론, 보편구원론 등 여러 이단들이 그러했다. 이와 같은 여러 오류들은 진리의 한 요소를 취해 그것을 이단이 되기까지 왜곡한 것이다. 이 이단들은 오늘날까지도 그 머리를 쳐든다.

나는 내가 속한 개혁주의 교계와 성경을 사랑하고 온전한 교리에 열심인 사람들 속에서도 성격적 오류들을 접하게 된다. 이것은 하나님이 계시하신 전체를 배제한 채 한 가지 진리만을 받들기가 위험할 정도로 쉽기 때문이다. 예를 들어 우리는 하나님의 주권이라는 성경적 교리에 근거해 선교나 기도에 게을러지거나 하나님을 악의 근원으로 만들 수 있다. 전적 부패라는 참된 교리를 가지고 비탈길을 내려가 인간에게 책임이 없다고 가르친다거나 인간의 가치를 경시

중요한 것은 어떤 교리를 가지고 있느냐가 아니다. 죄인이 관여하는 한 비탈길은 언제나 가능하다.

할 수도 있다. 중요한 것은 어떤 교리를 가지고 있느냐가 아니다. 죄인이 관여하는 한 비탈길은 언제나 가능하다.

좋은 소식은 성경과 역사 속의 증언들이 우리에게 이러한 비탈길이 무엇이고, 어떻게 작용을 하고, 어떠한 경로로 움직이는지 보여준다는 사실이다. 물론 실수들이 우리의 사역을 정의하도록 해선 안 된다. 그러나 과거의 잘못을 반복하지 않고 성경에 신실할 수 있기 위해서는 이러한 실수들을 통해 지뢰와 함정의 위치를 파악하는 것이 중요하다.

따라서 이번 장과 다음 장을 통해 하늘에서 바라본 복음과 땅에서

완전한
복음

바라본 복음이라는 두 가지 관점에 대한 반응으로 나타난 성경적·역사적 비탈길들을 살펴볼 것이다. 그런데 한 가지 꼭 이해해야 할 사실은 이러한 염려들이 필연적 결론이 아닌 가능성이라는 것이다. 우리가 이러한 역사적 오류를 경계하고자 특별하게 주의하지 않는다면 이들은 가능성에서 개연성으로 탈바꿈할 것이다. 다시 한 번 말하지만 땅이나 하늘에 너무 오래 머무른다고 해서 이러한 일들이 꼭 일어나는 것은 아니다. 오히려 역사와 성경은 이러한 일이 경계해야만 하는 가능성임을 보여주고 있다.

그렇다면 복음이 땅에 매여 마땅히 그래야 함에도 불구하고 하늘에서 바라본 복음과 균형을 이루지 못할 경우 나타나는 위험에는 무엇이 있을까?

첫 번째 위험: 하나님의 거대한 선교에 대한 간과

땅에서 바라본 복음에 지나치게 집중하며 경계하지 않을 경우 나타나는 첫 번째 가능성은 우리가 우리 삶의 모든 영역을 향한 하나님의 선교적 계획을 이해하지 못하는 것이다. 내가 우리 빌리지 교회 성도들에게 지속적으로 가르치고 싶은 내용 중 하나는 삶의 모든 영역으로 통하는 하나님의 주권에 대한 통찰이다. 나는 이러한 통찰을 드러내는 본문 중 시편 139편을 가장 좋아한다. 어쩌다보니 여성 사역이 시편 139편을 장악하고 있다. 나는 여성들이 자신이 기묘하게 지어졌

고, 따라서 주변의 다른 사람과 자신을 비교할 필요가 없다는 사실을
이해하는 것이 중요하다는 데에는 동의를 하면서도 이 본문의 의미는
그것보다 더욱 크다고 생각한다.

> 주께서 내 내장을 지으시며
> 나의 모태에서 나를 만드셨나이다.
> 내가 주께 감사하음은 나를 지으심이 심히 기묘하심이라.
> 주께서 하시는 일이 기이함을 내 영혼이 잘 아나이다.
> 내가 은밀한 데서 지음을 받고
> 땅의 깊은 곳에서 기이하게 지음을 받은 때에
> 나의 형체가 주의 앞에 숨겨지지 못하였나이다.
> 내 형질이 이루어지기 전에 주의 눈이 보셨으며
> 나를 위하여 정한 날이 하루도 되기 전에
> 주의 책에 다 기록이 되었나이다(시 139:13-16).

내가 이 본문을 좋아하는 이유는 두 가지다. 첫째는 하나님이 나
의 모태에서 나를 만드셨다고 말하기 때문이다. 그분이 나의 형체를
정교하게 엮으셨다. 하나님이 나의 외면적이고 육체적인 몸을 창조하
고 지으셨는데, 이것은 나의 삶을 앞으로 어떻게 사용하실지에 대한
그분의 지식을 따라서였다. 나는 어릴 때부터 소위 '호소력 있는 목소
리'를 가지고 있었다. 솔직하게 말해 내 인생의 위대한 역설 중 하나

완전한
복음

가 이전에는 벌을 받아 방과 후에 남아야 했던 그 이유로 지금은 보수를 받고 있다는 사실이다. 내게는 속삭임의 능력이 없다. 원래 만들어진 것이, 유전자적 구성이 시끄러운 사람이다. 나는 방 안에 있는 다른 사람이 듣지 못하도록 몸을 기울여 속삭이지를 못한다. 내게는 그와 같은 능력이 없다. 따라서 192센티미터에 90킬로그램, 호리호리한 나의 육체적 형체는 하나님이 나의 모태에서부터 창조하고 지으신 것이다. 이러한 사실을 생각할 때 육체적으로 자랑할 것은 전혀 없지만 동시에 내가 잉태되기 전 하나님이 자신의 목적에 걸맞은 육체적인 구성을 계획하셨다는 사실을 깨닫게 된다.

두 번째로 하나님은 나의 육체적이고 외면적인 자아를 만드셨을 뿐 아니라 나의 내면적이고 감정적인 자아 역시 만드셨다. 13절은 "주께서 내 내장을 지으시며 나의 모태에서 나를 만드셨나이다"라고 말하는 반면 16절은 "내 형질이 이루어지기 전에 주의 눈이 보셨으며"라고 이야기한다. 16절이 말하는 바는 나의 감정적 구성, 즉 내 안에 자연스럽게 존재하는 인격의 본질을 그곳에 두신 분이 하나님이시라는 것이다. 하나님은 나를 육체적·감정적으로 빚으셨는데 이것은 나를 위해 계획하신 모든 날 동안, 그 날이 시작되기도 전부터 내가 그분의 선과 영광을 위해 살도록 하기 위함이었다.

사람들은 저마다 다른 종류의 취미로 끌린다. 각 사람은 특정 활동에 고유한 반응을 보인다. "오! 재미있다" 혹은 "너무 지루해"라고 말이다. 나는 친한 친구가 하나 있는데 그의 아버지는 야구를 좋아하신다. 자라는 동안 친구의 아버지는 그를 야구장에 데려갔고, 뒷마당에서 캐치볼을 하고 싶어했다. 아버지는 야구를 좋아했지만 그 친구는 지금까지도 야구를 싫어한다. 두 사람의 관계는 매우 좋지만 둘 사이에서 야구는 오래간 적이 없었다. 단지 그는 야구팬이 아니었다. 그는 다른 일에 더욱 많은 끌림을 느꼈다.

우리 영혼 속에는 본질적으로 딱 맞아 떨어지는 무엇이 있는데 우리가 어떠한 것에 이끌리는 것도 바로 그 때문이다. 시편 139편에 따르면 딱 맞아 떨어지는 무엇은 하나님의 정하신 바이고, 하나님은 이것을 자신의 목적에 따라 우리 안에서 행하신다. 바울이 사도행전 17장의 설교에서 이것을 어떻게 설명하는지 보라.

우주와 그 가운데 있는 만물을 지으신 하나님께서는 천지의 주재시니 손으로 지은 전에 계시지 아니하시고 또 무엇이 부족한 것처럼 사람의 손으로 섬김을 받으시는 것이 아니니 이는 만민에게 생명과 호흡과 만물을 친히 주시는 이심이라. 인류의 모든 족속을 한 혈통으로 만드사 온 땅에 살게 하시고 그들의 연대를 정하시며 거주의 경계를 한정하셨으니 이는 사람으로 혹 하나님을 더듬어 찾아 발견하게 하려 하심이로되 그는 우리 각 사람에게서 멀리 계시지 아니하도다. 우리가 그를 힘입어 살며 기동하며 존재하느니라(24-28절).

사도행전 17장은 하나님이 나를 고유하게 지으셨다는 생각을 넘어 나를 고유한 장소에 놓아두셨다는 생각으로 나아가도록 한다. 본문에 따르면 내 거주의 경계와 생의 연대는 하나님의 예정된 계획을 따라 이미 나를 위해 정해져 있다. 나는 고유하게 지어졌고 고유한 장소에 놓여 있다. 27절은 이것을 하나님이 "우리 각 사람에게서 멀리 계시지 아니"하시고, 따라서 사람들이 하나님께로 발걸음을 돌려 그를 찾도록 하기 위함이라는 소망으로 연결시킨다. 만일 우리 복음의 초점이 개인에만 머무른다면 우리는 하나님이 자신과의 개인적 관계를 통해 이루고자 하시는 계획의 광대함을 놓칠 수 있다.

성경을 통해 내가 이해하는 바는 내가 지금 살고 있는 동네에 사는 것도 하나님의 예정된 계획 때문이며, 내가 고유하게 지음을 받고 특정한 것에 이끌리는 것도 사람들이 하나님을 알고, 하나님을 듣고, 복음을 보고, 복음을 듣고, 복음에 이끌리고, 복음이 그들에게 전파되고 선포되기 위해서다. 하루의 업무가 끝나 집으로 돌아갈 때 당신은 그 동네에 우연히 살고 있는 것이 아니다. 길의 왼쪽과 오른쪽, 바로 건너에 보이는 이웃들은 하나님이 바로 그곳에 두신 사람들이고 이것은 하나님의 복음이 나를 통해 그들에게 알려지기 위해서다. 나는 체육관과 커피숍, 아이들의 축구 경기를 나와 함께 관람하고 있는 다른 학부모들, 그리고 딸아이의 무용 발표회까지 모두를 그런 관점으로 바라보고 싶다. 나는 하나님이 자신의 영광을 위해 나를 지으신 방법과 놓아두신 공간이라는 렌즈를 통해 온 세상을 바라보고 싶다.

복음을 개인적인 것으로만 바라볼 경우 우리는 하나님의 선교라는 보다 큰 문맥을 놓칠 수 있다. 복음을 은밀한 것으로 생각하는 잘못에 한 걸음 내딛는 것이다.

두 번째 위험: 합리화된 믿음

비탈길은 점점 더 미끄러워진다. 복음은 단지 하나님과의 개인적인 관계와 연관되어 있을 뿐 만물을 새롭게 하시는 하나님의 구속 계획과는 무관하다는 생각을 받아들이는 순간 우리는 스스로 주변 세상과 관계 맺기를 그만해도 좋다고 허용하게 된다. 예수 그리스도의 복음을 가지고 주변 세상과 관계 맺기를 멈추는 순간, 더 이상 고통 속에 있는 과부와 고아를 돌보지 않고 다른 누군가에게 그와 같은 책임을 떠넘기는 순간, 우리는 참된 성경적 제자 훈련의 주된 요소 중 하나를 상실하게 된다.

우리가 주변 세상의 상처받고 아파하고 슬퍼하는 사람들과 관계를 맺을 때 만물을 자신에게로 화목하게 하시는 하나님의 선교가 성화의 역사를 통해 우리를 다듬어가신다. 우리가 관계를 맺을 때 하나님은 우리 자신의 부족과 결점, 두려움을 보여주신다. 돈과 재능을 의지하면서 하나님을 신뢰하지 않는 지점이 어디인지를 보여주신다. 주변의 도시와 관계를

> 사람들과 관계를 맺을 때 만물을 자신에게로 화목하게 하시는 하나님의 선교가 성화의 역사를 통해 우리를 다듬어가신다.

맺고 그것의 필요를 섬기는 일은 우리의 삶에 여전히 남아 있는 죄의 요새들과 하나님께 복종하기를 거부하는 영역들을 드러내준다. 결국 땅에서 바라본 복음에 너무 오랫동안 매여 있을 경우 제자 훈련은 성령의 열매 안에서 성숙함을 만들어내거나 내적 성장을 조성하지 못하는, 단순한 정보 전달에 그칠 수 있다.

제자 훈련이 삶의 방식이 아닌 정보 습득에 불과할 때 우리의 영적 사고 안에서는 분열이 일어난다. 그 결과는 외식하는 신앙 생활이다. 우리는 고백과 회개를 삶의 윤리가 아닌 단순히 옹호해야 할 진리로 바라보게 된다. 세상에 대한 선교적 이해는 약화되고 우리의 자세는 방어적이 된다. 예수님을 따르기보다 보호막을 찾기에 급급한 것이다.

나는 저 밖에 경계해야 할 것들이 있음을 잘 안다. 성경은 우리에게 믿음의 도를 위해 힘써 싸우고 가르침을 살피라고 명령한다유 1:3; 딤전 4:16. 하지만 화목에 대해 제7장에서 서술했던 것처럼 기독교의 주된 자세는 방어가 아니라 공격이다. 우리의 부르심은 조직을 구성해 다른 이들을 막는 것이 아니라 하나님과 함께 선교하는 것이다. 우리는 선교를 하는 동안 선교의 한 구성 요소로서 믿음을 위하여 힘써 싸우고 건강한 교리를 지킨다.

빌리지 교회의 목회를 시작하면서 내가 가장 처음 했던 일은 에베소서 전체를 설교한 일이었다. 그렇게 한 이유는 당시 빌리지 교회가 죽어가고 있었기 때문이었다. 내가 부임했을 때 교회의 이름은 하이

랜드 빌리지 제일 침례교회였다. 성도는 약 백 명으로까지 줄어든 상태였으며, 약간의 부채도 있었고, 신학적·선교적으로 매우 약해져 있었다. 한마디로 전반적으로 혼란스웠다. 에베소서 전체를 설교하기로 마음먹은 이유는 에베소서가 교회의 탄생과 소멸에 대해 온전한 그림을 제공해주기 때문이었다.

사도행전 19장은 상당히 극적인 에베소 교회의 설립을 기록하고 있다. 아볼로가 먼저 와서 예수님에 대해 가르쳤다. 성경은 그가 무엇을 빠뜨렸는지 자세히 언급하지는 않지만 브리스가와 아굴라가 그를 데려다가 하나님의 도를 더 정확하게 풀어 가르쳐야 했다. 아볼로가 떠난 후 바울이 성령의 역사와 함께 에베소로 들어왔다. 에베소 교회가 시작된 것이다. 바울은 기적을 행하며 하나님 나라를 전파했는데 놀라운 일들이 벌어졌다. 그는 매일 두란노 서원을 찾았는데, 성경은 "두 해 동안 이같이 하니 아시아에 사는 자는 유대인이나 헬라인이나 다 주의 말씀을" 들었다고 말한다10절. 얼마나 놀라운 일인가? (에베소에서 바울의 사역은 너무나도 효과적이고 명백해 심지어 그 지역에 있는 귀신들도 바울에 대해 들어보았다고 했다.) 21-41절을 통해 우리는 이렇게 뿌리내린 복음으로 에베소의 사회·경제적 기류가 바뀌기 시작했음을 알 수 있다. 죄악된 것으로 돈을 벌던 사람들이 더 이상 그렇게 할 수 없었던 이유는 복음이 그 문화에 가득해졌기 때문이었다.

에베소의 변화는 특별했고 강력했다. 사도행전 20장에서 예루살렘으로 향하는 바울은 자신이 체포될 것과 그것으로 자신의 사역이

끝을 맞이할 수도 있다는 것을 잘 알았다. 그는 에베소 장로들을 불러 모아 다음과 같은 말을 전했다. "저는 여러분들에 대하여 깨끗합니다. 제가 깨끗한 것은 하나님의 모든 뜻을 여러분에게 선포했기 때문입니다." 바울은 떠나면서 성령의 감동을 받아 자신이 떠난 후 이리 떼가 몰려와 양들을 집어삼킬 것과 거짓 교사들이 교회 안에서 일어날 것, 그리고 그 장로들 중 일부가 왜곡된 진리로 사람들을 호도할 것을 이 야기했다. 바울은 에베소 장로들을 위하여 기도하고 그곳을 떠났다.

에베소서는 바울이 로마 감옥으로부터 에베소에 있는 그리스도인 들에게 쓴 편지다. 이 편지에서 바울은 진리를 말하고 거짓을 버리라 고 강력히 권면한다. 이 편지의 주된 주제는 만물을 자신에게로 화목 시키시는 그리스도와 모든 나라를 자신에게로 연합시키시는 그리스 도, 모든 사람을 자신의 교회를 통해 서로 연결시키시는 그리스도다. 우리는 이런 강조점을 통해 에베소 교회의 필요를 짐작해볼 수 있다. 단, 실제 교리적 관점에서 에베소 교회에 어떤 일이 일어나고 있었는 지는 자세히 알 수 없는 것이 사실이다.

그러나 바울이 당시 에베소 교회의 장로였던 디모데에게 쓴 편지 를 보면 약 10여 년 전 바울이 사도행전 20장에서 예언했던 이리의 공격과 거짓 교사들의 등장이 실제로 있었음을 알 수 있다. 바울은 에 베소 교회의 논란에 대해 디모데에게 조언을 전하며 이단과 싸우고 교회에 복음의 역할을 널리 가르치라고 명령한다. 바울은 믿음의 아 들 디모데에게 에베소 교회에서 복음의 본질을 왜곡시키려는 자들에 대항해 복음을 사용하라고 가르치고 있다.

요한일·이서도 마찬가지다. 요한 역시 에베소 교회의 장로였다. (여담이지만 에베소 교회가 경험했던 목회의 수준은 대단했고, 이와 같은 최상의 목회적 돌봄에도 불구하고 교회가 거짓 가르침으로 미끄러지고 있었다는 사실은 언제나 충격을 준다.) 자신의 편지에서 요한은 사랑과 은혜를 호소하면서도 죄의 고백과 회개의 필요를 거부하는 사람들과 싸울 것을 당부했다.

이들은 에베소 교회가 처했던 단계들을 희미하게나마 드러내준다. 하지만 이 교회의 최후를 볼 수 있는 곳은 요한계시록 2장이다.

> 에베소 교회의 사자에게 편지하라. 오른손에 있는 일곱 별을 붙잡고 일곱 금 촛대 사이를 거니시는 이가 이르시되 "내가 네 행위와 수고와 네 인내를 알고 또 악한 자들을 용납하지 아니한 것과 자칭 사도라 하되 아닌 자들을 시험하여 그의 거짓된 것을 네가 드러낸 것과 또 네가 참고 내 이름을 위하여 견디고 게으르지 아니한 것을 아노라. 그러나 너를 책망할 것이 있나니 너의 처음 사랑을 버렸느니라. 그러므로 어디서 떨어졌는지를 생각하고 회개하여 처음 행위를 가지라. 만일 그리하지 아니하고 회개하지 아니하면 내가 네게 가서 네 촛대를 그 자리에서 옮기리라"(1-5절).

분명한 것은 이 마지막 단계에서 에베소 교회가 어떤 일은 아주 잘 하고 있었다는 사실이다. 2절을 보면 이들은 인내로 참았고, 악한 자들을 용납하지 않았고, 거짓 선지자들을 시험했다. 이들은 참된 가르침과 거짓된 가르침을 구분할 수 있을 만큼 교리에 대해서도 잘 알았다. 이들은 당시 겪고 있던 고난을 인내하며 참았다. 에베소 교회가 잘한 일을 두 가지로 요약하면 바로 고통을 인내한 것과 올바른 교리를 위해 투쟁한 것이다. 이렇게 보면 나 역시 이 교회의 일원이 되고 싶어진다. 내 아이들을 보내 그리스도의 충만한 분량에까지 자라도록 하고 싶다. 하지만 경고의 말씀이 주어졌다. "그러나 너를 책망할 것이 있나니 너의 처음 사랑을 버렸느니라. 그러므로 어디서 떨어졌는지를 생각하고 회개하여 처음 행위를 가지라."

이들은 처음 사랑을 버렸다. 우리는 종종 이것을 예수님을 향한 우리의 여리고 고상하고 감상적인 사랑으로 오해한다. 더욱 깊이 파고들 필요가 있다. 이 본문의 열쇠는 하나님이 이들에게 무엇을 하라고 말씀하시는지에 있다. "그러므로 어디서 떨어졌는지를 생각하고 회개하여 처음 행위를 가지라." 이어지는 경고는 다음과 같다. "만일 그리하지 아니하고 회개하지 아니하면 내가 네게 가서 네 촛대를 그 자리에서 옮기리라"5절. 즉 교회가 더 이상 존재하지 않을 것이라는 말씀이다.

중요한 질문은 다음과 같다. "너무나도 중요해 이들이 다시 회복해야만 하는 처음 행위는 무엇일까?" 사도행전 19장에 기록된 이들의 처음으로 돌아가 무엇이 이들을 신자로 구분했는지를 살펴보도록 하자.

믿은 사람들이 많이 와서 자복하여 행한 일을 알리며 또 마술을 행하던 많은 사람이 그 책을 모아 가지고 와서 모든 사람 앞에서 불사르니 그 책 값을 계산한즉 은 오만이나 되더라. 이와 같이 주의 말씀이 힘이 있어 흥왕하여 세력을 얻으니라(18-20절).

에베소에서 초기에 일어났던 일 중 하나는 결점과 잘못에 대한 있는 그대로의 솔직한 시인이었다. 하지만 시간이 흐르면서 에베소 교회는 고상해졌을 뿐 아니라 다소 차가워졌고 교리적 인식에 있어서도 강박적인 예민함을 보였다. 이것은 이들이 진리와 걸음을 같이하면서도 선교적 능력을 잃어버렸음을 의미했다. 에베소 교회는 지나치게 이성화된 믿음을 가졌다. 이들의 머리는 올바른 곳에 있었지만 마음이 따라주지를 않았다. 경건의 모양은 있었으나 예수님을 향한 철저한 사랑과 죄에 대한 철저한 회개, 잃어버린 세상을 향한 철저한 사랑을 안으로부터 생산해낼 능력이 없었다. 결국 이들은 교만했고, 주님으로부터 멀리 떨어져 있었기 때문에 예수님이 다음과 같이 말씀하신 것이다. "만일 처음 행위를 가지지 않는다면 내가 네게 가서 내 빛을 그 자리에서 옮기리라."

가장 적절한 설명은 에베소 교회가 교리적 신중함에서 교리적 교만으로 미끄러져 내려가 그리스도와 이웃을 향한 사랑에서 주지주의로 옮겨갔다는 것이다. 에베소 교회 신자들은 이제 더 이상 무당과 마술사, 성 범죄자를 상대하지도, 자신의 죄와 씨름하지도, 복음을 사람들 사이에서와 세상 가운데서 화목하게 하시는 역사의 중심으로 인식하지도 않게 되었다. 그들은 고상해졌으며 그들의 믿음은 합리화되었다. 이것은 복음의 큰 그림을 놓친 채 '나의 믿음'이라는 극소 이미지에만 집중하려는 모든 사람에게 일어날 수 있는 일이다. 지성이 마음의 성전을 채워버리면 우리는 더 이상 하나님의 영광에 두려워 떨면서 선교적 사고방식에 투신한 이사야를 뒤따르지는 못할 것이다. 우리가 하나님의 영광을 시야에서 놓치기 때문이다. 우리의 견해가 이 땅에 매일 경우 우리는 충만한 하나님의 위대하심을 배경에서 제거하는 실수를 범하게 된다.

세 번째 위험: 자기중심적인 복음

이와 같은 오류들은 우리를 비탈길 아래로 떠밀어 내가 생각하는 땅에 매인 복음의 마지막이자 가장 현저한 위험으로까지 떨어뜨린다. 땅에서 바라본 복음의 관점에 지나치게 집중할 경우 우리는 복음을 점점 더 개인주의적으로 이해한다. 복음을 인간 중심적으로, 자기중심적으로 만들어버리는 것이다.

이 게임에 바리새인과 서기관보다 능한 사람은 없었다. 누가복음 15장 1절 이하의 내용을 보자. "모든 세리와 죄인들이 말씀을 들으러 가까이 나아오니 바리새인과 서기관들이 수군거려 이르되 '이 사람이 죄인을 영접하고 음식을 같이 먹는다' 하더라." 이 구절은 그다지 큰 의미가 없는 것 같은데 그것은 역사적 정황에 대한 이해가 없이는 다음과 같이 말하기가 쉽기 때문이다. "그래, 맞아! 너도 죄인이고 나도 죄인이고 우리 모두가 죄인이야." 더불어 우리 대부분이 알고 있는바 세리들은 걷어야 할 것보다 더 많은 돈을 걷어 여분의 돈을 자신의 주머니에 챙겼고 그 때문에 사람들로부터 미움을 받았다. 하지만 이것이 이야기의 전부는 아니다.

예수님의 시대, 로마는 인도에서 영국에 이르기까지 세계를 다스렸는데 어떻게 근대 이전의 시대에 인도에서 영국에 이르는 드넓은 땅을 다스릴 수 있었을까? 예를 들어 텍사스에는 텍사스가 한 나라로 독립해야 한다고 생각하는 사람들이 있다. 숲 속에서 라이플 총을 쏘며 놀던 그 사람들이 독립을 결정했다고 하자. 즉 반역을 하기로 한 것이다. "더 이상은 못 참겠어. 누구도 우리에게 식당에 자동소총을 가지고 들어가지 말라고 명령할 수는 없어!" 그리고는 반란을 일으킨다. 미합중국은 가까운 공군 기지로부터 헬리콥터를 두어 대 띄워 보내고 일급비밀 잠수함 기지로부터 미사일을 발사할 것이고 결국 모든 일은 몇 분 안에 마무리될 것이다.

1세기의 세상은 그렇게 움직이지 않았다. 그렇다면 로마는 그 당시에 장거리용 무기나 비행기, 고속 운송 차량과 같은 수단도 없이 인도에서 영국에 이르는 땅을 어떻게 다스릴 수 있었을까? 유일한 해결책은 거대한 군대였다. 그리고 그 거대한 군대를 부양하고 훈련하는 유일한 방법이 바로 징세였다. 유대인들이 세리를 싫어한 이유는 이

들이 그 땅에 주둔하던 이방 군대를 위해 돈을 거두었고 실제로 이 군대의 억압을 통해 알고 지내던

세리는 경멸의 대상이었으나 바로 이들이 복음에 이끌린 것이다.

사람 중에 죽거나 다친 사람이 많았기 때문이었다. 세리는 경멸의 대상이었으나 바로 이들이 복음에 이끌린 것이다.

거기에는 또한 '죄인들'도 있었다. 우리는 우리가 죄인이고 모든 사람이 죄인이라는 사실을 잘 알고 있지만, 1세기의 죄인이란 어떤 계층을 의미했다. 이들에게는 평판이 나쁜 직업이나 과거, 다른 사람들이 "하나님으로부터 심판을 받았다"고 이야기하는 어떤 종류의 질병이나 기형이 있었다. 이 죄인들은 예배에 참석할 수 없었다. 이들은 공동체의 삶으로부터도 소외되었는데, 사마리아 여인이 시원한 아침이 아닌 한낮에 우물에 와 물을 길은 것도 이 때문이었다.

본문의 장면은 다음과 같다. 세리들과 죄인들이 복음의 중심이 되신 예수님에게 복음을 듣기 위해 가까이 나아왔다. 하지만 그곳에는 다른 이들도 있었다. "바리새인과 서기관들이 수군거려 이르되 '이 사람이 죄인을 영접하고 음식을 같이 먹는다' 하더라."

하나님이 지극히 작은 자들을 위하신다는 사실을 더 이상 믿지 않을 때, 고통과 불의 가운데 있는 이 세상으로 들어가라는 그분의 부르심을 듣지 않을 때, 일어나는 일 중 하나는 제자 훈련의 방해다. 이때 우리의 믿음은 우리 자신과 주님, 천국행 티켓에 대한 것으로 그치고 만다. "이 세상에 살고 있는 사람이 오직 너 하나뿐이었다고 하더

라도 예수님은 너를 위해 죽으셨을 거야"라는 말에도 진리가 담겨 있지만 사실 세상에는 당신 한 명보다는 더 많은 수의 사람들이 살고 있다. 더욱이 하늘에서 바라본 복음을 간과하고 땅에서 바라본 복음에만 집중하다 보면 우리는 쉽게 복음을 하나님이 아닌 우리에 대한 것으로 오해하게 된다. 한 걸음 물러나 말씀의 전체적 줄거리를 바라볼 때, 즉 복음을 하늘로부터 바라볼 때 우리는 하나님의 구원의 이야기가 그리스도를 중심으로, 자신의 영광을 주된 관심으로 둔다는 사실을 깨닫게 된다. 이것을 놓칠 때 복음은 인간 중심적이 된다.

꼭 기억하라. 이것은 우리와 주님 사이의 관계, 그리고 우리를 둘러싼 세상에서 화목의 대리인으로 우리를 부르신 부르심을 왜곡한다. 우리가 땅에 매일 때 우리의 믿음은 화목하게 하는 것, 선교적인 것이 아니라 개인적인 것으로 변질된다.

땅에 매일 때 우리는 우리 자신을 그 중심에 두고 성경을 읽기 시작한다. 여기에서 아주 조금만 더 미끄러진다면 종파주의와 고립주의와 같은 최악의 자리에까지 다다를 것이다. 땅에 매이는 것은 교만과 오만에 이르고 지상명령과 사랑의 계명에 대한 불순종을 합리화하기에 아주 좋은 방법이다. 선교와 전도를 포기하기에도 아주 좋은 방법이다. 극단적 알미니안 부흥주의와 극단적 칼뱅주의의 고립이 모두 자기중심적 복음에 뿌리를 내리고 있다는 사실은 기이한 역설이다.

하지만 지나치게 오래 하늘에 머무는 것에도 위험은 따른다.

10

하늘에 매인 복음

복음을 전적으로 하나님이 이루시는 만물의 회복으로만 이해하면 미묘하지만 위험한 일이 생겨나게 된다. 성경적으로 결핍된 '사회복음'의 용납이 매우 쉬워진다는 점이다. 우리는 복음의 우주적 관점을 통해 하나님의 구속 계획이 만물을 포함한다는 사실을 깨닫는다. 하나님의 구속은 타락으로 인한 저주 자체는 물론 그것의 모든 영향으로부터의 회복을 포함한다. 그러나 그 중심에는 죄인을 향한 하나님의 사랑과 인간의 칭의를 위한 그리스도의 희생, 인간의 영생을 위한 그리스도의 부활이 있다. 그런데 사회복음은 하나님이 행하시는 무엇이 아닌, 인간이 필수적인 역할을 감당하는 것이다. "복음이 되어라"와 같은 구호나 불행히도 자주 인용되는 "복음을 늘 전파하라. 필요하다면 말을 사용해서"[1]와 같은 문구를 들을 때 우리는 주의를 기울여야 한다.

복음을 공중에 너무 오랫동안 매어둘 때의 위험은 사회복음이라는 비탈길 아래로 달려 내려가는 것이다. 땅에서 바라본 복음을 통해 드러난 기본적인 중심 진리를 가리거나 잃어버릴 때 복음의 역할을 불교도들의 자선 행위나 무신론자의 이타적 행위와 구분하기는 어려워진다.

첫 번째 위험: 혼합주의

땅에 매인 복음의 위험이 본질적으로 종파주의라면 하늘에 매인 복음의 위험은 혼합주의다. 다른 말로 땅에 너무 오래 머무는 것은 우리로하여금 세상으로부터 물러나 선교에 참여하지 못하도록 하는 반면 하늘에 너무 오래 머무는 것은 거의 모든 경우 교회와 세상의 구분이 불가능하도록 만든다는 것이다.

혼합주의는 순수하게 시작한다. 참된 복음을 뒤엎어 부수려는 계획을 가지고 시작하는 경우는 절대로 없다. 사실 교회사를 들여다보고 몇몇 목회자를 만나면서 내가 발견한 바는 혼합주의에 빠지는 이들은 거의 모든 경우 다른 사람들이 예수님을 알고, 사랑하고, 따르는 것을 보고 싶은 순수한 동기에서 출발한다는 것이다. 그러다가 다른 사람들의 실패나 이 세상의 상태에 대한 실망에 장악당해 궤도를 이탈한다. 결국 세상과 다를 바 없이 살면서도 스스로를 그리스도인으로 부르고 싶어하는 이들 중 다수가 가난한 자들을 먹이고 노숙자들을 돌보고 인종적 평등을 위해 싸우는 등 과거 세대가 실패한 일들을 지향한다. 그 사람들은 기존 교회의 화려한 건물과 프로그램, 여러 활동을 총체적 복음이 훼손된 증거로 제시한다.

그들의 실망은 꽤나 타당성을 가지고 있다. 그들의 말에는 무언가가 있다. 그러나 이런 기운찬 고민들이 사그라지면서 비참하고 깨어진 자들을 사랑하라는 하나님의 명령을 당위적으로 보게 될 때, 그들은 죄의식을 행함의 원동력으로 사용하는 어떤 그리스도인들처럼 완고함에 빠지게 된다. 복음 자체가 아닌 죄의식이 우리의 행함을 유발하는 힘이 될 때 우리의 구원은 은혜가 아닌 행위로 인한 구원이 된다. 우리는 하나님의 사랑이 원동력이 되어 그 사랑이 필요한 사람들을 품는 것이 아니라 실상은 그렇게 하지 않는 것에 죄의식을 느끼기 때문에 그렇게 하는 것이다. 순간 복음이 아닌 행위가 선교를 이끌게 된다. 이것은 혼합주의로 향하는 첫 번째 단계다. 여기에서 기독교 선교가 행위의 종교와 융합하는데 행위의 종교는 거짓 복음으로서 기독교가 아닌 모든 종교의 뿌리다.

인격적 하나님이 보내신 인격적 구원자를 통해 죄인을 구원하는 것보다 세상을 '더 나은 곳으로' 만드는 것을 강조하는 그리스도인들을 만날 때마다 우리는 많든 적든 혼합주의의 흔적을 발견한다. 이런 기독교 캠페인 중 어떤 것에서는 뚜렷한 기독교적 메시지를 찾기가 어렵다. 인류를 돕고 싶은 마음만 있다면 여느 종교인, 심지어 비종교인이라도 지지할 만한 메시지가 복음을 삼켜버렸기 때문이다. 이것은 혼합주의적 홍보 전략의 일부로 복음이 경제 정의나 브라질 열대 우림의 수호에 대해 이야기하고 있다는 사실을 강조하여 사람들의 시선을 끌겠다는 것이다. 그러나 거의 모든 경우 이러한 강조들은 완전히 다른 종류의 선교로 탈바꿈하고 만다. 성경은 자원 재활용으로 인한 칭의를 가르치지 않지만 하늘에 매여 더 이상 땅에 발을 디디지 않는 몇몇 기독교 단체들로부터 이러한 사실을 확인하기는 쉽지 않다.

오랜 시간 동안 멀리 떨어져 바라볼 때 선교는 모호해진다. 우리는 믿음을 잃어버리고도 그리워하지 않는다. 우리의 믿음을 사회 활동과 맞바꾸었기 때문이다. 혼합주의가 만개할 때 성경적 진리는 우상숭배와 한데 어우러진다. 사람들은 우상숭배가 매력적으로 보이지 않기 때문에 거부한다. 그러나 혼합된 기독교 선교라는 최악의 형태 속에는 신앙, 뉴에이지적 감상주의, 성경이 아닌 다른 책으로 무장한 이단들에 대한 다양한 접근의 여지가 많다. 결국 예수님은 우리가 사악하게 '기독교'라고 이름 붙인 신들의 선반에 올려놓은 여러 피규어 중 하나로 전락해버리고 만다.

두 번째 위험: 그리스도가 빠진 복음

혼합주의라는 첫 번째 단계가 일어나고 우리가 세상에 나아가 성경이 명령하는 대로 불의와 슬픔, 빈곤의 구조적 문제와 맞서는 동시에 세상의 사람들과 기관들이 복음과 상호작용을 하게끔 노력할 때 곧 직시하게 되는 사실은 사람들이 그리스도의 십자가 속죄 사역을 불쾌하게 받아들인다는 점이다. 십자가 위에서 그리스도가 죽으신 사건은 인간이 뼛속까지 얼마나 끔찍한 존재인지에 대한 고발이다. 그런데 우리와 신앙을 달리하는 사람들에게는 그들이 본성상, 즉 행위뿐만이 아니라 본질이 깨어지고 나쁜 존재라는 사실만큼 실망스러운 이야기는 없다. 오늘날 대부분의 사람은 쉽게 자신을 이웃이나 지인 중 '정

완전한
복음

말로 문제가 많은' 사람, 심지어는 뉴스에서 본 범죄자와 비교해가면서 스스로를 선하다고 생각한다. 그런데 그들을 구원하시기 위해 자신의 아들을 죽이신 하나님이라니…그들은 이해를 못한다. 그들의 마음과 생각을 뚫고 들어가기란 매우 어려운 일이다. 제4장에서 살펴본 대로 복음의 메시지는 듣는 이들의 마음을 복음에 대해 완고하게 만들 수 있다.

하늘에 매일 때 사람들은 복음을 다른 사람의 구미에 맞추려고 노력하게 된다. 다른 이들이 예수님을 알고 사랑하게 되기를 간절히 바라기 때문이다. 가난한 자들을 먹이고, 집이 없는 자들을 위해 집을 짓고, 세상의 구조적인 고난의 문제에 동참하면서 이들은 복음의 메시지에 물을 타 희석하기 시작한다. 그리고 누군가 믿고 구원받기 바라면서 성경의 분명한 명령을 수정하기에 이른다. 결국 복음을 바꾸어 복음을 구원하려고 하는 것이다.

이곳저곳을 돌아다니며 본바, 이것은 아무리 강조해도 지나침이 없다. 목회자들은 물론 예수 그리스도를 믿는 모든 신자는 우리가 모든 사람으로 하여금 복음에 굴복하고 싶다고 느낄 정도로 복음을 매력적으로 만들 수 없다는 사실을 알고 이해해야 한다. 복음의 메시지는 멸망하는 자들에게는 사망으로부터 사망에 이르는 냄새라고 성경은 말한다고후 2:16. 따라서 당신이 무슨 옷을 입든, 예배 중에 어떤 기술을 사용하든, 무대 위에서 얼마나 창조적인 소품을 사용하든 성경적인 복음을 설교하고 있다면 그것과 상관하고 싶어하지 않는 사람들이 분명히 나타날 것이다. 기독 청년들을 위해 쓰인 책들을 읽어볼 때 자주 발견하는 메시지는 우리가 단순히 편안한 경험을 만들어주고 부차적인 문제를 지겹도록 되풀이하지 않는다면 더욱 많은 사람들이 예수 그리스도를 신뢰하고 따르게 되리라는 것이다. 그래서 우리는 우리의 표적군에 매력적이지 않을 것 같은 성경의 커다란 부분을 내쳐버린다.

월터 라우셴부쉬Walter Rauschenbusch의 철학과 사업을 비롯해 19세기 후반에 일어났던 사회복음운동의 역사를 살펴볼 때 우리가 발견하게 되는 것은 십자가 위에서 그리스도가 이루신 속죄 사역이 얼마의 시간을 두고 감쪽같이 사라졌다는 사실이다. 역사적으로 이러한 일이 일어나게 된 방법은 사람들이 '부차적인 문제'라고 부르던 것에 대한 작은 양보였다. 몇몇 문제에서 타협을 하고 중심적인 문제에서 합의를 볼 생각이었던 것이다. 하지만 참된 복음을 미워하고 자신을 사랑하는 사람들은 언제나 그리스도의 속죄 사역을 부차적인 문제로 생각한다. 이것이 형벌대속적 교리가 부차적인 문제로 취급되는 이유이자 왜 많은 사람들이 이 문제를 아예 논의에서 제외시키고자 했는지에 대한 이유다. 땅에서 바라본 복음을 강조하는 사람들이 선교적이라는 용어에 긴장을 하고 사회를 위한 교회라는 의견에 주의를 기울이는 것은 보통 타당한 이유 때문이다. 역사를 통해 궤도를 예상해볼 수 있는 것이다.

단언컨대 문제는 거대담론이나 사회정의가 아니라 지나치게 오래 하늘에 머물며 그리스도의 구속 사역은 뒤로 한 채 애매하게 성경적이거나 유신론적인 방식을 사용하여 정의와 긍휼의 사역에 동참하면서 가난한 자와 과부, 고아들을 돌보라는 하나님의 명령에만 몰두하는 사람들이다. 그런데 이들에 대한 우려는 하늘에서 바라본 복음이 그리스도의 구속 사역을 모호하게 만들고 그들의 사역이 참된 복음을 문화적 변화라는 사회복음과 똑같이 보이도록 할 때에만 절대적으로 타당성을 갖는다. 우리는 창조와 타락, 구속, 완성이 성경적 복음이 아니라고 말하는 실수를 범하고는 했다. (우리는 이 변론에서 골로새서 1장 20절을 항상 기억해야 한다.)

세 번째 위험: 우상이 된 문화

선교적 노력과 관련해 염려를 일으키는 경고성 이야기들은 역사 속에만 있는 것이 아니다. 현대의 운동 중에서도 염려를 일으키는 것은 많다. 그리스도가 빠진 복음으로의 표류는 오늘날에도 일어난다. 지나치게 오래 하늘에 머물 때 우리는 흔히 개략적인 '만물의 구속'을 전체적인 이야기로 오해한다. 우리는 하나님의 우주적 목적에 대한 유토피아적 이미지를 마음속에 만들어내는데, 이것은 실상 성경이 말하는 문화와 사회에 미치는 복음의 영향과 거의 혹은 전혀 닮아 있지 않다. 이 비탈길은 우리가 성경적 개념은 얼버무리는 반면 회복된 문화의 모습에 대한 현대적 개념과 어울리는 다른 생각들은 지지하는 것이다.

교회 여성 리더십을 두고 서양 개신교 주류가 어떻게 이 비탈길을 미끄러져 내려왔는지 생각해보라. 교회사에서 이 문제는 거의 이천 년 동안 같은 방식으로 해석되었는데 요약해보면 다음과 같다. 하나님은 남자와 여자를 평등하지만 서로 구분되게 창조하셨다. 남자는 가정과 교회에서 이끄는 자로 책임을 맡았고, 여자는 남자에게 돕는 배필로 주어졌다. 그런데 교회가 현대의 문화에 참여하면서 우리는 다음과 같은 질문을 접하게 되었다. "여자들도 남자들만큼 능력이 있지 않나요? 성경의 본문들이 정말 그렇게 말하지는 않을 거예요. 우리 문화를 한번 보시라고요." 준거의 기준이 바뀐 것이다. 말씀이 문화를 정의하지 않고 문화가 말씀을 정의하기 시작했다.

주류 개신교회에서의 평등주의는 문화에 대한 양보, 즉 성경적 가치에 대한 거부로 다음과 같이 주장한다. "모든 것을 고려해볼 때 성경은 우리의 기준이 아니다. 문화가 우리의 기준이다."

이것이 공격적인 고발임을 잘 안다. 이렇게 말하는 사람도 있을 것이다. "그건 사실이 아니에요. 저는 말씀이 당신이 주장하는 것을 가르친다고 생각하지 않습니다. 그것은 말씀에 대한 당신의 해석 아닌가요?" 이러다 보면 본문을 두고 테니스 게임이 벌어지는데 몇몇 구절들을 문맥에서 끄집어내 하나님이 의도가 분명히 드러난 다른 구절들을 반박하는 데 사용하는 것이다. 이전의 날은 어둡고 악하며 지금의 날은 모든 것이 진보한 상태라고 생각하는 현대 지상주의도 한몫한다. 혹은 악하고 어리석은 인간의 오용을 지적하며 다음과 같이 말할 수도 있다. "봤어요? 성경을 곧이곧대로 들을 때 저런 일이 생긴다고요. 당시에나 그랬던 것이지 지금도 똑같은 무게를 지닐 수는 없습니다."

우리는 성경 구절을 왜곡하면서도 말씀의 권위 아래에 있다고 주장하면서 결국은 지난 이천 년간 말씀이 해석되고 정의된 방식과는 다른 결론을 얻는다. 어떻게 된 것일까? 하나님의 완전한 설계는 오늘날 우리에게 구식이고 미비한 것처럼 보인다. 이제 하나님이 아닌 문화가 선교를 지시하고 문화는 그렇게 우리의 우상이 되었다.

여기서 한 가지 짚고 넘어가야 할 것은 바울이 성 역할을 위한 하나님의 설계를 설명할 때 문화적 논쟁을 한 번도 사용하지 않았다는 사실이다. 바울은 언제나 하나님의 창조 사역으로 돌아갔다. 바울은 하나님의 설계가 어떻게 문화적 환경에 적용될 수 있는지 보여주었지 문화를 근거로 각 성의 역할을 증명하지 않았다. (우리가 단정함을 받아들이는 것이 여자를 향한 하나님의 뜻이지 머리를 땋지 않는 것이 하나님의 뜻은 아니라고 말하는 이유가 바로 여기에 있다. 근본적 차이는 영원하나 적용은 문화적 문제다.) 우리가 하나님을 신뢰한다면 우리는 그분이 우리에게 가능한 최상의 기쁨을 주시려고 세상을 창조하셨다는 사실을 믿어야 한다.

따라서 바울은 문화를 논하지 않는다. 그는 교회 안에서 여성의 역할이 문화적 문제라고 생각하지 않는다. 가부장적 제도, 즉 남자가 힘을 유지하기 위해 고수되어야 하는 엄격한 제도가 깨어졌기 때문이라고도 생각하지 않는다. 오히려 그 반대다. 바울은 섬기는 리더로서 자신의 아내를 제대로 사랑하지 못하는 남자들의 실패를 언제든지 나무랄 것이다. 그러나 이와 같은 문제에 대한 주류 개신교의 의견을 듣고 있노라면 이들은 문화가 우리의 안내자가 되어야만 한다고 우리를 설득하는 것 같다.

당신은 이렇게 말할 수 있다. "목사님, 이것은 부차적인 문제 아닌가요? 이런 문제를 가지고 왜 싸움을 거세요? 이 문제에 대해서는 서로 의견을 달리하면서도 복음 사역은 여전히 함께할 수 있지 않을까요?" 물론이다. 하지만 나의 주장에는 변함이 없다. 말씀에 대한 우리의 신뢰가 흔들리고, 우리가 우리 자신의 권위가 되거나 더 심한 경우 문화로 하여금 무엇이 옳은지 결정하도록 허용한다면 결국 우리는 말씀이 분명히 말하는 것에서 미끄러져 말씀을 우리가 원하는 대로, 주변 세상의 구미에 더더욱 맞추어 읽으려는 태도를 합리화하게 될 것이다.

나는 전능하신 하나님의 계획대로 댈러스에 산다. 이곳 교회들은 거대하다. 곳곳에 수천 석으로 이뤄진 예배당이 있다. 그중에는 매주 여러 번의 예배를 드리는 동안 맨 뒤까지 모든 좌석이 다 차는 곳도 있다. 텍사스의 교회들은 북동부나 북서부의 교회처럼 세속화되지 않았다. 이곳에서는 십자가를 흔히 볼 수 있다. 물고기 문양의 자동차 스티커도 눈에 많이 띤다. 하지만 댈러스를 통계적으로 들여다보고 세속화된 다른 도시들과 비교해보면 이혼과 간음, 부채의 문제에 있어서 별 차이가 없다는 사실을 알게 된다. 유일하게 앞서는 것은 교회 출석률이다. 이것은 우리가 맨해튼이나 시애틀의 평범한 사람들만큼이나 혼합주의적이라는 뜻이 아닐까? 그렇다. 어쩌면 더 혼합주의적일 수도 있다. 우리가 주일날 교회에 가는 것은 만군의 하나님과 맺은 관계적 행위가 아닌 문화적 행위다.

같은 맥락에서 여성 문제를 떠나 동성애 문제로 화제를 옮겨가도 똑같은 일이 일어난다. 주변 세상의 구미를 돋우고 더욱 많은 사람들이 예수 그리스도를 알게 하기 위해 동성애 문제는 사소하게 취급된다. "그들은 왜 자신이 원하는 대로 할 수가 없죠? 이건 우리가 참견할 일이 아니지 않나요? 자신의 집에서 은밀히 하는 일을 두고 우리가 잘못이라고 한다면 우리가 그들을 억압하는 것 아닌가요? 물론 성경은 오늘날과는 무관한, 시대에 뒤떨어지고 진부한 낡은 책이죠. 우리가 누구라고 무엇을 잘못이라 말하겠어요?" 얼마든지 더 이야기할 수 있다. 똑같은 논쟁이 거듭해서 이어지는 것이다. 내 말은 당신이 평등주의자라면 반드시 동성애를 정당한 생활 방식으로 인정하게 되리라는 것은 아니지만 이런 일이 바로 주류 개신교에서 일어나고 있다는 사실이다.

지옥의 실재에 대한 현재의 논증을 생각해보라. 얼마 전 랍 벨이

던진 지옥과 누가 지옥에 가는가에 대한 질문은 그리스도인들 사이에서 소셜미디어 폭주를 불러왔다.[2] 어떻게 신학적 담론이 이루어져야 하는가에 대한 적절한 토론들이 뒤따랐지만 근저에 꾸준히 흐르고 있던 질문은 다음과 같았다. "지옥은 구식 교리가 아닐까? 이것이 정말로 필요한 걸까? 성경이 정말로 이것을 가르칠까? 교회의 이천 년 전통이 틀릴 수도 있지 않을까?" 갑자기 성경이 하나님의 사랑과 진노에 대해 말하는 것이 그것에 대해 우리가 느끼는 감정보다 덜 중요해진다. 하나님의 사랑이 어떤지에 대한 우리의 생각이 지옥에 대한 성경의 수많은 언급과 일치하지 않는다면 교정되어야 할 것은 지옥에 대한 성경의 언급이 아니라 하나님의 사랑에 대한 우리의 견해다.

지옥에서의 영원한 의식적 고문이라는 전통적 견해에 대한 혐오는 복음주의로까지 스며들었다. 우리는 그것에 대해 이야기하고 싶지 않다. 우리는 그것을 인정하고 싶지 않다. 많은 경우 그것을 부인하고 싶다. 그래서 우리는 하나님을 모든 사람에게 사랑을 베푸는 자애로운 요정으로 만들어 진노와 심판에 관한 성경 본문을 부인하기에 이른다.

너무 오래 하늘에 머물 때 우리는 복음의 중심을 잃어버리고 문화를 그 중심으로 하는 보편구원의 관점으로 미끄러져 내려갈 위험에 처한다. 우리가 중심에 두고 도는 것이 무엇이든 그것이 우리가 예배하는 대상이다. 따라서 하늘에 매인 복음의 위험 중 하나는 회복된 문화에 대한 우리의 개념을 우상화하는 것이다. 물론 하나님이 하나님 되신다는 진리를 제거하는 것은 온갖 종류의 다른 거짓말을 낳는다.

네 번째 위험: 복음 전도의 포기

이것이 새로운 현상인지는 잘 모르겠지만 오늘날 스스로를 그리스도 인이라 부르는 많은 이들이 회심이라는 개념, 즉 인간이 돌이켜야만 한다는 주장에 근본적인 혐오감을 보인다. 실제로 그리스도인들을 포함한 많은 사람이 복음을 전해야 한다는 말에 불쾌함을 드러낸다. "우리는 유대인들이 예수 그리스도를 알게 되기를 바랍니다." 만일 이렇게 이야기한다면 당신의 도시와 뉴스, 신문지상에는 다음과 같은 후폭풍이 불어올 것이다. "그리스도인들이 뭐라고 유대인들을 회심시키나? 무슨 권리로 회교도들에게 새로운 종교가 필요하다는 생각을 하는가? 그리스도인들은 자기들이 뭐라고 여호와의 증인이나 몰몬교도를 회심시키려 하는 것인가?" 관용의 서투른 모방이 지배하고 있다.

만물을 자신에게로 화목하게 하시는 하나님의 선교는 분명 개인을 자신에게로 화목하게 하시는 것을 포함한다. 우리가 지금 목도하는 것은 이러한 선교의 약화인데 교회가 땅에서 바라본 복음을 포기하고 있기 때문이다. 우리는 다음과 같이 이야기한다. "많은 사람들이 예수 그리스도를 알고 사랑하도록 우리의 근본적인 메시지를 수정하자." 정말 터무니없는 주장이다. 구원하는 것은 복음이다.

혼합주의의 역사를 볼 때 더 많은 사람들을 얻고자 우리 신앙의 공격적인 부분을 제거하는 것은 결국 그 신앙을 죽이는 것이 분명한데도 사람들은 이와 같은 시도를 멈추지 않는다. 이와 같은 비탈길로 계속해서 미끄러져 가다 보면 가장 공격적 교리인 대속의 교리도 지키기 어려울 것이다. 그리고 일단 죄에 대한 하나님의 진노를 충족시키는 피의 속죄를 제거하면 정말 바퀴가 빠지게 된다. 예수 그리스도의 십자가 대속 사역이 전파되고 선포될 때 선교는 생명 없는 메시지를 전하는 자유주의의 껍데기로 전락하지 않고 하나님이 말씀을 통해 명하신 교회 본연의 모습에 진실할 수 있다.

내가 주류 개신교를 심하게 다룬다고 생각한다면 교회의 감소추세를 한번 살펴보라. 주류 개신교는 복음을 잃었다. 복음 전도에 관심이 없다는 이야기다. 이들은 사회 변화에 주로 관심을 보이는데 이것은 교회가 없이도 가능한 일이다. 게다가 속죄받고 회개해야 할 죄가 없다면 교회에 와서 제자가 되는 훈련을 받을 필요도 없다. 성령의 지속적인 역사를 통해 성화되어야 할 필요가 없다면 교회를 치리하며 당신의 영혼을 주의 깊게 지켜보고 당신이 하나님과의 관계 속에서 잘 자라고 있는지 확인해줄 성경을 믿는 장로·목사회의 권위 아래에 있을 필요도 없다. 결국 주류 개신교는 사람들의 영원한 영혼을 희생하여 작은 부분에서 그들을 유익하게 하면서 점차 그 규모가 축소하는 기관들의 집합체로 전락했다.

영혼의 영원한 본질에 대해서는 관심을 기울이지 않으면서 오로지 주린 배를 채워주고 노숙자들을 위한 쉼터를 짓고 거지의 그릇에 은과 금을 넣어주기만 하는 것은 허무한 행위다. 우리의 소망은 언제나 그리스도가 되어야 한다. 우리는 언제나 사람들이 강력한 방식으로 하나님을 듣고 이해하고 알게 될 것을 소망해야 한다. 주변 세상의 방식과 일치되어간다면 우리는 더 이상 하나님의 선교를 감당하는 것이 아니다. 땅에서 바라본 복음을 나누는 것이야말로 선교의 예리한 칼날이다. 그것을 상실할 때 우리는 참된 선교를 잃는다. 복음 전도를 상실할 때 우리는 지금 여기에서 사람들을 도울 수는 있겠지만 그들의 지옥행에 대해서는 전혀 도움을 주지 못하는 평화 봉사단과 별 다를 것이 없게 된다. 우리 스스로에 대해 우쭐해지도록 할 뿐 인류의 가장 깊은 아픔에 대해서는 아무런 해답도 주지 못하는 선교를 하지는 말자.

그리스도의 은혜로 마음이 변화되지 않으면 우리는 외면적·내면적 어둠을 관리하는 데 그치고 만다. 이것은 잡초를 뽑아버리지 않고 깎아내는 것과 같다. 내가 사는 텍사스에는 잡초가 잔디보다 먼저 자랄 뿐 아니라 열 배는 더 빨리 자란다. 잔디밭을 생각해보면 잔디를 깎고 난 직후에는 완벽해 보이는 것 같다. 모든 것이 잔디처럼 보이고 모든 것이 예쁘고 건강해 보인다. 하지만 하루 이틀이 지나고 나면 잡초가 훨씬 더 빨리 올라오는 것을 볼 수 있다. 게다가 당신은 곧 마당에서 주로 자

잡초를 죽이는 유일한 방법은 깎아내는 것이 아니라 제거하는 것이다. 인간의 영혼에 이와 같은 영향을 미치는 것은 예수 그리스도의 복음뿐이다.

라고 있는 것이 잔디가 아니라 잡초라는 사실을 깨닫게 될 것이다. 잡초를 죽이는 유일한 방법은 깎아내는 것이 아니라 제거하는 것이다.

인간의 영혼에 이와 같은 영향을 미치는 것은 예수 그리스도의 복음 뿐이다. 복음을 우리의 동기로, 복음을 나눌 소망으로 삼지 않고 긍휼과 정의를 행하는 것은 사실 바람을 좇는 것이다.

다시 한 번 강조하지만 내가 이러한 예들을 드는 이유는 우리가 주의해야 할 지뢰들이 있다는 사실을 상기시키고, 과거의 실수가 우리로 하여금 가난한 자들을 돌보고 우리 문화의 모든 영역에서 신실한 존재가 되라는 하나님의 명령에 대한 순종을 방해하지 않도록 하기 위함이다. 현대 복음주의의 가장 큰 역설 중 하나이자 예수 그리스도의 복음을 전하는 자로서 내가 가슴 아프게 생각하는 바는 땅에서 바라본 복음과 하늘에서 바라본 복음의 두 가지 견해 중 오직 하나만을 취사선택하는 사람들이다. 이들은 더욱 많은 사람들이 주님을 알지 못하는 것이 상대방의 잘못이라고 주장하면서 서로를 비난한다. 땅에서 바라본 복음에 더 동질감을 갖는 사람들은 자신의 도시에서 정의와 긍휼의 행위와 관련하여 선교에 애쓰는 사람들을 보고 그들이 문제라고 이야기한다. 이들은 '하나님 나라의 복음'이라는 말만 듣고도 즉각 다음과 같이 말한다. "오, 그건 이머징 교회잖아. 자유주의적이지." '사회를 위한' 교회에 대해서는 다음과 같이 말할 것이다. "이제 당신은 곧 속죄를 부인하겠군요."

그것은 과거에 사실이었고 바로 지금 어딘가에서도 사실일 수 있다. 그러나 위험이 있다고 해서 반드시 하늘에서 바라본 복음의 중요성을 확신하는 형제들이 당신만큼 그리스도의 속죄 사역을 사랑하지 않는다는 뜻은 아니다. 그렇기 때문에 형제들에게 수류탄을 던지기 전에 이들을 알아가고 이들이 정말로 무엇을 믿는지, 정말로 그리스도의 속죄 사역을 선포하고 있는지 알아보는 것이 중요하다. 나는 이런 문제들에 관한 너그러운 토론은 더욱 증가하고, 아군 간의 포격은 감소하기를 소망한다.

마찬가지로 하늘에서 바라본 복음을 더욱 지지하는 사람들과 이야기를 나누어보면 이들은 땅에서 바라본 복음을 지지하는 사람들에 대해 선교에 마음이 없고 주변 세상의 상처 입은 자들에 대해 차갑고 무심하며 "울리는 꽹과리"처럼고전 13:1 자신의 교리를 붙드는 데만 관심이 있다고 주저 없이 비난한다. 다시 한 번 나는 이런 비평가들에게 비방하기 전에 상대를 먼저 알아가라고 권면하고 싶다. 내가 여러 번 확인한 사실은 우리 죄인들은 공격하기 위한 밀짚 인형을 만들어 세우기를, 즉 다른 진영의 최악의 표본을 그쪽으로 기운 듯한 다른 모든 사람의 평균으로 생각하기를 좋아한다는 점이다. 이와 같이 터무니없는 일을 그만하자. 우리가 서로를 비난하지 않고 우리 앞에 놓인 지뢰들을 어떻게 피해야 할지를 서로에게서 충실히 배워가기를 소망한다.

때로 비난을 받는 것은 대변인들이 아니라 그들의 추종자와 제자들이다. 어떤 이들은 다음과 같이 말한다. "이 사람이나 저 사람이 문제가 아니에요. 정말 문제는 저 사람의 제자들이에요." 이 주장에도 어느 정도의 타당성은 있겠지만 나는 여전히 대화를 권면하고 싶다. 어떤 사람에 대해 나는 다음과 같은 이야기를 들어왔다. "그는 선교적이지 않아요. 주변 문화에 참여하는 것을 반대하지요. 이 콘퍼런스에서는 이런 이야기를 했고 저 책에서는 저런 이야기를 했어요."

하나님의 섭리를 통해 나는 특별히 개혁주의 선교 공동체로부터 비선교적이라고 치부되어온 사람들과 마주 앉아 분명한 질문들을 던져볼 기회를 얻게 되었는데 실상 그들은 비선교적이지 않았다. 우리의 선입관은 허물어진다. 반면 독실하고 역사적인 개혁주의자들은 상대편 사람들을 가리켜 다음과 같이 말할 것이다. "저 선교적 무엇, 저 하나님 나라의 무엇은 자유주의입니다." 제대로 이해하지도, 올바른 상대와 대화를 나눠보지도 못했기 때문에 선교 공동체들이 지역과 관계를 맺고 정의와 긍휼의 행위로 두 손을 내미는 동시에 예수 그리스도의 속죄 사역을 옹호하고 의의 전가를 긍정하고 십자가의 피를 교회의 중심 메시지로 삼는 일에 강한 열정을 갖는다는 사실을 간과하는 것이다.

우리는 철학적·방법론적으로 어느 위치에 있든지 우리의 죄로 인해 위험에 빠진다. 비탈길로부터 자유한 사람은 아무도 없다. 하지만 오용의 위험을 핑계로 진리를 무시해서는 안 된다. 그런 비약을 허용할 것이라면 간디처럼 그리스도인의 위선 때문에 기독교 진리를 거부하는 편이 제일 나을 것이다.

11

도덕주의와 십자가

교회에 대해 내가 가진 첫 번째 기억은 어렸을 때 우리 가족이 캘리포니아 주 앨러미다에 있는 샌프란시스코 외곽의 만안 지역에 살고 있을 때의 일이다. 나는 예수 그리스도의 복음을 전하고자 했던 한 지역 교회의 여름성경학교에 참여해 만들기도 하고, 이야기도 듣고, 게임도 했다. 그러나 내가 가장 선명하게 기억하는 것은 작은 예배당에 모여 노래를 부른 것이다. 그 노래들은 어린이 찬송이었다. 그중에는 특별히 하나님이 거짓말을 싫어하신다는 내용의 찬송이 있었다. 사실 성경에는 하나님이 거짓말쟁이를 싫어하신다는 내용이 있기에 그 노래가 성경의 범위를 벗어난 것은 아니었다. 하지만 매우 어린 나이였음에도 불구하고 나는 나 자신이 곤경에 빠졌다는 생각을 했다. 우리는 박수를 치며 힘차게 찬송을 불렀지만 나는 다음과 같은 생각을 했다. "음, 나는 거짓말을 하는데…, 큰일 났다." 그 교회가 복음을 전하며 하나님의 사랑에 대해 이야기했을 것이라고 생각은 하지만 그런 기억은 전혀 남지 않았다. 내가 기억하는 것은 오로지 하나님이 거짓말쟁이를 싫어하신다는 사실뿐이었다.

이것이 내가 서론에서 언급한 도덕주의적·심리치료적 이신론과의 첫 만남이었다. 앞서 언급한 대로 도덕주의적·심리치료적 이신론은 우리가 하나님의 은혜를 얻을 수 있을 뿐 아니라 행위를 통해 하나님 앞에서 자신을 의롭게 할 수 있다는 생각이다. 나는 한 작은 교회의 여름성경학교에서 복음의 최고 적수를 만난 것이다. 하나님이 거짓말쟁이를 싫어하신다는 단순한 노래는 내 안에 그것의 목적, 즉 하나님의 사랑을 얻기 위해 거짓말을 하고 싶지 않다는 마음을 심어주었다. 그 사실을 인지하지도 못한 채 나는 이후 여러 해 동안 이와 같은 거짓 복음을 가지고 씨름해야 했다.

나는 자라가면서 착해지기 위해 노력했다. 단지 착해지기 위한 나의 노력이 최선이 아니었을 뿐이었다. 당시 교회의 분위기, 그중에서도 특별히 내가 속해 있던 중고등부의 문화는 우리 학생들을 거룩하게 유지시키는 것에 관심이 많았다. 음악과 영화, 갈 수 있는 곳과 없는 곳, 해도 되는 말에서 마셔도 되는 것과 되지 않는 것까지 우리가 배운 전반적인 내용은 '나쁜 사람이 되지 말고 착한 사람이 되라'는 것이었다.

우리 가족은 만안 지역을 떠나 텍사스로 이사했고, 나는 하나님의 은혜로 제프 페어클로스라고 하는 학생의 바로 옆 사물함을 쓰게 되었다. 제프는 자신의 신앙에 있어 공격적이었다. 그는 주님을 깊이 사랑했다. 사실 그는 거의 나를 처음 본 즉시 복음을 전하기 시작했다. "너와 예수님에 대해 이야기를 나누고 싶어. 언제가 좋을까?" 대화를 위한 장소를 정할 수는 있었지만 약속 자체에는 토론의 여지가 없었다.

나는 제프에게 종교와 성경에 대해 많은 질문을 했다. 제프는 나를 자신의 중고등부 모임에 데려가기 시작했지만 교회를 다니면 다닐수록 나는 더욱 혼란스러워졌을 뿐 아니라 기독교가 나와는 정말로 맞지 않는다고 생각하게 되었다. 그것은 기독교가 도덕주의적 이신론으로밖에 비치지 않은 까닭이었다. (물론 당시 나는 이와 같은 용어를 알지 못했다. 다만 내가 이해하기로 기독교는 단정한 품행에 관한 종교였을 뿐이다.) 나는 내 귀가 닫혀 복음을 듣지 못했을 수 있다고 교회의 편을 들어주고 싶다. 내 눈이 닫혀 있었기에 볼 수 없었던 것이다. 하지만 내게 비친 너무나도 강력한 메시지는 대부분 다음과 같은 내용이었다. "여러분이 저니(프로그레시브·하드 록 밴드—편집자 주)를 좋아한다면 여러분은 결국 각성제를 복용하고 여러분의 부모님을 살해하게 될 거예요. 그러니 저니를 듣지 마세요. 여러분이 저니의 음악을 좋아했다면 이 기독교 밴드 역시 좋아할 거예요. 그러니 대신 이 음악을 듣도록 하세요. 그리고 이 영화는 보면 안 되는데 혼전 성관계와 욕설 등으로 여러분을 인도할 것이기 때문이에요." 물론 예수님의 용서와 하나님 앞에서 나의 의가 되어주시는 예수님에 대해서도 어떻게든 언급을 했겠지만 내가 반복해서 들은 메시지는 다음과 같았다. "이것, 이것, 이것을 하세요. 그리고 다른 것들은 하지 마세요."

애초부터 내가 팀에 들어갈 만큼 영적 기량이 충분한 선수가 아니라는 사실은 분명했다. 선을 행하려고 시도할 때 단지 내 다리가 그것을 감당할 만하지 않음이 너무나도 분명해졌던 것이다. 두어 주 정도 잘 하다가도 발이 걸려 넘어졌다. 나는 다음과 같이 다짐하고는 했다.

"더 이상 이런 행동들은 하지 않을 거야. 대신 착한 행동들을 하겠어. 내가 그렇게 나쁜 행동들 대신 착한 행동들을 한다면 하나님은 나를 사랑하시고 치유하시고 나를 자신의 가족으로 맞아주실 거야." 나는 학생회 모임에 참여해서 눈물을 흘리며 하나님께 용서를 구하고 다시는 그런 행동들을 하지 않겠다고 맹세를 한 뒤 결국 한두 주가 지나 같은 일들을 반복하는 비정상적 주기를 벗어나지 못했다.

나는 결국 하나님으로부터 뒷걸음질치고 있었다. 처음에 느끼는 수치감이 있다면 무엇을 다시는 하지 않겠노라고 말한 후 그것을 다시 하는 순간 두 배의 수치감이 몰려오기 때문이었다. 그리스도가 내 마음을 열어주시고, 내가 복음의 능력 안에서 그분을 더욱 깊이 사랑하고 추구하게 되기까지 나는 힘겨운 행위주의적 트레드밀에 갇혀 있어야 했다. 그러나 내 안의 죄는 여전했다. 나는 도덕적 기준을 유지하고자 애썼지만 성공보다 실패가 더욱 빈번했다. 당시에 믿음이 자라가고 있었음에도 불구하고 나의 지속적인 회개에 대한 무능력함은 나의 영혼을 계속해서 끌어내리고 있었고, 나는 내 안에 있는 모든 것으로 그리스도를 온전히 예배하거나 추구하지 못했다. 나는 지속적인 넘어짐, 특히 교회 안에서 다른 것들보다 더 강조되는 도덕적 문제와 관련한 지속적 넘어짐으로 수치심에서 벗어나지 못했다.

다른 사람들에게 복음을 전하면서 발견한 사실은 내가 그들을 교회로 인도했을 때 그들 역시 혼란스러워했다는 점이다. 나는 사람들을 십자가로 다시금 인도하고자 노력했지만, 그들이 듣는 메시지는 그리스도인이라면 네드 플랜더스처럼 보여야 한다는 것이었다.[1] 종교적으로 말쑥해 보이는 머리, 단정한 카디건, 독실한 티를 내는 말투에 이른바 기독교 상품이라 불리는 물건만을 애용하는 소비자. 하지만 우리는 네드 플랜더스처럼 보이지 않았다. 우리가 사는 집도 네드 플랜더스의 집처럼 보이지 않았고 우리 가족들 역시 마찬가지였다. 우리 행동 또한 그의 행동처럼 보이지 않았다. 교회가 무언가 중요한 것을 놓치고 있다는 생각이 점점 더 커져만 갔다.

망가진 장미

이런 생각이 무르익은 것은 대학 1학년 때였다. 나는 텍사스 서부에 위치한 애빌린의 작은 대학교에 다니게 되었고, 도착하자마자 예술 과목 하나를 신청해야 했다. 솔직하게 말하자면 나는 예술과는 거리가 먼 사람이고, 따라서 무엇을 들어야 할지 난감했다. 예술에 대한 존경심은 있지만 내가 어느 부분에 재능이 있는지는 도저히 알 수가 없었다. 내 일정에 맞는 과목은 단 두 개뿐이었다. 그중 하나가 도예였고, 로마서 9장에 등장하는 성경적 이미지 때문에 다소 흥분이 되었던 것은 사실이지만, 당시 막 개봉된 영화 〈사랑과 영혼〉(제리 주커 감독, 1990)에서 패트릭 스웨이지와 데미 무어가 돌림판 앞에 앉아 진흙 투성이가 되는 장면 때문인지는 몰라도 괜히 기분이 내키지 않았다.

나는 도예 대신 드라마 수업을 듣기로 했다. 그 수업에서 나는 킴이라는 한 여학생을 만났는데 그녀는 그 지역에서 평생을 살아왔고 당시에는 자신의 인생을 정상 궤도에 올려놓기 위해 애쓰는 중이었다. 그녀는 나보다 나이가 많았고 (이십대 후반) 이미 아이가 있었으며 바에서 일하고 있었다. 그녀는 교회를 다니지 않았을 뿐 아니라 교회에 대한 어떤 배경도 없었다. 그녀는 매우 건조하고 빈정거리는 투의 유머감각을 가지고 있었는데 나는 그 점이 매우 마음에 들었다. 어색한 드라마 수업에서 교수님은 "나무가 되어보세요. 아니 더 움직임이 많은 나무 말이에요. 아니 화가 난 나무요"라고 말씀하시고 그 말씀에 따라야만 하는 상황이라면 빈정거리는 투의 유머감각을 지닌 친구가 있다는 것은 신선한 공기와도 같다. 킴과 나는 죽이 잘 맞았다. 우리는 많이 웃었고, 나는 그녀에게 복음을 전하고 예수님의 사랑을 알려주기 시작했다. 나는 많은 기도를 했고 그녀가 예수 그리스도라는 구원의 지식으로 나아오기를 간절히 바랐다.

내 친구 중 두어 명과 더불어 나는 그녀를 섬기고 격려하기 시작했다. 우리는 그녀를 우리 모임에 초대했고 그녀가 일을 해야 할 때 그녀의 딸아이를 대신 봐주기도 했다.

그러던 중 내 친구 하나가 콘서트를 위해 가까운 동네로 오게 되었고 나와 내 친구들은 그 콘서트를 보러 가기로 했다. 나는 킴에게 함께 가자고 권했다. 그것은 단순한 콘서트가 아니었다. 사실 진짜 콘서트는 연주자가 순결 서약이라는 예배로 청중을 인도하고 난 후에야 시작되었다. 지금 돌아보면 우스운 일이지만 당시 일어난 불상사가 사람들에게 성경적 진리를 어떻게 전해야 하고 거룩을 십자가의 빛 안에서 어떻게 선포해야 하는지에 대한 나의 생각을 바꾸어놓았으니 감사할 뿐이다. 그날 밤 나는 기대감에 차 혼자 생각했다. "킴이 여기에 왔고 저분이 말씀을 전하실 거야. 아마도 오늘 이 콘서트가 그간 우리가 베푼 사랑과 격려, 동행을 바탕으로 킴을 구원하시는 하나님의 방법이겠지."

설교자가 무대 위로 올라왔고 재난이 이어졌다. 그날의 설교를 묘사할 다른 단어를 나는 생각해낼 수가 없다. 설교에 성경은 거의 없었다. 대신 그는 성병에 대한 많은 통계를 제공했다. 그는 빈번히 다음과 같이 이야기했다. "여러분은 매독에 걸리고 싶지 않죠? 그렇지요?", "그저 장난에 불과하다고 생각할 수 있겠지만 어디까지나 여러분의 입술에 헤르페스가 옮기 전까지겠지요." 이와 같이 도덕적 공포를 조성하는 와중에 그는 예화를 위해 붉은 장미 한 송이를 꺼내 들었다. 그는 무대 위에서 마치 연극을 하듯 장미의 향을 맡고 잎을 어루만지고 그 장미가 얼마나 아름다운지 어떻게 그날 베어졌는지에 대해 이야기를 했다. 그리고는 그 장미가 너무 아름다워 거기에 있던 모든 사람이 그것을 직접 보고 향을 맡아보았으면 좋겠다고 했다. 그는 청중에게 장미를 던졌고 사람들에게 돌려보라 권면했다. 우리는 천 명이 모인 강당의 뒷자리에 앉아 있었는데 그가 설교를 하는 동안 장미가 우리에게까지 왔다. 설교가 다 마쳐질 즈음 그는 장미를 다시 돌려달라고 했다. 그가 다시 돌려받은 장미는 이미 망가지고 축 처지고 이

파리는 떨어져가고 있었다. 그는 추해진 장미를 모든 사람이 볼 수 있도록 높이 쳐들고 설교의 마지막을 성대히 장식했다. "이제 세상의 어떤 사람이 이것을 원할까요? 누가 이 장미를 원할까요? 누가 이 장미를 자랑스럽게 생각할까요? 이 장미가 사랑스러운가요?" 그의 말과 어조는 무자비했다.

그 와중에도 킴이 잘 듣고 있기를 바라며 기도를 했으니 나는 정말 바보였다. 나는 정말로 킴이 그 설교자가 망가진 장미에 대해 말하는 것을 잘 듣기 바라며 기도했다. 하지만 그 설교에는 참된 절정이 없었다. 죄인들의 세상을 향해 예수님의 메시지를 대변해야 할 그의 설교에서 가장 중요한 내용은 다음과 같았다. "여러분, 망가진 장미가 되지 마세요."

이러한 접근은 수치심을 자아내는 데는 극적인 효과가 있었지만 소망을 일으키는 데에는 별 효과가 없었다. 집으로 돌아오는 길, 우리는 콘서트와 그곳에서 있었던 일들에 대해 이야기를 나누었지만 킴은 조용했다. 나는 여러 번에 걸쳐 무슨 일이 있는지, 설교가 어떠했는지를 물었다. 돌아오는 차 안에서 그녀는 그녀답지 않게 침묵했고, 나는 순진하게도 이것이 성령이 그녀의 죄를 깨닫게 하시는 중이기 때문이라 생각하며 그녀가 새로운 피조물이 되었을 때 좀더 자세한 이야기를 나눌 수 있을 거라 기대했다.

킴은 한동안 내 주변에서 이전과 같지 않게 행동했다. 한두 주 정도가 지난 어느 날 그녀는 학교에 결석을 했다. 그리고는 그 주간 내내

완전한
복음

얼굴을 보이지 않았다. 나는 여러 번 전화를 걸어 메시지를 남겼지만 연락이 닿지 않았다. 3주가 지나자 나는 걱정이 되기 시작했다. 혹시 학교를 그만둔 것은 아닐까 하는 생각도 들었다. 그녀에게는 어두운 과거가 있었기에 다시 이전의 습관에 빠져든 것은 아닌지 염려가 되었다. 그때 킴의 어머니로부터 전화가 걸려왔다. 킴이 사고를 당해 그간 학교 바로 길 건너 병원에 입원해 있었다는 이야기였다. 나는 전화를 끊자마자 그녀의 병실을 찾았다. 그녀는 온몸에 붕대를 감고 있었고 얼굴은 여전히 부어오른 상태였다. 시속 110킬로미터로 달리던 차에서 나가떨어져 콘크리트 바닥에 머리를 찧고 두개골이 골절되었다고 했다. 부상이 영구적인 손상을 남길 정도로 심각하지는 않았지만 몇 주 동안은 병원 신세를 져야 한다고 했다.

대화를 나누던 중 정말로 뜬금없이 킴이 내게 물었다. "네 생각에는 내가 망가진 장미 같니?" 내 마음은 철렁 내려앉았고 나는 예수 그리스도의 복음의 온전한 무게는 예수님이 그 장미를 원하신다는 사실에 있음을 설명하기 시작했다. 예수님은 망가진 장미를 구원하고 속량하고 회복하기를 원하신다.

> 예수님은 망가진 장미를 구원하고 속량하고 회복하기를 원하신다.

그날 내 마음에는 한 가지 진리가 새겨졌다. 바로 복음이 완전하게 전해지지 않을 때, 우리의 의가 예수 그리스도에 의해 전가된 것이며 그분이 우리를 향해 내려온 하나님의 진노를 십자가에서 대신 지시고 우리를 깨끗하게 씻으셨다는 사실을 우리가 분명히 설명하지 않을 때, 하나님께 순종하라는 성경의 명령을 설교한다 하더라도 사람들은 예수님의 메시지가 세상을 구원하기 위함이 아니라 세상을 정죄하기 위함이라고 믿게 된다는 사실이다.

하지만 문제는 보다 깊고 넓게 퍼져 있다. 우리가 복음을 완전하게 하지 않을 때, 예수 그리스도의 십자가와 온전하신 삶을 우리의 소망으로 세우지 않을 때, 사람들은 혼란 속에서 "네, 저는 예수님을 믿어요. 저는 구원받고 싶어요. 하나님 앞에서 의로워지고 싶어요"라고 고백하면서 자신의 구원을 획득하려고 노력하기 시작할 것이다. 도덕주의적·심리치료적 이신론은 십자가를 함수방정식에서 제외함으로써 하나님이 칭의를 이루심에 있어서 우리의 도움을 필요로 할 것이고, 성화의 무게를 감당하시기 위해서는 분명히 우리가 필요할 것이라는 어긋난 생각을 부추긴다. 그 결과는 율법의 저주라는 짐을 지고 고통스러워하는 무수한 그리스도인들이다. 누구도 율법을 즐거워하는 유일한 길이 복음을 중심으로 사는 삶임을 깨닫도록 이끌어주지 않았기 때문이다.

은혜가 이끄는 노력

고린도전서 15장 1-2절을 살펴보자. 바울은 다음과 같이 시작한다. "형제들아! 내가 너희에게…." 바울은 누구에게 이야기하는가? 이미 칭의를 얻고, 이미 믿은 자들이다. "형제들아! 내가 너희에게 전한 복음을 너희에게 알게 하노니…"1절. 바울은 습관처럼 이렇게 했다. 반복하고 반복해서 그는 이미 복음을 아는 자들에게 복음을 선포했다. 로마서 1장 13-15절에서도 마찬가지다. "형제들아! 내가 여러 번 너희에게 가고자 한 것을 너희가 모르기를 원하지 아니하노니 이는 너희 중에서도…열매를 맺게 하려 함이로되…그러므로 나는 할 수 있는 대로 로마에 있는 너희에게도 복음 전하기를 원하노라." 갈라디아서, 에베소서, 빌립보서, 골로새서에서도 그는 똑같이 했다. 그는 복음을 아는 자들에게 반복하고 반복해서 복음을 설교한다.

그렇게 하는 이유는 무엇일까? 고린도전서 15장 1-2절에 답이 있다. "형제들아! 내가 너희에게 전한 복음을 너희에게 알게 하노니 이는 너희가 받은 것이요(과거 시제) 또 그 가운데 선 것이라(현재 시제).…그로 말미암아 구원을 받으리라(미래 시제)." 이들은 복음을 받아들였고 이제는 복음이 이들을 지탱하고 있다. 복음은 우리를 구원할 뿐 아니라 유지시켜준다.

여기에서 드러나는 놀라운 사실은 예수 그리스도의 복음－하나님이 예수님의 온전하신 삶과 대속적인 죽음, 육체의 부활을 통해 죄인들을 구원하신다는 소식－이 우리를 의롭게 할 뿐만 아니라 성화되게 한다는 것이다. 그렇다면 성경 속에 기록된 거룩함과 순결, 단정한 행위와 같은 모든 하나님의 명령에 대해 우리는 무엇을 해야 할까? D. A. 카슨은 다음과 같이 이야기를 풀어간다.

사람은 자신도 모르게 거룩함을 향해 나아가지 않는다. 은혜가 이끄는 노력이 없다면 사람들은 경건과 기도, 말씀에의 순종, 믿음, 여호와를 기뻐함으로 이끌리지 않는다. 우리는 자신도 모르게 타협으로 밀려가서는 그것을 관용이라고 부른다. 불순종으로 밀려가서는 그것을 자유라 부르고 미신으로 떠밀려가면서 그것을 믿음이라고 부른다. 우리는 절제를 잃고 해이해진 상태를 높이 사 그것을 휴식이라 부르며 기도하지 않는 상태로 처져 있으면서 율법주의에서 벗어났다고 스스로를 속인다. 우리는 경건하지 않은 것에 빠져들면서 해방되었다고 스스로 확신한다.[2]

우리가 그리스도인의 삶 속에서 자라가는 것은 정체(停滯)를 통해서가 아니다. 우리는 움직여야 한다. 그리스도 안에서 사는 신자로서의 삶은 게으른 삶이 아니다. 하지만 어디로 움직여야 할까? 그리고 어떻게 움직여야 할까? 은혜가 이끄는 노력은 무엇이며 이것은 도덕주의가 제시하는 동기부여와 어떻게 서로 다를까? 도덕주의적 이신론과 은혜가 이끄는 노력의 차이점은 무엇일까? 은혜가 이끄는 노력을 올바르게 이해하는 데에는 다섯 가지 필수 요소들이 있는데, 이들은 모두 우리의 종교적 행위가 아닌 우리를 대신해주신 그리스도의 구원의 행위를 그 중심으로 한다. 이 요소들은 우리 자신의 힘이 아닌 그리스도의 십자가를 구심으로 삼고 있다.

은혜의 무기들

먼저 은혜가 이끄는 노력은 은혜의 무기들을 사용한다. 하나님의 은혜를 얻고자 애쓰는 가운데 당신이 도덕주의적 이신론을 따를 때, 하나님에 대한 접근성이 당신의 행위 정도에 달려 있을 때, 당신은 자신의 행위로 용납을 얻겠다는 소망을 순종의 동기로 삼을 것이다. 이것이 생산해내는 왜곡된 열매는 번영 신학과 흡사하다. 하나님이 어떤 이들에게 암을 주시는 것은 그들이 아침 묵상을 15분만 했기 때문이 아니다. 반대로 15분간의 아침 묵상을 성실히 했다고 건강과 부를 주시는 것도 아니다. 우리는 그리스도 예수 안에 있는 자에게 정죄함이 있다는 생각을 버려야 한다. 우리는 그리스도가 십자가 위에서 하나님의 진노를 제하지 않으신 마냥 우리의 죄가 저울에 쌓여 있어 그것이 기울어지는 순간 하나님의 징벌이 우리에게 임하리라고 생각하는 것을 멈춰야 한다. 또한 우리의 선한 행위가 영적 램프를 문질러 요정 지니와 같은 하나님을 불러낼 뿐 아니라 우리가 원하는 소원을 들어주시도록 할 수 있다는 생각 역시 버려야 한다.

목사인 나는 늘상 다음과 같은 종류의 터무니없는 말을 듣는다. 안 좋은 일이 일어났을 때, 예를 들어 누가 직장을 잃었거나 질병을 얻었을 때 그는 자신이 하나님을 실망시켰던 모든 일들을 떠올리고 그것 때문에 자신에게 안 좋은 일이 일어난다고 생각한다. 좋은 일이 일어났을 경우는 그 반대의 이야기를 한다. 거래가 성사되고 여자 친구가 청혼을 받아들여 준 것이 선교 여행을 다녀왔거나 작년 한 해 동안 교회에 한 번도 빠지지 않았기 때문이라는 것이다. 하지만 그것은 은혜가 이끄는 노력의 방법이 아니다. 복음과 십자가를 이해하는 사람은 대신 은혜가 건네는 무기를 사용해 죄와 싸울 것이다. 이 무기에는 세 가지가 있다.

첫 번째 무기는 그리스도의 피다. 에베소서 2장 13절은 우리에게 말한다. "이제는 전에 멀리 있던 너희가 그리스도 예수 안에서 그리스도의 피로 가까워졌느니라." 우리는 그리스도의 피로 가까이 나아간다. 우리의 행위가 아닌 오로지 예수 그리스도의 희생으로 가까워진 것이다. 예수 그리스도의 복음을 이해한 자들의 표식은 비틀거리며 넘어지고 일을 망칠 때 하나님으로부터 뒷걸음질치지 않고 하나님께로 달려가는 것이다. 그들은 하나님이 자신을 용납하신 근거가 자신의 행위가 아닌 예수 그리스도의 의로운 삶과 희생적 죽으심이라는 사실을 분명히 이해한다.

은혜의 두 번째 무기는 하나님의 말씀이다. 디모데후서 3장 16-17절에서 바울은 기록한다. "모든 성경은 하나님의 감동으로 된 것으로 교훈과 책망과 바르게 함과 의로 교육하기에 유익하니 이는 하나님의 사람으로 온전하게 하며 모든 선한 일을 행할 능력을 갖추게 하려 함이라." 성경을 잘 알기 시작할 때 우리는 무엇이 진리이고 무엇이 거짓인지를 식별할 수 있다. 여기에서 생각해볼 만한 한 가지 사실은 성령의 하시는 일과 마귀의 고소가 비슷해 보인다는 것이다. 이 둘 모두를 통해 우리는 자신의 결점과 은혜의 획득이 불가능함을 깨닫는다. 그러나 성령의 일과 마귀의 일의 차이는 복음의 제시에 있다. 마귀는 고발하고 정죄하기 위해 복음에 근거한 명제들을 제시한다. 반면 성령은 이 명제들을 제시해 죄를 깨닫게 하시고 위로하신다. 당신이 만일 당신 자신의 죄와 결점을 보면서 지속적으로 정죄감을 느낀다면, 그것이 죄에 대한 깨달음이 아니라 정죄감이라면, 당신은 하나님의 말씀을 사용해 마귀의 고소를 꾸짖어야 한다. 당신은 복음이 진리임을 되새기기 위해 하나님의 말씀을 사용해야 한다.

은혜의 세 번째 무기는 새 언약의 약속이다. 히브리서 9장 15절은 다음과 같이 말한다. "그는 새 언약의 중보자시니 이는 첫 언약 때에 범한 죄에서 속량하려고 죽으사 부르심을 입은 자로 하여금 영원한 기업의 약속을 얻게 하려 하심이라." 옛 언약과 새 언약을 가장 쉽게 설명하기 위해 고향 근처에서 열렸던 교회 개척자들을 위한 콘퍼런스로 설교를 하러 갔을 때의 일을 언급하고 싶다. 설교를 마친 나는 자동차에 올라타 내가 자란 동네로 20분 정도 가서 기억나는 집들을 살펴보기로 했다. 동네 안으로 들어갈 때 나는 션이라는 아이와 주먹다짐을 했던 공터를 지났다. 그 싸움은 공평한 싸움이 아니었고 나는 그 싸움에서 무언가 떳떳하지 못한 나쁜 짓들을 했었다. 많은 사람 앞에서 얼마나 지독하게 창피를 주었던지 그리스도가 그의 삶에 역사하시지 않았다면 지금 그가 어디에 있든 내 이름만 나와도 격노할 것이 분명하다. 또 나는 내가 살았던 첫 번째 집을 지나쳤고 그 집에서 했던 온갖 악한 일들을 떠올렸다. 친구가 살던 집도 지났는데 그곳은 내 인생에서 가장 부끄럽고 끔찍한 일을 저지른 파티가 열린 곳이었다.

콘퍼런스로 돌아오면서 나는 예수님을 알기 전 내가 그 도시에서 저질렀던 (예수님을 알고 난 후에도 저질렀던 어떤) 악에 대한 죄의식과 수치심에 압도되었다. 내 마음속에는 다음과 같은 속삭임이 들렸다. "너는 너 자신을 하나님의 사람이라 부르느냐? 그 사람들 앞에 서서 그들에게 하나님의 사람이 되라고 말할 것이냐? 네가 저지른 모든 일들을 뒤로하고?"

이제 은혜의 세 가지 무기들이 작동하는 것을 보라. 이 모든 죄의식과 수치심의 한가운데에서 나는 하나님의 말씀을 통해 이전의 매트 챈들러가 이미 죽었다는 사실을 기억하기 시작했다. 그 모든 일을 행한 매트 챈들러, 그와 같은 방식으로 죄를 범한 매트 챈들러는 예수 그리스도와 함께 십자가에 못 박혔고 과거와 현재, 미래에 해당하는 그의 모든 죗값은 예수 그리스도의 십자가 위에서 한꺼번에 치러졌다. 나는 "단번에"히 10:10 거룩함을 얻었다. 그는 나의 죄를 다시는 기억하지 않으신다히 8:12. 나는 더 이상 이와 같은 일로 수치심을 느끼지 않아도 된다. 이 모든 것이 완전히 속량되었기 때문이다.

죄와 싸울 때 우리는 우리 자신의 방식으로 하지 않는다. 우리는 율법에 순종하지 못한 우리의 모자람을 자신의 온전한 삶을 우리에게 전가함으로 허락하신 은혜의 무기들—예수 그리스도의 피, 하나님의 말씀, 새 언약의 약속—로 죄와 싸운다. 이와 같은 싸움이 은혜가 이끄는 노력의 첫 번째 요소다.

가지가 아닌 뿌리

두 번째로 은혜가 이끄는 노력은 죄의 가지가 아닌 뿌리를 공격한다. 은혜는 마음을 변화시킨다. 마음으로부터 행동이 흘러나오기 때문이다. 우리 마음이 어디에 있든 우리 행동은 그것을 좇아 움직인다. 어떤 사람들은 하나님을 사랑하는 마음이 없이도 언제까지나 자신의 행동을 관리할 수 있다. 바로 바리새인들의 삶이 그랬다.

> 은혜는 마음을 변화시킨다. 마음으로부터 행동이 흘러나오기 때문이다.

　좀더 구체적으로 이야기해보자. 음란물의 문제에는 이유가 있다. 음란물을 보고 또 보는 사람들이 있는데 이것은 단지 이들이 정말로 섹스를 좋아하기 때문은 아니다. 우리 모두가 섹스를 좋아하도록 지음받았다. 하지만 음란물의 문제에서 그것은 수박 겉핥기식 접근이다. 쾌락의 욕망 바로 밑에는 음욕이 있지만 실상 열에서 아홉의 경우 음란물의 문제는 욕망이 아니다. 그보다 더 깊이 내려간다. 음욕은 더 깊은 마음의 왜곡을 드러내는 하나의 현상이다.

　남성들이여, 당신이 비참한 남편이자 아버지인 데에는 마음에 근거한 이유가 있다. 여성들이여, 당신이 지속적으로 다른 여성들을 헐뜯고 그들의 결점과 실패를 지적해야 한다고 느끼는 데에도 역시 마음에 근거한 이유가 있다. 이러한 일들이 벌어지는 데에는 모두 이유가 있다. 열매가 안 좋은 것은 뿌리가 안 좋기 때문이다.

은혜가 이끄는 노력은 단순히 행위를 관리하는 것이 아니라 행위의 근원에 이르는 것이다. 당신이 어떤 행위의 뿌리를 제거하지 않고 관리만 하고 있다면 잡초는 또 다른 곳에서 올라올 것이다. 얼마 동안은 깎아버릴 수 있겠지만 분명 또다시 올라온다. 핑크(가수가 아니라 신학자)의 다음 기록은 유익하다.

> 우선 참된 금욕은 죄의 뿌리와 그 동인을 약화시키는 데 있다. 잡초의 뿌리가 땅속 깊이 박혀 있을 때에는 그 머리 부분을 아무리 잘라도 별 효과가 없다. 이와 마찬가지로 마음속은 방치한 채 외적으로 드러난 습관만을 고치려 한다면 제대로 해내지 못할 것이다. 열병을 심하게 앓으면서 양껏 먹어대면 열을 낮출 수 없는 것처럼 육신의 정욕을 만족시키거나 "도모" 하면서(롬 13:14) 육신의 정욕을 약화시킬 수는 없는 것이다.[3]

은혜가 이끄는 노력은 은혜의 무기들을 사용할 뿐 아니라 가지가 아닌 뿌리를 공격한다. 반면 도덕주의는 단순히 행위를 진압한다. 도덕주의는 다음과 같이 말한다. "나에게는 음란물의 문제가 있어. 음란물을 그만 보기 위해 나는 필터를 설치하고 내가 실패했을 때 나를 한 대 때려줄 친구에게 이런 사실을 알리고 그래도 안 되면 컴퓨터를 내다버려야겠지." 분명히 이러한 안전장치들이 틀린 것은 아니다. 알코올 중독자의 주변에서는 술을 치워야 한다. 그러나 술을 치운다고 알코올 중독의 문제가 해결되는 것은 아니다. 이 모든 일을 하면서 동시에 죄의 뿌리를 죽이지 않으면 우리는 계속해서 죄의 가지들을 보게 될 것이다. 따라서 은혜가 이끄는 노력은 음란물이나 알코올 중독과 같은 결과를 낳는 마음의 갈망과 애착을 다루려고 한다. 우리는 이러한 죄들로 정확히 무엇을 해결하고자 하는가? 우리는 무엇으로부터 도망치거나 피하려 하는가? 그리고 복음은 어떻게 이러한 필요를 채우는가?

예로 음란물의 사용은 수치심이라는 근원적 감정의 결과일 수 있다. 예수님이 우리의 수치를 덮으시고 그분 자신이 우리를 자신의 형제로 부르시는 것을 부끄러워하지 않으신다는 복음의 진리를 묵상할 때 우리는 음란물이라는 죽은 대체물이 아닌 그분에 대한 새로운 애착을 일구어낼 수 있다. 알코올 남용은 온갖 고통—어린 시절의 트라우마로 인한 상처, 반항기에 생겨난 습관, 혹은 온갖 종류의 개인적 문제들로부터 탈출하고픈 내면의 깊은 필요—에서 비롯될 수 있다. 우리는 물리적으로 음주를 막기 위한 실제적인 방안을 찾아야 하지만 동시에 복음의 빛을 우리 영혼의 어둡고 깊은 곳으로 반복하고 반복해서 비추어야 한다. 복음은 우리가 완벽하신 하나님 아버지와 화목되었음을 선언한다. 우리를 향한 그분의 사랑은 변함이 없고 영원하다. 복음은 우리의 모든 반역을 용서할 뿐 아니라 우리를 소망에 갇히고 의에 종된 자로 만들어 그리스도께 충성하도록 한다. 복음은 모든 상처를 치유할 소망을 가져다준다. 이 사실을 더 깊이 알아갈 때 우리는 단순히 피상적 행위의 수정이 아닌 참된 치유를 얻고 우상숭배와 싸울 준비를 더욱 잘 갖추게 된다.

우리가 추구하는 것은 단순히 종교 양식에 대한 순응이 아니라 마음의 변화다. 우리는 성령의 능력으로 말미암은 변화를 기대한다.

하나님을 경외함

은혜가 이끄는 노력은 깨끗한 양심과 감정의 평화를 넘어서는 어떤 이유를 위해 싸우는 것이다. 나는 상담 사역을 하면서 계속해서 자기 삶의 죄로 인해 낙심한 사람들을 만나게 된다. 그런데 깊이 들어가 보면 대부분의 경우 이들의 낙심은 거룩한 하나님에 대해 죄를 지었기 때문이 아니다. 이들은 자신의 죄가 자신에게 어떤 대가를 요구하기 때문에 낙심한다. 소위 '딱 걸린' 것이다. 하나님은 크신 긍휼로 이들의 비밀을 드러내신다. 배우자가 떠났을 수도 있고 혹은 죄의 고통스러운 결과로 다르게 아파할 수도 있다. 하지만 파고들어 가보면 이들이 슬픈 진짜 이유는 단지 자신이 '걸렸기' 때문이다. 단지 자신에게 나쁜 일이 일어나고 있기 때문에 가슴 아파한다. 고린도후서 7장 10절이 말하는 "세상 근심"에 처한 것이다. 이런 사람들은 하나님에 대한 자신의 반역이 자신의 삶에 대가를 요구하기 때문에 슬퍼하지만 자신이 하나님의 명예와 영광을 훼손했다는 생각은 전혀 하지 못한다.

완전한
복음

이들은 하나님의 이름을 모욕하고 하나님께 죄를 범했다. 하지만 이것은 주된 관심사가 아니다. 이들은 자신의 죄 때문에 자신의 삶이 곤란해졌다는 사실은 알면서도 자신이 어떻게 만군의 하나님을 모욕했는지에 대해서만큼은 전혀 충격을 받지 않는다. 어떤 이유 때문인지 이들은 우리가 죄를 지을 때 그것이 하나님에 대한 죄라는 사실을 이해하지 못한다.

다윗은 자신이 간통한 밧세바의 남편 우리아를 살해한 후 이것을 하나님에 대한 죄로 이해했다. 그가 더럽힌 것은 이 두 사람이었음에도 불구하고 그는 여호와께 큰 소리로 다음과 같이 고백했다. "내가 주께만 범죄하여"시 51:4. 그는 분명 우리아에게 범죄했다. 또한 분명히 죄로 인한 부수적 피해가 있었지만 다윗의 이해에서 가장 중요한 것은 자신이 하나님께 범죄했다는 사실이었다. 그의 마음은 자기 행동의 결과 때문이 아니라 하나님에 대한 반역 때문에 비통했다. 은혜가 이끄는 노력은 마음의 평화뿐 아니라 하나님의 거룩으로의 회복과 하나님의 영광의 근거를 유념한다.

죄에 대하여 죽음

네 번째로 은혜가 이끄는 노력은 단순히 죄를 버리는 것이 아니라 죄에 대하여 완전히 죽는 것이다. 은혜가 이끄는 노력을 통해 거룩을 추구하는 신자는 하나님에 대하여 살아 있기 때문에 죄를 섬기지 않으

려고 할 것이다. 이것이 청교도들이 '살림'vivification과 '죽임'mortification
으로 부른 것의 차이다. 우리 중 다수가 너무 많은 시간을 죄를 죽이
는 데 사용함으로 하나님을 깊이 알아가고 예수 그리스도의 기사를
바라보며 그것이 우리의
감정을 변화시켜 우리의
사랑과 소망이 그리스도

> 우리의 목표는 그리스도가 죄의 유혹보다
> 더욱 아름답고 흠모할 만하게 되는 것이다.

께만 집중되도록 하는 데에 충분한 시간을 들이지 못한다. 우리의 목
표는 그리스도가 죄의 유혹보다 더욱 아름답고 흠모할 만하게 되는
것이다.

내가 자란 교회에서 우리는 다음의 찬송을 즐겨 불렀다.

> 눈을 주님께 돌려
> 그 놀라운 얼굴 보라
> 주님 은혜 영광의 빛 앞에
> 세상 근심은 사라지네[4]

이는 놀라운 고백이다. 지금 어떤 일이 벌어지고 있는가? 우리의 눈
을 예수 그리스도께 돌려 그분을 바라볼 때, 우리가 정말로 그분을 보
고 또 바라볼 때 우리는 그분의 무한한 아름다움과 완전함에 매료되
고, 그와는 반대로 세상의 것들은 희미해질 뿐 아니라 우리 마음과 삶
에 대한 힘을 잃기 시작한다. 그리스도는 우리가 정말로 갈망하는 분

완전한
복음

이 되신다. 이 땅의 것들은 우리에게 죽어서 우리의 사랑을 받을 만한 자격을 잃게 된다. 존 오웬은 다음과 같이 기록했다.

> 여기에서 나는 살 것이다. 여기에서 나는 죽을 것이다. 바로 여기에서 나는 나의 생각과 사랑 속에 머물 것이다. 지금 이후로 이 세상의 모든 공허한 아름다움이 시들고 소진되기까지, 이 아래에서 모든 것을 십자가로 못 박기까지, 이들이 내게 죽고 기형이 되어 더 이상 다정한 포옹을 받지 못할 때까지. 이들 이외에도 여러 비슷한 이유로 나는 무엇보다 이 세상에서 믿음으로 그리스도의 영광 보기를 구할 것이다.[5]

오웬은 세상의 것들에 대해 자신을 못 박기 위해서는 무엇보다 예수님의 아름다움을 구해야 한다는 사실을 알고 있었다.

도덕주의는 그렇지 않다. 도덕주의자들이 죄를 버리는 이유는 하나님이 자신을 사랑하시도록 하고 자신이 하나님의 은혜를 얻기 위해서다. 그리고 그 모든 노력과 분투가 소망과 위로의 기초가 된다. 그러나 실상은 그렇지 않다. 실패를 거듭하면서 수치에 수치, 그 위에 또 다른 수치가 쌓여갈 뿐이다.

복음의 폭력성

이제 복음을 도덕주의와 구분하는 은혜가 이끄는 노력의 다섯 번째이

자 마지막 요소를 살펴볼 차례다. 은혜가 이끄는 노력은 폭력적이고 공격적이다. 복음을 이해한 사람은 새로운 피조물로서 자신의 영적 본질이 죄에 반대한다는 사실 또한 이해하고 죄를 단순히 연약하게 하는 것이 아니라 자신의 삶에서 완전히 제거해버리고 싶어한다. 예수님을 향한 사랑 때문에 죄가 굶어 죽기를 바라고 그 일을 완수하기까지 자신의 마음속 모든 죄의 소멸을 찾고 구한다. 이것은 단순히 착한 사람이 되고자 하는 것과는 매우 다른 추구다. 어떤 사람의 애정이 예수님께로 옮겨진 결과이기 때문이다. 하나님의 사랑이 우리를 사로잡을 때 그것은 강력한 방식으로 다른 신들을 향한 사랑을 밀어내고 우리의 사랑을 자유하게 해 참된 예배 속에서 다시 그분께 흘러가도록 한다. 우리가 하나님을 사랑할 때 우리는 그분께 순종한다.

도덕주의자는 이렇게 움직이지 않는다. 참된 순종은 사랑의 결과지만 도덕주의적 율법주의는 이것을 반대로, 즉 사랑을 순종의 결과로 생각한다. 도덕주의적 율법주의의 관점에서 뿌리의 문제는 그다지 중요하지 않다. 눈에 보이는 순종이 중요하다. 도덕주의자의 관심은 외면적 행위에 훨씬 더 치우쳐 있고 이것은 그 마음의 일부를 여전히 죄에 내어준다는 뜻이다. 도덕주의적·심리치료적 이신론은 참호 안에 숨어 있는 죄를 개의치 않는다. 반면 복음은 그 참호에 핵 공격을 가하고 싶어한다. 악한 행위가 보이거나 만져지지 않는 한 도덕주의자는 제리 브리지스의 말을 빌려 "괜찮은 죄"의 일부를 용인할 것이다.[6] 도덕주의자는 추구하지 않는다. 자신 안에 있는 악한 것을 공격적으로 찾아서 제거하려고 하지 않고 단순히 손을 씻는 것에 만족한다.

우리 교회는 매년 가족 캠프를 개최한다. 오자크 산에 위치한 캠프 장에는 임시 동물원이 있는데, 솔직히 말해 정말로 볼품없는 동물원이다. 거기에는 슬픈 얼굴을 한 라마(낙타과에 속하는 동물―편집자 주)와 무기력한 염소들이 있는데 누군가 큰 소리를 내더라도 이들의 방어 기제는 고작 죽은 듯이 넘어지는 것뿐이다. 임시 동물원에 도착할 때 우리가 듣는 이야기는 다음과 같다. "제발 염소들에게 장난을 치지 말아주세요. 염소들을 그냥 내버려두세요. 염소들을 놀라게 하면 안 됩니다." 당신의 생각엔 어떤 일이 일어날 것 같은가? 매년 염소들에게 장난을 치면 안 된다고 적힌 표지판과 염소들을 내버려두라는 예비 교육 담당자들의 간청에도 불구하고 수많은 사람들의 마음에는 어떤 생각이 일어난다. 이들은 가만히 생각한다. "나는 이 염소들에게 꼭 장난을 치고 싶어졌어." 따라서 예비 교육을 마칠 때쯤이면 우리 교회의 남자들, 못된 남자들은 일종의 등급을 만들어서 누가 염소의 넋을 가장 잘 빼놓았는지를 정해줄 점수 제도를 고안해낸다. 이들은 염소들의 엉덩이를 때리고 이들을 놀라게 하기 위해 최선을 다하며 손뼉을 치고 고함을 지른다. 나는 매년 다음과 같은 생각을 한다. "이게 염소가 아니라 무기력한 사자였다면 훨씬 재미있었을 텐데." 사람들이 사자의 엉덩이를 때리고 그 얼굴에 고함을 지르고 그것을 쫓아다녔을 것 같은가? 아니다. 사자는 최고의 포식자이기 때문이다. 사자는 원하는 것은 무엇이든지 잡아먹는다. 우리는 염소에게 하듯이 사자에게 장난을 치지는 않을 것이다.

우리가 이른바 괜찮은 죄와 싸우고 있다고 생각할 때 우리는 실제 사자에게 장난을 치면서도 무기력한 염소를 상대하고 있다고 착각할 수 있다. 〈동물의 공격〉과 같은 텔레비전 방송물을 생각해보라. 사람들이 너무나도 바보같이 굴기 때문에 나는 종종 동물들을 응원하고 싶어진다. 비디오에 나오는 목격자들은 언제나 "이런 일이 벌어지다니 믿을 수가 없습니다"라고 이야기한다. 하지만 내 생각은 다르다. "나는 믿을 수 있다. 저건 사자다. 저게 사자가 하는 일이다. 사자는 저렇게 지음을 받았다."

예수 그리스도의 복음을 이해하는 사람들은 죄가 죽기를 구하는데, 죄가 사자이고 종국에는 자신을 해치고 삼킬 것을 알기 때문이다. 우리는 은혜로 그리고 은혜 안에서 마음의 모든 구석들과 삶의 모든 부분들을 깨끗하게 하며 예수 그리스도에게 굴복하지 않은 어떤 것이라도 찾아내기 위해 마음을 탐색해서 그것을 하나님의 영광과 우리 영혼의 안전, 이웃 사랑을 위해 철저하게 제거한다.

아버지의 진짜 마음

전 세계의 가정에서 일어나는 황홀한 일이 하나 있다. 당신에게 아이가 생긴다면 당신은 아이가 기고 걷기를 원할 것이다. 우리 첫 아이 오드리는 작은 탁자 곁으로 기어갔다. 탁자를 잡은 아이는 무릎을 구르더니 테이블을 따라 움직이기 시작했다. 아이는 곧 손을 놓고 기우뚱했다. 오드리가 이제 걷기 시작한다는 사실에 우리가 흥분한 것은 바로 그때였다. 결국 오드리는 탁자에서 손을 떼었고 우리는 물리학이 작동하는 것을 목격했다.

하나님은 아이들, 특별히 어린아이들에게 거대한 머리와 아주 작은 몸을 주셨다. 오드리가 작은 탁자에서 손을 떼었을 때 아이의 거대한 머리가 앞으로 기울었고 아이는 갑작스럽게 어떤 결정을 내려야 했다. 넘어지지 않기 위해 발을 내딛느냐 아니면 그냥 죽느냐의 결정이었다. 아이는 발을 내딛었고 탄력을 받았다. 한 발, 한 발, 또 한 발, 철퍼덕. 우리가 어떻게 했을 것 같은가? 축하가 터져 나왔다. 우리는 아이를 안고 빙그르르 돌며 아이의 얼굴에 뽀뽀를 했다. 그러고는 아이를 다시 앉혀 우리에게 걸어와 보라고 사정을 했다. 그러고 나서 우리는 이메일을 보내고, 페이스북에 접속해서 사진을 찍고, 트위터를 하는 등 오드리가 이제 걷는다는 소식을 세상에 알렸다. 우리는 아들 리드와 막내딸 노라의 경우에도 똑같이 했다.

아이가 있는 친구들을 보며 내가 알게 된 사실은 아이가 걷게 되었을 때마다 항상 거대한 축하가 뒤따른다는 것이다. 이것은 꼭 선포되어야 할 소식이다. "우리 아이가 걷게 되었어요!"

이 과정을 거친 모든 사람 중에 자신의 아이가 한 발, 한 발, 또 한 발, 그리고 철퍼덕 넘어지는 것을 보고 다음과 같이 소리친 사람은 하나도 없었다. "오, 이런! 우리 애가 바보인가 봐. 고작 세 발짝? 정말로? 강아지를 훈련시켜도 이것보다는 낫겠다. 여보, 얘는 당신 집안을 닮은 것 같아. 우리 집안은 다 잘 걷는 사람들이거든. 이건 분명히 유전자 문제야. 당신 집안의 천박한 유전자 때문이라고!"

이런 아버지는 없다. 모든 아버지들이 자녀의 걸음에 기뻐하며 그것을 축하한다. 이것은 우리가 걸을 때 그것을 축하하시는 하나님을 보여주는 그림이다. 그렇게 우리도 한 발, 한 발, 또 한 발 걷다가 넘어지면 하늘에서는 박수갈채가 일어난다. 무엇을 향해서? 그 세 걸음을 뗀 순종을 향해서다. 하늘에 계신 우리 아버지는 외치신다. "이 아이가 걷는구나! 이 아이가 해내는구나!" 아마도 고소하는 자는 이렇게 말할 것이다. "아닙니다. 이것은 두어 발짝일 뿐입니다. 아무것도 아닙니다."

넘어짐이 있더라도 걸음은 축하할 만한 일이다. 우리 아이들에 대하여 내가 아는 바는 이들이 좀더 멀리, 더 멀리, 그리고 더 멀리 걷기 시작할 뿐 아니라 뛰고 달리며 점프하고 무언가에 오르고 온 집안을 어지르기 시작하리라는 사실이다. 이것은 아름다운 일이다. 이들이 다만 한 발, 한 발 또 한 발 걷고 넘어져도 나는 그것이 나무를 오르고 춤을 추고 단거리 경주를 하게 될 마지막의 시작임을 잘 알고 있었다. 앞으로 다가올 일을 알 때 세 걸음 이후의 넘어짐은 축하의 대상일 뿐이다.

도덕주의자들은 이 넘어짐을 본 아버지가 자신을 바보 같다 생각하며 부끄럽게 여긴다고 믿는다. 그들은 자녀의 걸음을 기뻐하고 축하하시는 아버지를 보지 못하기 때문에 가끔씩 걷기 위한 시도 자체를 멈춰버린다.

예수님의 교회여, 부디 도덕주의와 예수 그리스도의 복음의 차이를 아는 이들이 되자. 성경에서 하라, 하지 말라는 행동 수칙들을 설교할 때에는 모든 것을 다 이루신 십자가의 그늘 아래에서 할 수 있게 주의하자. 십자가에 못 박히신 예수 그리스도 외에는 아무것도 알지 않기로 다짐하자. 우리가 원하는 바는 사람들을 종교 양식에 순응하게 하는 것이 아니요 성령으로 하여금 그들의 삶이 변화되도록 하는 것이다. 이 하늘을 향한 부르심을 좇아 완전한 복음을 확실히 붙잡고 전진하자.

> 우리가 원하는 바는 사람들을 종교 양식에 순응하게 하는 것이 아니요 성령으로 하여금 그들의 삶이 변화되도록 하는 것이다.

우리가 성경을 통해 본 아버지의 마음은 광대하고 그 깊이가 무한하다. 하나님의 마음은 그분 자신과 같이 복합적이고 측량이 불가능하다. 타락한 세상을 향한 거대한 하나님의 마음을 반영하기 위해 우리는 우리가 믿고 선포하는 복음 안에 굳건히 서야 하지 않을까? 그리스도의 십자가와 부활은 하나님의 헤아릴 수 없는 정죄와 사랑의 대격변이었다. 이것이 바울로 하여금 다음과 같이 기도하게 한 거대한 복음이었다.

이러므로 내가 하늘과 땅에 있는 각 족속에게 이름을 주신 아버지 앞에 무릎을 꿇고 비노니 그의 영광의 풍성함을 따라 그의 성령으로 말미암아

너희 속사람을 능력으로 강건하게 하시오며 믿음으로 말미암아 그리스도
께서 너희 마음에 계시게 하시옵고 너희가 사랑 가운데서 뿌리가 박히고
터가 굳어져서 능히 모든 성도와 함께 지식에 넘치는 그리스도의 사랑을
알고 그 너비와 길이와 높이와 깊이가 어떠함을 깨달아 하나님의 모든 충
만하신 것으로 너희에게 충만하게 하시기를 구하노라(엡 3:14-19).

하늘과 땅에서 바라본 복음이라는 말씀의 상호보완적 관점은 우
리로 하여금 하나님의 사랑의 너비와 길이, 높이, 깊이를 이해하는 데
도움을 준다. 이 두 관점은 서로를 희석시키지 않고 오히려 하나님의
구원 목적을 바라보는 우리의 시야를 성경적 계시의 거대한 범주에
맞춰준다. 우리는 철저하게 그리스도의 속죄 사역에 중심을 두고 하
나님의 영광에 크기가 맞는 복음을 추구한다. 완전한 복음을 통해 우
리가 "하나님의 모든 충만하신 것"으로엡 3:19, 우주를 덮을 만큼 거대
하신 하나님의 영광과 죄인들을 향한 하나님의 깊고 인격적인 사랑에
대해 경외감을 가지고 예배할 수 있기를 소망한다. 사람들이 이런 복
음을 알고 있을 것이라고 추측하면 절대로 안 된다. 대신 완전한 복음
을 우리의 위대하신 왕 하나님이 은혜 가운데 허락하신 모든 힘과 사
랑으로 신실하게 살아내고 신실하게 선포하도록 하자.

부록

추정된 복음과
완전하게 드러난 복음

당신이 맺는 관계들 속에서 복음은 추정된 복음인가 아니면 완전하게 드러난 복음인가? 나는 지난 며칠 동안 이 둘의 차이점에 대해 생각해보았다. 추정된 복음 아래 사는 사람들은 개인적이고 의미심장한 근본적 토대 위에서 단순히 자기 인생의 바다를 항해하는 사람들이다. 추정된 복음은 종종 어떤 사람이 복음에 큰 가치를 부여하고 그것에 따라 살고자 노력하는 것을 의미하기도 한다.

추정된 복음의 문제는 이것이 때로 너무나도 개인적이어서 은밀해진다는 데에 있다. 추정된 복음 아래 사는 사람들의 경우 복음이 자신의 삶과 어떤 연관을 갖고 있는지 본인은 아는 반면 다른 사람들은 알지 못한다. 그들의 자녀 역시 복음이 어떻게 그들의 의사 결정과 대화, 재정 등의 문제에 영향을 미치는지 알지 못한다. 이웃들도 이들의 내면의 소망에 대해 들어본 적이 없다. 직장 동료들의 경우 무엇이 이들을 다르게 만드는지 의아해할 뿐이다. 추정된 복음 아래 사는 사람

337

들은 그리스도의 사역을 화제로 꺼내 그것에 대해 이야기하는 것을 어색하게 생각한다. 왜일까? 그리스도의 속죄 사역과 자신의 삶의 관계를 화제로 꺼내본 적도 없고 그것을 어떻게 설명해야 하는지 터득하지도 못한 까닭이다.

반면 자신의 관계망 속에서 복음을 완전하게 드러내는 사람들은 이와는 다른 영향력을 갖는다. 복음을 살고 복음에 대해 말하고 복음을 설명함으로써 이들은 주변 사람들이 복음을 이해하도록 돕는다. 이들의 자녀들은 복음이 어떻게 이들 가족의 재정과 시간, 관계, 대화에 연관되는지를 듣는다. 이웃들 역시 이들의 내면의 소망에 대해 듣는다. 직장 동료들은 이 사람이 단순한 도덕군자가 아니라 그리스도의 죽으심과 부활하심으로 용서받고 변화된 사람임을 알게 된다.

당신의 관계망 속에서 복음을 드러내기 시작하라. 그렇게 하고 있는 사람들은 지속하라. 추정된 복음으로 당신의 인생을 낭비하지 마라. 복음을 구체화하고 당신은 물론 주변 사람들을 위해 복음을 설명하라. 그리스도의 인격과 사역이 어떻게 모든 것에 연관되어 있는지 배우자와 함께 이야기하라. 그것을 자녀들에게 물려주어야 한다. 그리스도를 언급하라. 그리스도에 대해 이야기하라. 그리스도를 가리키라. 그리스도와 연관지어라. 대부분의 경우 복음은 추정될 때 빠르게 상실된다.

조쉬 패터슨[1]

완전한
복음

주

서론

1. Dave Harvey, *When Sinners Say "I Do"* (Wapwallopen, PA: Shepherd's Press, 2007), p. 24.
2. 가명이다.
3. Christian Smith with Melinda Lundquist Denton, *Soul Searching: The Religious and Spiritual Lives of American Teenagers* (Oxford: Oxford University Press, 2009), p. 118.
4. 나는 빌리지 교회의 목회자 중 한 명인 조쉬 패터슨(Josh Patterson)으로부터 영감을 얻어 이 책의 제목을 The Explicit Gospel이라고 지었다. 2년 전 그는 같은 주제로 블로그에 짧은 글을 한 편 올렸다. 그의 글은 부록에서 확인해볼 수 있다.

1장: 하나님

1. James S. Stewart, *A Faith to Proclaim* (Vancouver, BC: Regent College Press, 2002), p. 102.
2. 텍사스에서는 자신의 땅에 가축을 기를 경우 농업 공제 명목으로 세금의 일부를 공제 받을 수 있다.
3. Abraham Kuyper, "Sphere Sovereignty," in *Abraham Kuyper: A Centennial Reader*, ed. James D. Bratt (Grand Rapids, MI: Eerdmans, 1998), p. 488.
4. "그러므로 모든 성경은 우리에 대한 책이 아닌 반면 전적으로 우리를 위한 책이다." Herbert Lockyer, *The Holy Spirit of God* (Nashville, TN: Abingdon, 1983), p. 59.
5. '증빙 본문 열거'라는 손쉬운 비판은 종종 다른 사람의 결론을 탐탁지 않아 하는 이들 로부터 나온다.

6. John Piper, *God's Passion for His Glory: Living the Vision of Jonathan Edwards* (Wheaton, IL: Crossway, 1998, 『하나님의 영광을 위한 하나님의 열심』, 부흥과개혁사 역간), p. 32.

7. John Piper, *God's Passion for His Glory*, p. 32.

2장: 인간

1. 이것은 하나님의 인자하심과 준엄하심이 상호배타적이지 않다는 한 가지 예다.

2. 땅에서 복음을 바라보는 의미를 살펴보는 동안 우리는 모든 사람에게 하나님의 영광에 이르지 못하는 과실이 있음을 분명히 깨닫게 된다. 우리는 제6장에서 복음을 하늘에서 바라보면서 그 과실의 우주적·역사적 근원에 대해 살펴보게 될 것이다.

3. John Piper, "The Echo and the Insufficiency of Hell, Part 2," sermon preached at Bethlehem Baptist Church, Minneapolis (June 21, 1992), http://www.desiringgod.org/ResourceLibrary/Sermons/BySeries/20/801_The_Echo_and_Insufficiency_of_Hell_Part_2/.

4. Thomas Watson, *The Doctrine of Repentance* (Carlisle, PA: Banner of Truth, 1988, 『회개』, 기독교문서선교회 역간), p. 63.

3장: 그리스도

1. '복음'이라는 단어의 어원은 코이네 헬라어 유앙겔리온으로 이 단어의 의미는 '좋은 소식' 혹은 '기쁜 소식'이다.

2. 특별히 다음 저서를 참고하라. Martin Hengel, *Crucifixion in the Ancient World and the Folly of the Cross* (Philadelphia: Fortress, 1977).

3. Cathy Lynn Grossman, "Has the 'Notion of Sin' Been Lost?," *USA Today Online* (April 16, 2008), http://www.usatoday.com/news/religion/2008-03-19-sin_N.htm.

4장: 반응

1. Chan Kilgore, "Mission," sermon, Resurgence Conference, Orlando, Florida (February 2, 2011), http://theresurgence.com/2011/03/31/chan-kilgore-mission.

2. Michael Spencer, *Mere Churchianity: Finding Your Way Back to Jesus-Shaped Spirituality* (Colorado Springs, CO: Waterbrook, 2010, 『순전한 교회로 돌아가자』, 두란노 역간), p. 51.

3. 우리는 제9장 "땅에 매인 복음"에서 이와 같은 위험에 대해 좀더 자세히 논의할 것이

완전한
복음

다.

4. Charles Spurgeon, "The Necessity of the Spirit's Work," in *Sermons Preached and Revised by the Rev. C. H. Spurgeon*, 6th Series (New York: Sheldon, 1860), p. 188.

5. 단적인 예는 복음에 대한 루디아의 반응이다. "주께서 그 마음을 열어 바울의 말을 따르게 하신지라"(행 16:14).

6. 이것은 우리가 제10장 "하늘에 매인 복음"을 통해 더욱 자세히 논의하게 될 위험이다.

7. D. A. Carson, *Scandalous: The Cross and Resurrection of Jesus* (Wheaton, IL: Crossway, 2010), pp. 105-106.

5장: 창조

1. D. Martyn Lloyd-Jones, *Preaching and Preachers* (Grand Rapids, MI: Zondervan, 1972, 『설교와 설교자』, 복있는사람 역간), pp. 68-69.

2. Joe Schwarcz, *That's the Way the Cookie Crumbles: 62 All-New Commentaries on the Fascinating Chemistry of Everyday Life* (Toronto: ECW Press, 2002), pp. 21-22.

3. Jonah Lehrer, "Accept Defeat: The Neuroscience of Screwing Up," *Wired* (December 21, 2009), http://www.wired.com/magazine/2009/12/fail_accept_defeat/all/1.

4. Jonah Lehrer, "The Truth Wears Off: Is There Something Wrong with the Scientific Method?," *The New Yorker* (December 13, 2010), http://www.newyorker.com/reporting/2010/12/13/101213fa_fact_lehrer?currentPage=all.

5. Carl F. H. Henry, "Theology and Science," in *God Who Speaks and Shows: Preliminary Considerations*, vol. 1, God, Revelation and Authority (Wheaton, IL: Crossway, 1999), p. 170에서 재인용.

6. Carl F. H. Henry, "Theology and Science," p. 175.

7. Douglas F. Kelly, *Creation and Change: Genesis 1:1-2:4 in the Light of Changing Scientific Paradigms* (Ross-shire, UK: Christian Focus, 1997), p. 63.

8. 다음의 귀중한 보고서를 참고하라. Robert Letham, "'In the Space of Six Days': The Days of Creation from Origen to the Westminster Assembly," *Westminster Theological Journal* 61 (1999): pp. 147-174. 이 보고서의 요약은 다음을 참고하라. Justin Taylor, "How Did the Church Interpret the Days of Creation before Darwin?," Between Two Worlds weblog (February 14, 2011), http://thegospelcoalition.org/blogs/justintaylor/2011/02/14/how-did-the-church-interpret-the-days-of-creation-before-darwin/.

9. 더 알아보고 싶은 독자들은 다음과 같은 책들을 살펴보기 바란다. Michael Behe, *Darwin's Black Box: The Biochemical Challenge to Evolution* (New york: Simon &

Schuster, 1996, 『다윈의 블랙박스』, 풀빛 역간), 혹은 Stephen Meyer, *Signature in the Cell: DNA and the Evidence for Intelligent Design* (New York: HarperCollins, 2009).

10. Phillip E. Johnson, *The Wedge of Truth: Splitting the Foundations of Naturalism* (Downers Grove, IL: InterVarsity, 2000, 『진리의 쐐기를 박다』, 좋은씨앗 역간), pp. 151-152.

11. Phillip E. Johnson, *The Wedge of Truth*, p. 152.

12. Mark Driscoll, "Answers to Common Questions about Creation," The Resurgence Online (July 3, 2006), http://theresurgence.com/2006/07/03/answers-to-common-questions-about-creation.

13. Timothy Keller, *Counterfeit Gods: The Empty Promises of Money, Sex, and Power, and the Only Hope That Matters* (New York: Dutton, 2009, 『거짓 신들의 세상』, 베가북스 역간), xviii, 티모시 켈러 강조.

14. 『기독교강요』, 1.5.1.

15. Rick Warren, *The Purpose-Driven Life* (Grnad Rapids, MI: Zondervan, 2002, 『목적이 이끄는 삶』, 디모데 역간), p. 17.

6장: 타락

1. R. C. Sproul, *The Holiness of God* (Carol Stream, IL: Tyndale, 1998), p. 116.

2. Cornelius Plantinga Jr., *Not the Way It's Supposed to Be: A Breviary of Sin* (Grand Rapids, MI: Eerdmans, 1995), p. 10, 코넬리어스 플랜팅가 강조.

3. Timothy Keller, *The Reason for God: Belief in an Age of Skepticism* (New York: Dutton, 2008, 『살아 있는 신』, 베가북스 역간), p. 170.

4. Herman Melville, *Moby Dick* (Boston: Simonds, 1922, 『모비딕』, 작가정신 역간), p. 400.

5. 다음 사이트에서 반동기부여 용품을 볼 수 있다. http://www.despair.com/viewall.html.

6. Timothy Keller, *The Reason for God*, p. 162에서 재인용.

7. Miranda Wilcox, "Exilic Imagining in *The Seafarer* and *The Lord of the Rings*," in *Tolkien the Medievalist*, ed. Jane Chance (New York: Routledge, 2003), p. 138에서 재인용.

8. Blaise Pascal, *Thoughts*, trans. W. F. Trotter (New York: Collier, 1910, 『팡세』, 올재 클래식스 역간), p. 138.

9. C. S. Lewis, "Answers to Questions on Christianity," in *God in the Dock: Essays on Theology and Ethics* (Grand Rapids, MI: Eerdmans, 1993, 『피고석의 하나님』, 홍성사 역간), p. 58.

완전한
복음

10. C. S. Lewis, "The Weight of Glory," in *The Weight of Glory: And Other Addresses* (New York: HarperCollins, 2001, 『영광의 무게』, 홍성사 역간), p. 26.

11. C. S. Lewis, "The Weight of Glory," p. 26.

12. C. S. Lewis, "The Weight of Glory," p. 26.

13. Pascal, *Thoughts*, pp. 138-139.

7장: 화목

1. 이런 이유로 '하늘에서 바라본' 이야기의 전환점인 이번 장의 제목을 좀더 일반적 개념인 '구속'(redemption)이 아닌 '화목'(reconciliation)이라고 정했다.

2. 나는 2010년 사우스이스턴 침례 신학대학원에서 열린 나인마크(9Marks) 콘퍼런스에서 마크 데버의 설교를 통해 '동심원'의 개념을 처음 접했다. http://www.9marks. org/audio/9marks-southeastern-2010-mark-dever.

3. 유인적·선교적이라는 용어의 정확한 기원은 분명하지 않다. 그러나 이 용어를 우리가 지금 사용하는 의미로 처음—최초가 아니더라도—대중화시킨 사람은 분명히 마이클 프로스트와 앨런 허쉬다. 다음의 책을 참고하라. Michael Frost and Alan Hirsch, *The Shaping of Things to Come: Innovation and Mission for the 21st-Century Church* (Grand Rapids, MI: Baker, 2004, 『새로운 교회가 온다』, 한국기독학생회출판부 역간).

4. Abraham Kuyper, "Sphere Sovereignty," p. 461, 저자 강조.

8장: 완성

1. John Newton, "Amazing Grace" (1760-1770, 〈나 같은 죄인 살리신〉, 새찬송가 305장). 인용된 가사는 찬송가의 마지막 절로 작자 미상으로 알려져 있다.

2. William Featherston, "My Jesus, I Love Thee" (1864, 〈내 주 되신 주를 참 사랑하고〉, 새찬송가 315장).

3. Anthony A. Hoekema, *The Bible and the Future* (Grand Rapids, MI: Eerdmans, 1994, 『개혁주의 종말론』, 기독교문서선교회 역간), p. 275.

4. Augustine, *The City of God*, XXII.30, trans. Marcus Dods (New York: Random House, 1950, 『하나님의 도성』, 크리스챤다이제스트 역간), pp. 864-865

5. N. T. Wright, *Surprised by Hope: Rethinking Heaven, the Resurrection, and the Mission of the Church* (New York: HarperCollins, 2008, 『마침내 드러난 하나님 나라』, 한국기독학생회출판부 역간), pp. 104-105.

6. N. T. Wright, *Surprised by Hope*, pp. 105-106.

10장: 하늘에 매인 복음

1. 보통 사람들은 아시시의 성 프란체스코를 이 한탄스러운 상투성 문구의 주인으로 알고 있다. 이런 사고의 신학적 파산 상태를 제쳐놓더라도 문제가 되는 것은 성 프란체스코가 이런 말을 한 적이 전혀 없다는 것이다. 다음 자료를 참조하라. Mark Galli, "Speak the Gospel," *Christianity Today* Online (May 21, 2009), http://www.christianitytoday.com/ct/2009/mayweb-only/120-42.0.html.

2. Rob Bell, *Love Wins: A Book about Heaven, Hell, and the Fate of Every Person Who Ever Lived* (New York: HarperOne, 2011, 『사랑이 이긴다』, 포이에마 역간).

11장: 도덕주의와 십자가

1. 네드 플랜더스는 만화영화 〈심슨네 가족들〉에서 주인공의 이웃으로 등장하는 도덕군자인 척하며 바쁘게 사는 그리스도인이다.

2. D. A. Carson, *For the Love of God: A Daily Companion for Discovering the Riches of God's Word*, vol. 2 (Wheaton, IL: Crossway, 1999), p. 23.

3. Arthur W. Pink, *The Holy Spirit* (Mulberry, IN: Sovereign Grace, 2002, 『성령론』, 엠마오서적 역간), p. 106.

4. Helen Lemmel, "Turn Your Eyes upon Jesus" (1992, 〈눈을 주님께 돌려〉).

5. John Owen, *The Glorious Mystery of the Person of Christ, God and Man* (New York: Robert Carter, 1839), p. 381.

6. Jerry Bridges, *Respectable Sins: Confronting the Sins We Tolerate* (Colorado Springs, CO: NavPress, 2007).

부록

1. Josh Patterson, "The Gospel Assumed, or Explicit?," August 4, 2009, http://fm.thevillagechurch.net/blog/pastors/?p=308.

주제색인

**완전한
복음**

인명색인

완전한
복음

성경색인

**완전한
복음**

성경색인

완전한
복음

완전한 복음

우리가 잃어버린 기독교의 심장

Copyright ⓒ 새물결플러스 2013

1쇄발행_ 2013년 4월 15일
7쇄발행_ 2017년 2월 12일

지은이_ 매트 챈들러·제라드 윌슨
옮긴이_ 장혜영
펴낸이_ 김요한
펴낸곳_ 새물결플러스
편 집_ 왕희광·정인철·최율리·박규준·노재현·한바울·유진·신준호
       신안나·정혜인·김태윤
디자인_ 서린나·송미현·이지훈·이재희·김민영
마케팅_ 이승용·임성배·박성민
총 무_ 김명화·최혜영
영 상_ 최정호·조용석·곽상원

아카데미_ 유영성·최경환·이윤범

홈페이지 www.hwpbooks.com
이메일 hwpbooks@hwpbooks.com
출판등록 2008년 8월 21일 제2008-24호
주소 (우) 158-718 서울특별시 영등포구 양평로 11, 4층(당산동5가)
전화 02) 2652-3161
팩스 02) 2652-3191

ISBN 978-89-94752-39-6   03230